国家社会科学基金项目

外层空间安全战略研究
——维护外层空间战略安全与合法权益

徐能武　著

A Study on
Security Strategy
of Outer Space

Maintaining Outer Space Strategic
Security, Legitimate Rights and Interests

中国社会科学出版社

图书在版编目（CIP）数据

外层空间安全战略研究：维护外层空间战略安全与合法权益 / 徐能武著. —北京：中国社会科学出版社，2018.8
ISBN 978-7-5203-2839-5

Ⅰ.①外… Ⅱ.①徐… Ⅲ.①中外关系—外层空间—研究②国家安全—外层空间—研究—中国 Ⅳ.①D822②D631③P156

中国版本图书馆 CIP 数据核字（2018）第 160967 号

出 版 人	赵剑英
责任编辑	周晓慧
责任校对	无 介
责任印制	戴 宽

出　　版	中国社会科学出版社
社　　址	北京鼓楼西大街甲 158 号
邮　　编	100720
网　　址	http://www.csspw.cn
发 行 部	010-84083685
门 市 部	010-84029450
经　　销	新华书店及其他书店

印　　刷	北京明恒达印务有限公司
装　　订	廊坊市广阳区广增装订厂
版　　次	2018 年 8 月第 1 版
印　　次	2018 年 8 月第 1 次印刷

开　　本	710×1000　1/16
印　　张	18
插　　页	2
字　　数	251 千字
定　　价	78.00 元

凡购买中国社会科学出版社图书，如有质量问题请与本社营销中心联系调换
电话：010-84083683
版权所有　侵权必究

既要仰望星空，又要脚踏实地

目　　录

前言 ………………………………………………………………（1）

第一章　外层空间战略安全与合法权益的复合建构 ……………（24）
　一　冷战后外层空间国际关系的选择性社会化 ………………（25）
　　（一）外层空间权力失衡与安全威胁的日益加剧 ……………（26）
　　（二）外层空间分离性偏好与效率竞争型社会化 ……………（29）
　　（三）外层空间利益—权力博弈与进程转轨 …………………（31）
　二　新形势下外层空间冲突与合作的关键性社会条件 ………（34）
　　（一）防止外层空间武器化和军备竞赛的体系暴力 …………（34）
　　（二）提高外层空间和平开发与利用的政治认同 ……………（36）
　　（三）加强联合国主导的外层空间合作的行为偏好 …………（37）
　三　和平发展背景下外层空间战略安全与合法权益的
　　　有效维护 ……………………………………………………（39）
　　（一）外层空间军备控制与复合结构的正向转化 ……………（39）
　　（二）外层空间利益汇合与互动进程的优化转向 ……………（42）
　　（三）施动者—结构—进程三位一体中合作安全的
　　　　　持续进化 ………………………………………………（44）

**第二章　维护外层空间战略安全与合法权益的总体目标和
　　　　　指导方针** ………………………………………………（48）
　一　维护外层空间战略安全与合法权益的总体目标 …………（49）

（一）维护外层空间资产安全和合法利用 …………………（50）
（二）拓展外层空间资源合理利用的国家利益 ……………（52）
（三）确保基于有限外层空间威慑的国家安全 ……………（54）
（四）推进平等互惠的外层空间国际安全合作 ……………（56）
二　维护外层空间战略安全与合法权益所面临的主要挑战 …（58）
（一）外层空间武器化与军备竞赛的威胁 …………………（58）
（二）外层空间碎片自杀伤效应的伤害 ……………………（60）
（三）外层空间人为污染的严重侵害 ………………………（62）
（四）外层空间特定资源利用的矛盾与危险 ………………（64）
三　维护外层空间战略安全与合法权益的指导方针 …………（68）
（一）加强军民融合、自主创新地维护外层空间安全实力 …（69）
（二）参与多边协调、相互建构的外层空间国际安全机制 …（70）
（三）推进平等开放、多样参与的空间技术交流合作 ………（71）
（四）倡导共建包容普惠、和谐共生的外层空间国际关系 …（73）

第三章　增强外层空间威慑能力　控制体系暴力 ……………（75）
一　空间技术和威慑战略重心的调整 …………………………（77）
（一）新的"三位一体"威慑战略 ……………………………（78）
（二）外层空间抵消性威慑能力 ……………………………（82）
（三）外层空间惩罚性威慑能力 ……………………………（88）
二　外层空间战略稳定性面临的压力及其趋势 ………………（93）
（一）BMD 抵消性威慑与军备竞赛稳定性 …………………（94）
（二）C-PGS 惩罚性威慑与危机稳定性 …………………（100）
（三）A-SAT 惩罚性威慑与首攻稳定性 …………………（103）
三　增强外层空间战略稳定性的可行路径 ……………………（108）
（一）完善中国特色军民融合式国家战略威慑体系 ………（108）
（二）维护大国外层空间、反导和核武系统的互动稳定 ……（112）
（三）促进外层空间国际军控的安全战略沟通与协调 ……（119）

第四章 提高外层空间信息支援能力 优化结构选择 (123)
一 外层空间信息支援与制权观念的新变化 (125)
（一）外层空间信息支援成为安全互动的新方式 (125)
（二）外层空间信息支援成为制信息权的新关键 (131)
（三）制信息权争夺导致政治认同观念扩散 (134)
二 外层空间信息支援与保持安全抗衡的能力 (140)
（一）多元集成 强化安全互动力量 (141)
（二）复杂协同 增强安全互动合力 (145)
（三）相互透明 助长安全互动优势 (150)
（四）及时响应 提升安全互动效率 (152)
三 加强外层空间信息支援能力 增进政治认同 (155)
（一）夯实外层空间信息支援下和平发展的能力保障 (155)
（二）倡导外层空间信息支援下包容普惠和谐的安全观念 (161)
（三）推进外层空间信息支援下全球融合的进化走向 (163)

第五章 力促外层空间攻防对比态势的和平转向 (169)
一 外层空间攻防对比弱纳什均衡的前因后果 (171)
（一）核威慑战略中外层空间攻防对抗准备的缘起 (171)
（二）外层空间攻防弱纳什均衡与《反导条约》 (176)
（三）外层空间力量失衡与攻防对抗准备的企图 (179)
二 美国作为进攻方的定向攻防对比的变化 (184)
（一）外层空间攻防对抗中控制空间企图的潜在威胁 (185)
（二）外层空间攻防对抗全方位准备中的攻防对抗升级 (190)
（三）外层空间武器化使攻防对比向进攻占优转变 (197)
（四）定向攻防优势的追求导致外层空间军备竞赛 (199)
三 力促外层空间攻防对比态势"向善"演进 (203)
（一）转变攻防对比态势 化解战略困境 (204)
（二）促进防御占优 引导和平开发转向 (207)

（三）健全非进攻性安全体系 遏止霸权 ……………………（210）

第六章　推动外层空间国际安全机制建设持续进化…………（216）
　一　外层空间国际安全合作的社会实践 ………………………（217）
　　（一）外层空间国际安全合作机制的历史进程 ………………（217）
　　（二）外层空间国际安全合作机制的进化取向 ………………（221）
　　（三）外层空间国际安全合作机制的进化冲突 ………………（224）
　二　外层空间国际安全合作的战略困境 ………………………（228）
　　（一）外层空间霸权的潜在冲击与危害 ………………………（229）
　　（二）外层空间军备控制与安全功效的悖论 …………………（230）
　　（三）外层空间军控核查与普遍履约的困难 …………………（233）
　三　加强外层空间国际安全合作的外交努力 …………………（244）
　　（一）支持外层空间透明与信任措施的建立 …………………（244）
　　（二）积极参与外层空间活动行为准则的制定 ………………（251）
　　（三）继续推进防止外层空间武器化的谈判 …………………（254）

参考文献 ………………………………………………………………（259）

后记 ……………………………………………………………………（279）

前 言

"当苏联1957年发射人造卫星从而拉开了卫星时代的序幕时,通信、导航、情报和武器都发生了重大的改变。"① 党的十八大报告强调指出:"要适应国家发展战略和安全战略新要求,着眼全面履行新世纪新阶段军队历史使命,贯彻新时期积极防御军事战略方针,与时俱进加强军事战略指导,高度关注海洋、太空、网络空间安全,积极运筹和平时期军事力量运用,不断拓展和深化军事斗争准备,提高以打赢信息化条件下局部战争能力为核心的完成多样化军事任务能力。"党的十九大报告强调,全面贯彻新时代党的强军思想,必须"统筹推进传统安全领域和新型安全领域军事斗争准备,发展新型作战力量和保障力量"。我国"十二五"规划提出坚持经济建设贯彻国防需求,加大重大基础设施和空天等关键领域军民深度融合与共享力度,维护和拓展包括外层空间在内的关键领域战略安全和合法权益。外层空间战略安全是指在外层空间国家安全互动中一国不会受到他国的人为伤害,它并不包括空间技术限制或不足所造成的安全问题。外层空间合法权益则指在现有国际外层空间法框架下一国所拥有的相关权益。随着我国和平发展过程中国家利益的拓展,维护我国外层空间战略安全和合法权益日显重要。

---

① [美] 甘斯勒(Jacques S. Gansler):《21世纪的国防工业》,黄朝峰、张允壮译,国防工业出版社2013年版,第76页。

一　维护外层空间战略安全与合法权益的经济实质

外层空间被誉为是继陆地、海洋、大气层之后人类生存和发展的第四环境。伴随着人类对外层空间的探索、开发和利用，外层空间对主权国家的生存和发展具有多方面的意义。鉴于一个国家开发利用外层空间的能力，从某种程度上决定着它在国际政治斗争中的政治地位以及国际事务中的发言权，因此，外层空间的和平开发、利用在当今国际政治中具有重要的战略意义。作为人类活动逐渐进入的前沿地带，由于其自身特点与人类利用方式所决定，外层空间开发、利用的价值具有跟地球表面，乃至大气层完全不同的特性。远离人类居住地球的外层空间是一个无法用主权原则延伸去划清国界的"无缝"世界。外层空间无疆域性是指外层空间无法像领土、领海和领空一样划分疆域边界，外层空间广阔无垠，进入其间的物体遵循着外层空间飞行动力学的相关规律运动着。

众所周知，各类空间价值的产出，主要表现为地租与空租（以土地的地租概念推论，在外层空间可称之为"空租"）。在传统经济学中，土地的地租，以其物产的丰度来计算。而人文空间的空租，则以其容纳功能所获取的效益来计算。其价值的产出，也就是人力、物力、信息力的投入，经过空间容纳力的转换，重新得到还原，并获得增值。绝对地租与空租是人们利用地表、空间所获得的使用功能的价值。这与人们在社会生产中利用自然生产力而获得材料和能源相类似。绝对地租与空租带有普遍性，只要利用地表、领空，就可以获得这一价值。同时，它也是后述两种级差地租和空租的基础性价值。级差地租和空租，是它的叠加价值。

地表级差地租与领空空租也是人们利用地表、领空获得的价值。但是，其多寡取决于其所处的位置。物质资源产出丰富的地区，多于贫瘠地区；人口稠密的地区，多于人烟稀少的地区；美妙景观、名胜古迹、奇特的游乐场所，多于平淡无奇的地区；生态环境良好的地区，多于环境恶劣的地区；交通枢纽的地区，多于交通阻塞的地区；市场多于其他地区。人们开发空间，之所以要进行选择，并愿意投入选择费用，就是因为通过这种合理选择，能够充分利用空间的功能用途，取得较多的天然性级差地租和空租。由于主权原则对空间产权的清晰界定，这些地租和空租的归属，在原则上也是明确的，甚至大气层也以"领空"的方式规定了由谁支配。这种按主权原则划分的产权，事实上促进了各个国家对地表、大气层的合理、有效利用。

技术性级差地租和空租是指人们通过物质设施和技术的投入，加深开发空间内涵的容纳功能，形成良好的群落环境与优质的生态环境，使之同天然级差空间形成人文的差异，提高其空间的质量等级，从而获得更大的经济效益。前述"开发空间的价值投入"，就是增大人文空间利用效益的行为。绝对地租与空租是由于地表、领空有着"国界"明晰的国别所有权的存在，是对其的任何开发、利用都必然会带来的；天然性级差地租与空租是由于地表肥沃程度的不同和领空给航线带来的距离远近不同而形成的；技术性级差地租与空租则是在同一地表或空间连续追加的技术性投资不同而形成的。正是外层空间对于人类活动所具有的无疆域性这一根本特性，决定了各国开发、利用外层空间的收益递增是一种典型的技术性级差空租。

空间经济学的领军人物保罗·克鲁格曼强调了主流经济学研究的三大问题——生产什么？为谁生产？怎样生产？却忽略了"在哪里生产"，即生产活动的空间定位问题，这是应该加以弥补的。或许这在空间技术已今非昔比之际，尤为引人注目。外层空间无限广阔的空间和丰富的资源，不仅为新科技的发展提供了一个巨大的"科学实验室"，而且为解决人类日趋紧张的"资源危机"提供了新的途径。自1957年苏联发射第一颗人造卫星以来，航天科技不仅促进了天文、高能物理、材料、信息、制造工艺等新科技的不断发展，形成了大批高科技工业群体，而且还产生了巨大的社会和经济效益。据资料统计，近年来，与外层空间有关的产业每年以20%以上的速度增长。

到2010年，该数字至少增加了两倍，达1600亿美元以上。伴随着外层空间时代的到来，空间技术越来越广泛地深入现代人类生产和生活的各个领域并在人类社会的可持续发展过程中发挥着重要的作用。

在民用产业方面是如此，在军事方面也不例外。作为军事领域新的战略制高点，外层空间对于一国的军事安全也有着极其重要的地位。有的军事专家甚至预言，哪个国家控制了外层空间这个制高点，哪个国家就能夺取制天权、制信息权、制空权和制海权，进而控制整个地球。艾弗里特·多尔曼将地缘政治理论运用到空间领域，认为这是一块延伸的政治领域，其中有一些重要的作战特性。"空间的航线即轨道，受万有引力定律和各种能量之间关系的影响……不同的轨道适用于不同的空间任务。""类似地，空间也存在着一些战略位置和要塞地点，包括地球静止轨道（在此轨道卫星的运行速度与地球自转速度相同，卫星与地球保持相对一致）、地月平动点和月球自身。多尔曼将'近地空间'定义为轨道运动高度到地球静止轨道高度之间的区域，这是相当重要的一个概念。一国如果控制了近地空间，就能控制往返空间的通道。在近地空间之外还有更多的战略地点，也许有一天它们也能成为空间力量基地和前哨站。"[①] 在过去的几十年里，在近地空间谋求研发和部署外层空间武器系统的努力在一些国家从未停止过，只是受特定的历史条件限制而未能成为现实。目前，世界上一些军事大国纷纷为组建天军、建立外层空间军事基地、争夺"制天权"做着积极的准备。

人类开发、利用外层空间的递增收益既然是一种技术性级差空租，那么，从根本上说，各个国家对这种技术性级差空租的获得，取决于本国空间技术水平的高低。外层空间是广阔无垠的，利用它所得的技术性级差空租会随着空间技术的进步而呈正比例地增加。与此相联系的是，外层空间对于某个特定国家而言，其价值取决于它有多少

---

① ［美］斯科特·梅斯纳：《从海洋到空间：空间力量理论的思想渊源》，杨乐平、彭望琼编译：《空间力量理论与战略研究文集》，国防科技大学出版社2013年版，第103页。

高科技的投入。现代空间技术系统是航天技术、通信技术、信息技术和新材料技术的结合体，是世界高精尖技术系统之一，在信息时代它体现了一个国家在高新技术领域的综合实力。空间技术在促进经济发展，带动科技进步，增强国防实力，提高该国的国际地位等方面正发挥着愈来愈大的作用。

追求各种利益是以各种形式进入外层空间，开发、利用外层空间的人类组织活动的根本动机，也是外层空间国际互动行为的逻辑起点。非有限的广阔外层空间及各种天体资源是国际社会主权原则无法延伸的，同时也无须延伸的地方，对于进入其间追求各种利益的人类力量而言，唯一适用的根本性原则就是"人类共同利益"原则。"人类共同利益"原则意味着对外层空间的勘探和利用对全人类开放，是一个先验而永恒的原则。对外层空间和其他天体及其资源而言，"人类共同利益"意味着外层空间资源属于全人类共同所有，各个国家均可从开发外层空间的活动中取得利益。与此同时，正是外层空间对于人类活动所具有的无疆域性这一根本特性，决定了各国开发与利用外层空间的收益递增是一种典型的技术性级差空租。外层空间无"国界"，对于各主权国家而言，也就无所谓绝对空租；外层空间的广阔无垠，也就没有明显的天然性级差空租，各个国家竞相进入外层空间寻求的是技术性级差空租。各国竞相进入外层空间追求技术性级差空租，导致维护外层空间战略安全与合法权益朝着有别于地表和近空的特征演化。技术性级差空租则是因在同一地表或空间连续追加的技术性投资不同而形成的级差地租与空租。

维护外层空间战略安全与合法权益的社会经济实质是追求技术性级差空租，它也是各国外层空间活动的根本动机。从总体上说，外层空间探索与利用的全人类共同利益和国家空间利益是一致的，但由于利益主体的不同，在实践中难免会出现矛盾。这一矛盾构成了外层空间国际关系的基本矛盾，并从根本上推动着各国维护外层空间战略安全与合法权益的不断努力。"人类共同利益"的理念追求与国家空间利益实现之间的矛盾作为外层空间国际关系的基本矛盾是非对抗性的内部矛盾。只有当世界各国加大在外层空间开发与利用的投资力度，扩大相关项目的规模，才能加速人类对外层空间探索与利用的实践进程，为人类外层空间共同利益的实现提供可能。

二 维护外层空间战略安全与合法权益的政治过程

随着现代科学技术特别是航空航天技术的发展，世界各主要国家努力进入外层空间拓展自身的国家利益，由此引发了各国对外层空间安全问题的积极关注。为此，外层空间急需一套有效的国际安全机制来进行调控，以保证人类对外层空间的真正和平利用。目前，在外层空间安全领域里，有关各国对军备竞赛威胁的"共同厌恶"使各方在安全问题上拥有一系列共同愿望和要求，大多数国家希望对外层空间武器化的趋势加以抑制，这就是维护外层空间战略安全与合法权益的政治动力。合理的国际安全机制对于促进安全合作的实现具有十分重要的作用，在"没有制度的情况下，实际的合作常常比可能的合作要少"[1]。在维护外层空间战略安全与合法权益的过程中，也存在着类似的现象。

尽管世界各国在外层空间和平开发与利用问题上存在着共同安全利益，但在实际中外层空间安全合作却开展得并不顺利。原因就在于各国开发与利用外层空间的收益是一种技术性级差空租，谁的技术投入大、技术水平高，谁的收益就大。外层空间开发与利用是一项典型的大科学工程，它需要一个国家雄厚的综合国力作为后盾。冷战后，国际格局中大国权力结构发生了明显的变化。这个变化的主要表现是，美国的综合实力得到了很大的提高，巩固了它唯一超级大国的地位，其他几强的实力和美国相比都不在一个等级上。由此，在外层空

---

[1] ［美］罗伯特·基欧汉：《霸权之后——世界政治经济中的合作与纷争》，上海人民出版社2001年版，第79页。

间开发与利用上美国也一直保持着高投入来维持它的绝对领先地位。各国综合实力对比的严重失衡，对外层空间开发利用的直接影响就是造成外层空间安全机制建构受挫，追求绝对霸权与和平开发及利用的矛盾和斗争更加错综复杂。个别国家追求技术性级差空租的能力远远超过其他国家，这就需要由共同协商所产生的机制来确保外层空间开发与利用的合理和有效。但美国凭借其强大的综合国力，无与伦比的空间技术，总想谋求外层空间的绝对安全和绝对霸权，因而它拒绝任何可能束缚其手脚的外层空间安全机制谈判。与此同时，美国在外层空间领域所占有的分量也决定了它没有参加外层空间安全机制谈判的愿望与诚意，外层空间安全困境难以缓解和消除。

世界各国日益认识到外层空间开发与利用中技术性级差空租的特点和冷战后国际权力格局"一超多强"的特征，这决定了加快建构合理的外层空间安全机制是维持外层空间长期稳定与和平的必由之路，只有通过合作来寻求安全的方式才能确保外层空间真正成为人类发展的新空间。[①] 鉴于外层空间技术性级差空租的获得要求各国以强大的综合国力为基础，它是不可能按主权原则被硬性"分割"的。目前，以美国为首的西方发达国家纷纷通过发展自己的航天事业，试图在外层空间强化其优势地位，从而不断增强军事实力和经济实力，以便在国际政治斗争中争取更多的发言权。而部分发展中国家也积极努力，意欲或已经参与到外层空间领域的竞争之中，进而提升本国在国际政治方面的影响力。

虽然在外层空间安全领域，并不存在绝对的利益冲突，国家间的竞争也并不是完全的"零和博弈"，但外层空间安全机制作为与国家核心利益密切相关的国际安全机制，是与权力的分配紧密相关的。现实主义学者认为，在很多情况下，权力大的国家拥有更大的发言权，

---

① 有关国际安全机制的意义，参见朱阳明主编《国际安全战略论》，军事科学出版社2000年版，第134—135页；任晓《从集体安全到国际安全机制》，任晓主编《国际关系理论新视野》，长征出版社2001年版，第182—193页；陈峰君《两种不同的安全概念与安全战略》，《世界经济与政治》1997年第11期。

使机制更多地为自己的利益服务，而"弱一些的国家可能就没有自主选择"①。维护外层空间战略安全与合法权益的规则、决策程序的制定权、对其运作过程的影响力，正是成员国按一定比例分配权力的结构性反映。约翰·米尔斯海默认为："力量确保安全，最大的力量确保最大程度的安全。"② 因此，一个国家为了在处于无政府状态的国际体系中获得自身安全，就必须不断"保持权力、增加权力和显示权力"。现实主义学者认为，那些所谓抽象的和普遍的国际机制只不过是"建立在特定时期国家利益的特定解释基础上的国家政策的不自觉的反映"或是对"自私自利的既得利益的一种伪装"③。"一个机制不需要，甚至根本没有为每一个参与者的利益服务"④。事实上，在很多情况下，权力大的国家拥有更大的发言权，使机制更多地为自己的利益服务，而"弱一些的国家可能就没有自主选择"⑤。奥兰·扬进一步用"强加规则"（Imposed order）⑥ 来说明这个问题。

"权力可改变由选择途径的不同而产生的结果（收益矩阵）。"⑦ 克拉斯纳等人所引入的权力因素正好触及了外层空间安全机制最为核心的部分。"由于机制对成员国具有约束力，因而机制本身也是一种

---

① Stephen Krasner, "Structural Causes and Regime Consequences: Regimes as Intervening Variables," in Stephen Krasner (ed.), *International Regimes*, Ithaca: Cornell University Press, 1983, p. 15.

② [美] 约翰·米尔斯海默：《大国政治的悲剧》，上海人民出版社2003年版，第41页。

③ E. H. Carr, *The Twenty Years' Crisis, 1919 – 1939, An Introduction to the Study of International Relations*, London: Macmillan Company, 1951, pp. 87 – 8.

④ Donald J. Puchala and Raymond F. Hopkins, "International Regimes: Lessons from Inductive Analysis," in Stephen Krasner (ed.), *International Regimes*, Ithaca: Cornell University Press, 1983, p. 63.

⑤ Stephen Krasner, "Structural Causes and Regime Consequences: Regimes as Intervening Variables," in Stephen Krasner (ed.), *International Regimes*, Ithaca: Cornell University Press, 1983, p. 15.

⑥ Oran R. Young, "Regime Dynamics: The Rise and Fall of International Regimes," in Stephen Krasner (ed.), *International Regimes*, Ithaca: Cornell University Press, 1983, pp. 100 – 101.

⑦ Stephen D. Krasner, "Global Communications and National Power: Life on the Pareto Frontier," *World Politics*, Vol. 43, 1991, p. 340.

前 言

权力资源。"① 对外层空间安全机制中的规则、决策程序的制定权、对其运作过程的影响力，也将按一定比例在成员国中进行分配。从这个意义上说，外层空间安全机制的本质就是要将各国在外层空间安全领域内的权力结构用一定的规则和程序等方式固定下来。但是，由于现实外层空间权力结构处于严重失衡的状态，与美国相比，其他国家的差距几乎比在任何先进技术领域都要大。这样，外层空间权力在结构上形成了一个倒"T"形，美国"一马当先"，后面并没有"万马奔腾"。由此，如果美国能在维护外层空间战略安全与合法权益方面持积极态度，那么，其局面很有可能会"势如破竹"。然而，美国为了实现自己的全球战略，急于在外层空间寻求绝对优势和绝对霸权，而不愿通过建构相关安全机制来束缚自己的手脚，退出《限制反弹道导弹系统条约》（即《反导条约》）就是明证。只要美国不愿意，维护外层空间战略安全与合法权益所需的权力分配结构认同就很难达成。

一个国家开发与利用外层空间的能力，在某种程度上决定着它在维护外层空间战略安全与合法权益中的权力大小。在外层空间开发与利用的大多数时候，国家追求的空间利益与全人类的共同利益是根本一致的，国家间会沿着权力关系的引导而形成合作共赢的外层空间战略安全与合法权益。在国家追求的空间利益与全人类的共同利益出现差异时，更需要各国通过交往实践，寻求解决矛盾的关系安排，维护外层空间战略安全与合法权益中的权力因素尤为关键。维护外层空间战略安全与合法权益的实质是外层空间多样权力的社会建构。分析外层空间权力类型及其互动，既可正确把握维护外空战略安全与合法权益的基本特征，也可现实地探讨维护外层空间战略安全与合法权益的合理路径。

人类在外层空间展开的探索与利用活动，由于外层空间的无疆域性和各国对技术性级差空租的不断追求，长期单靠一国的力量是无法

---

① Stephen D. Krasner, "Global Communications and National Power: Life on the Pareto Frontier," *World Politics*, Vol. 43, 1991, p. 363; ［美］斯蒂芬·D. 克拉斯纳：《结构冲突：第三世界对抗全球自由主义》，浙江人民出版社2001年版，第4—6页。

持续、深入发展的，因此，必然要进行国家间的交往实践。不同国家在外层空间开发与利用中结成了各种各样的社会关系。从复合建构主义视角探讨各国在外层空间各种复杂关系的复合建构，当两个国家基于外层空间探索与利用的特定利益关系而进行交往实践时，空间实力的差异极易导致内在化的物质权力。空间行为体进一步扩散的互动交往，形成了对空间行为体身份与利益界定和塑造的共有观念。物质权力和共有观念在建构过程中的汇聚与耦合，事关各空间主体的身份如何被建构，规范如何被社会化，维护外层空间战略安全与合法权益最终会朝向何种方向进行复合建构与演化。①

研究维护外层空间战略安全与合法权益的复合建构，需要探寻有哪些因素影响了行为体采取以更快的速度和更多的资源去共同建构外层空间战略安全与合法权益。了解了这些因素，不仅有助于改进决策，更好地控制维护外层空间战略安全与合法权益建构的进程，而且便于从全人类共同利益的高度，推进维护外层空间战略安全与合法权益的社会建构，以追求人类社会在一个全新的空间领域尽可能地塑造一个更美好、更理想的人类政治社会。② 权力对维护外层空间战略安全与合法权益的影响，在很大程度上是指各个国家的权力差异性，即权力分配。在外层空间领域，行为体之间的权力分配极大地影响着维护外层空间战略安全与合法权益的建立，况且外层空间战略安全与合法权益的维持、发展及改变也受权力的影响。③ 权力分配中的强制力一方面会改变维护外层空间战略安全与合法权益行为体的行为，另一方面这种强制力本身并不能保证维护外层空间战略安全与合法权益的持续。正如奥兰·R. 扬所指出的："机制参与者之间的权力分配实质

---

① 参见董青岭《现实建构主义与自由建构主义：一种研究纲领内部的分化》，《世界经济与政治》2008年第12期。

② Oran R. Young and Marc A. Levy, "The Effectiveness of International Environmental Regimes," in Oran Young (ed.), *The Effectiveness of International Environmental Regimes: Causal Connections and Behavioral Mechanisms*, 1999, pp. 4 - 5.

③ 王明国：《经济自由主义，经济民族主义与外空国际关系论》，载《世纪中国》2003年6月13日，http://www.cc.org.cn/zhoukan/guanchayusikao/0306/0306131008.htm。

性的严重失衡限制了机制的社会建构。"[①] 这就提出了一个十分重要的规范性问题：既能发挥权力在建制中的作用，又能摆脱维护外层空间战略安全与合法权益中的权力阴影。

为此，根据约翰·伊肯伯里（G. John Ikenberry）提出的"胶黏性"理论，可以认为维护外层空间战略安全与合法权益是根植于广泛的政治秩序中限制行为者活动"场景"的正式和非正式组织、规则、惯例和实践，在具体环境下可以把国家"锁定"在稳定和持续的社会联系中，对国家的权力运用加以某种限制。对权力的审慎态度换来了同伴对其权力的认同。[②] 权力对维护外层空间战略安全与合法权益的社会建构的影响，从维护外层空间战略安全与合法权益运行的背景看，是一种外生变量。但权力对维护外层空间战略安全与合法权益作用的发挥无疑具有决定性的意义，构成了维护外层空间战略安全与合法权益运行的结构框架，维护外层空间战略安全与合法权益的社会建构受到权力因素的根本性制约。[③]

三 维护外层空间战略安全与合法权益的理论框架

随着人类自然探索技术的不断发展，各国在非排他性的公共领域出现越来越多的交流互动活动。如何在这些活动中协调各方的关系与利益，成为国际政治中一项新的重要课题。外层空间属于典型的全球公域，而全球公域具有公共性，又在一定程度上呈现出资源稀缺性，其治理问题对于国际社会的稳定与安全有着重要意义。考虑到外层空间的战略重要性，外层空间军事化和军备竞赛的脚步几乎自人类初探

---

① ［美］奥兰·R.扬：《国际制度的有效性：棘手案例与关键因素》，詹姆斯·N.罗西瑙：《没有政府的治理》，江西人民出版社2001年版，第208页。
② 慕建峰：《新秩序，还是老制度——〈制度、战略约束和美国战后秩序的持续〉评介》，《美国研究》2002年第1期。
③ Andreas Hasenclever, Peter Mayer and Volker Rittberger, *Theories of International Regimes*, London: Cambridge University Press, 1997, p. 182.

外层空间起便未曾停歇。尽管冷战时期国际社会在美苏两国主导下达成了一系列旨在规范外层空间活动的条约与协议,如《禁止在大气层、外层空间和水下进行核武器试验条约》(即《部分禁止核试验条约》)和《关于各国探索和利用包括月球和其他天体的外层空间活动所应遵守原则的条约》(即《外层空间条约》)等,但这些约定的强制性和普遍效力往往不足,行之有效的外层空间安全机制仍然未能形成。

针对维护外层空间战略安全与合法权益存在的困境,国内外学者展开了一系列有益的探讨。一方面,从权力结构角度出发,一些人认为,新兴国家对外层空间的探索和利用容易引致外层空间军备竞赛,因此维护外层空间战略安全与合法权益的重点在于如何规范这些崛起中的国家在外层空间的行为;① 而另一些人则指出,美国为维护其空间霸权地位而对维护外层空间战略安全与合法权益带来了阻碍。② 当然,这两种因素往往同时存在并相互联系,共同构成了维护外层空间战略安全与合法权益的权力结构障碍。③ 但如果仅仅着眼于权力分配,则很可能得出外层空间安全机制在冷战后多极化条件下必然破产的悲观结论,而且从权力视角也无法说明国际社会关于外层空间非军事化的呼吁何以持久存在。另一方面,从观念结构角度来看,制约外层空间安全与合作的根本性因素并不在于物质权力分配,而在于行为主体间共有规范和互信的缺失。因而透明与信任建设机制(TCBMs)在外层空间政策研究和实践中获得了相当程度的重视。④ 然而,从规范性的视角仍不足以解释美苏两国在冷战期间推动建立起一系列安全合作

---

① James Clay Moltz, *Asia's Space Race: National Motivations, Regional Rivalries, and International Risks*, New York: Columbia University Press, 2012.
② Helen Caldicott and Craig Eisendrath, *War in Heaven: The Arms Race in Outer Space*, New Press, 2007.
③ Vishnu Anantatmula, "U. S. Initiative to Place Weapons in Space: The Catalyst for a Space-Based Arms Race with China and Russia," *Astropolitics: The International Journal of Space Politics & Policy*, Vol. 11, No. 3, 2013, pp. 132 – 155.
④ 何奇松:《太空透明与信任建设机制刍议》,《社会科学》2012 年第 12 期。

机制框架，但却未能将合作规范进一步普及和巩固的原因。事实上，20世纪80年代美国大张旗鼓地提出所谓的"星球大战"计划，恰恰说明此前所建立的国际外层空间安全框架并非基于真实有效的规范认同之上。

强调规范认同的建构主义的兴起与发展无疑为国际政治的研究范式带来了深刻的影响。[1] 作为一种反思与批判理性主义及其核心假定的元理论，建构主义在本体论、认识论和方法论上都与以新现实主义和新自由主义为主体的理性主义存在重大分歧。理性主义认为，国际关系行为体的偏好与选择来自客观结构性因素的制约与塑造，权力、利益、制度等要素作为物质化的变量对行为体施加影响。与之相对，站在观念主义的哲学立场上，建构主义认为，由观念和话语构成的结构至少具有与物质结构同等重要的地位，而结构与行为之间并非理性主义所探寻的因果关系，而是一种相互构成的关系。哲学支点的对立进而造成建构主义与理性主义在研究国际政治的一些基本假定——如无政府状态、主权和国家利益的本质——上的严重分歧，以及双方在如何理解和分析国际政治运行的研究方法上的差异。

由于争论双方都存在彼此相对的弱点和盲区，一些学者开始意识到这些理论之间具有互补性，[2] 并尝试连接、整合这些理论，使之成为具有强解释力的新范式。例如，巴尔金将古典现实主义对理想和道德的重视纳入建构主义的基本主张中，试图兼顾权力政治与观念建构这两大要素。但他由此提出的"现实建构主义"研究框架[3]仍未能令人满意：在理论上，"现实建构主义"的主要观点与主流建构主义和古典现实主义趋同，从而弱化了其作为独立分析范式的角色；在实践上，巴尔金也未能明确展示"现实建构主义"如何更有效地理解或

---

[1] Jeffrey T. Checkel, "The Constructivist Turn in International Relations Theory," *World Politics*, Vol. 50, No. 2, 1998, pp. 324–348.

[2] David Dessler and John Owen, "Constructivism and the Problem of Explanation: A Review Article," *Perspectives on Politics*, Vol. 3, No. 3, 2005, pp. 597–610.

[3] Samuel Barkin, *Realist Constructivism: Rethinking International Relations Theory*, Cambridge University Press, 2010.

解释国际政治的实际问题。① 其他类似的理论融合的努力也都面临着不同程度的困境。由此可见，单一范式的解释力不足，使得人们在理解维护外层空间战略安全与合法权益问题时流于偏颇。过度依赖物质或观念的单一视角，往往使分析框架过于静态，难以准确把握国际政治现象的演变过程。正是出于这种认识，国际关系研究开始不断尝试理论（范式）融合的可行模式，逐渐发展出"现实建构主义"②"分析折中主义"③ 等不同的理论主张。国内学者董青岭提出的"复合建构主义"也是诞生于这一背景之下。这一理论框架摒弃了传统的"物质"与"观念"的二元对立，强调"在不同的观念结构与不同的物质结构之耦合形态下，行为体会选择或适应不同的社会化方式，内化不同的体系规范，从而建构和强化不同的偏好取向"。具体而言，影响体系进程向冲突或是合作转化的关键性社会条件在于物质层面上的暴力受控程度，以及观念层面上的政治认同度。

复合建构主义正是对已有理论融合工作的继承与发展。这一理论建立在对"现实建构主义"和"自由建构主义"的重新解读和明确区分上。它认为，虽然二者同样强调国际政治的社会建构，但二者在建构过程的方向和后果上却存在相反的论断：现实建构主义以行为体之间的分离性认同为起点，认为"权力导向型社会化"将使行为体优先选择暴力性的社会规范，从而将整个体系引向冲突；自由建构主义则以聚合性认同为起点，研究沟通导向型社会化如何促使行为体习得非暴力的社会规范，从而塑造出统一的集体认同与合作局面。进一步说，复合建构主义认为，西方的二元对立哲学割裂了物质与观念之间的联系，二者之间应当用二元互补的理念来理解：物质结构限制了行为体的行动边界和思考范围，观念结构在塑造行为的同时也塑造了

---

① Chris Brown, "Realism: Rational or Reasonable?" *International Affairs*, Vol. 88, No. 4, 2012, pp. 957–866.

② J. Samuel Barkin, *Realist Constructivism: Rethinking International Relations Theory*, Cambridge University Press, 2010.

③ Rudra Sil and Peter Katzenstein, *Beyond Paradigms: Analytic Eclecticism in the Study of World Politics*, Palgrave Macmillan, 2010.

行为体的身份和利益，这两个结构"相互构成，相互影响，二者之间的关系很多时候是一体两面"。

通过重新界定物质与观念的互补关系，"复合建构主义"便具有了逻辑分析的起点。其核心理论路径是："观念性因素对行为体身份的形成发挥着至关重要的构成性影响，而物质性因素则限定了行为体思考和行动的选择边界。在不同的物质与观念复合结构下，行为体之间的互动不仅会建构起不同的身份认同，而且会导致行为体在优先选择内化某些规范和观念的同时拒斥另外一些规范和观念，从而对行为体持久偏好的形成和物化产生重大影响。"[1] 这促使体系走向"进化冲突"或"进化合作"。在此基础上，"复合建构主义"依赖于对两个核心变量的考察，即暴力（权力）受控度（物质结构）与政治认同度（观念结构）。这两个变量不同高低形态的结合，产生出四种国际体系的复合结构。例如，低政治认同度与低暴力受控度的结合将导致"效率竞争型社会化"，在此结构下，国家会优先选择那些增强其自身安全的规范，对生存竞争的追逐将使体系趋向冲突化；再如，高政治认同度与低暴力受控度的结合会产生"原则竞争型社会化"，国家间竞争逐渐集中在如何改善国际关系和体系的原则性问题的争论上，在这种情况下，国际体系规范将朝向合作与和平主义发展。总体而言，这一新的分析范式将现实主义、自由主义和建构主义这三大彼此竞争的理论范式纳入统一的框架，为国际问题研究进行系统、全面、彼此包容的分析创造了新的可能。

尽管如此，复合建构主义在处理物质与观念的二元互补关系时仍然存在问题。一方面，复合建构主义将物质结构和观念结构置于同等重要的地位，试图以二者的"耦合""互构"状态解释体系冲突/合作的进程选择。但与此同时，这一理论却难以进一步澄清物质结构与观念结构的互动关系。在一些论述中，观念因素被视为决定性因素，

---

[1] 董青岭：《复合建构主义——进化冲突与进化合作》，时事出版社2012年版，第132页。

因为认同的改变会带来不同的偏好和社会化模式，这也就意味着物质条件只具有边缘性、从属性意义。另一方面，复合建构主义又指出："当体系暴力无法得到集中垄断或是有效控制的时候，群体间差异极易招致负面解读并促成分离性认同的形成……体系冲突几乎是难以避免且是不断进化的。"① 也就是说，物质性的暴力受控度显然是根本性的，低暴力受控度几乎必然带来低度的政治认同。反之亦然。

诚然，造成复合建构主义理论缺陷的重要原因或许在于这一理论过于强调物质与观念的互构互动，而对塑造和影响这种互构关系的外部因素则重视不够。在诸多外部因素中，技术变革与扩散对于外层空间和网络空间这样高度依赖科技发展的新兴战略空间，扮演着举足轻重的角色。正如赫雷拉所言："每种技术都不仅是物质实体，而且是人工产物、实践与机制的复杂结合……这些独特的社会技术体系成为国际体系互动能力的一部分。"因此，"技术不仅是物质性的人工产品，而且是国际政治结构的一部分"②。在这种意义上，将技术本身的变革与发展纳入国际安全合作演变的分析框架中，将有助于理解前述关键性社会条件如何对行为体和整个体系施加影响。技术发展是国际体系暴力受控程度的重要影响因素。例如，对暴力受控带来最大挑战的国际军备竞赛，其核心就在于武器装备技术的扩散与交叠跨越式发展。技术上的突破或者某项技术的从无到有，往往从根本上重新定义了一个国际或区域体系的权力结构格局，使得原有的国际安全机制面临巨大压力。朝鲜核试验对于东北亚地区安全环境的破坏作用便是典型例证。不仅如此，技术体系的变化也对政治认同度带来了影响。具有战略意义的技术变革或扩散容易催生分离性的政治认同，而当技术发展处于均衡稳定状态时，聚合性政治认同较易形成。例如，美国

---

① 董青岭：《复合建构主义——进化冲突与进化合作》，时事出版社2012年版，第151页。
② Geoffrey Herrera, *Technology and International Transformation: The Railroad, the Atom Bomb, and the Politics of Technological Change*, Albany, NY: State University of New York Press, 2006.

推动的"星球大战"计划在技术上所具有的超前性，显然加深了美苏之间的战略不信任，致使冷战期间一度形成的外层空间安全机制迅速失去作用。当然，技术因素对于国际体系的物质和观念结构来说并非单向的因果联系，暴力受控度和政治认同度的变化也可能反过来使技术的发展和扩散层面发生改变。通过对上述互动关系的分析，笔者将技术要素与复合建构主义的理论框架相结合，旨在弥补原有分析路径的不足，以更好地理解外层空间国际安全合作发展变化的根源。

从这一新的理论视阈来看，冷战时期，外层空间安全领域的国家交往实践主要表现在美国、苏联轮番上演的空间竞赛上，由于相互威慑、相互制衡，外层空间物质权力结构趋于相对均衡。双方均害怕对方在空间技术优势方面取得突破，对自己形成实质性威胁。由于外层空间居高临下的战略性，美苏双方都不希望空间技术在更大的国家范围内扩散。因此，在安全互动的过程中，各自都打出"人类共同利益"这面大旗，抢占道德的制高点，从而外层空间开发与利用应为"人类共同利益"服务，成为美苏双方的共有理解和共享观念。由此，以《外层空间条约》为代表的一系列具有进化取向的外层空间国际安全合作机制框架得以确立。然而，由于美国在空间技术上咄咄逼人的态势，以及相关技术在新兴崛起国家间的扩散，原本的外层空间国际安全机制逐渐失范，暴力受控度与政治认同度均出现下滑趋势。这一趋势随着冷战的戛然而止而不断加速。在冷战后的外层空间国际安全互动实践中，出现了明显的权力失衡，作为外层空间超级大国的美国试图通过外层空间的绝对优势来谋求绝对霸权。美国的威慑战略往往造成其他国家安全感下降并加快自身能力建设，从而导致军事化升级和安全困境的产生。[1] 美国外层空间攻防对抗准备加速了外层空间武器化与军备竞赛的进程，加之美国于2001年退出《反导条约》，使得暴力受控的基石招致动摇。外层空间国际安全困境的出现，

---

[1] 何奇松：《脆弱的高边疆：后冷战时代美国外空威慑的战略困境》，《中国社会科学》2012年第4期。

使得分离性认同加剧，外层空间国际安全领域出现了效率竞争型社会化，国际安全合作机制建构和完善的脚步踟蹰不前。

因此，通过复合建构主义的分析框架，重新思考维护外层空间战略安全与合法权益的实践过程，并为摆脱外层空间安全困境提供新的理论视角。但与此同时，复合建构主义本身也仍然存在一些缺陷，特别是在如何有效处理物质结构与观念结构的互动关系上仍有待完善。因此，本书试图将技术变革与扩散这一外部变量纳入分析框架之中，通过"技术—权力—观念"的有机互动，深入探讨维护外层空间战略安全与合法权益的内外部因素，并对复合建构主义的现有结构加以补充和拓展。

四 维护外层空间战略安全与合法权益的路径方法

在维护外层空间战略安全与合法权益的社会建构过程中，世界各国无一例外地均按照"利益—权力"理性博弈的原则行事。既要不断追求国家安全利益，又要冷静客观地审视自身在国际权力结构中的现实地位，尽最大的可能求得国家的生存与发展。把各种物质因素和观念因素所构成的复合结构视作统一的整体来灵活地加以运用，有助于推进维护外层空间战略安全与合法权益的复合建构。分析影响维护外层空间战略安全与合法权益复合建构的各种物质因素、观念因素及其互动，可以看到，现实的做法是将各种因素的作用纳入包括外层空间威慑、信息支援、攻防对抗准备和国际安全机制建构的过程中来，这样才能规范外层空间新型国际关系沿着对人类而言真正"正确"的方向成长。维护我国外层空间战略安全与合法权益的斗争与其他安全领域相比，国际政治层面的因素更为复杂，它既要维护我国在外层空间安全领域的合法权益，又要为我国改革开放和经济社会发展始终处于安宁、稳定的良好环境提供可靠的保证。因此，这方面的斗争作为国家意志的重要体现，不仅需要创造和利用一切行之有效的斗争手段，而且其本身无不受到国家政治的制约和指导。

第一，关注外层空间威慑体系的新进展，有效防止外层空间武器化和军备竞赛。冷战期间维持全球安全与战略稳定的基石是美、苏两个超级大国确保相互摧毁的核威慑战略，其核心是通过核威慑来达到遏制和制止战争的目的。虽然美、苏两个超级大国都将外层空间作为军备竞赛的重要战场，但是由于政治和技术的原因，外层空间的军事发展一直受到限制。外层空间军事对抗所带来的严重破坏性和两败俱伤的可怕后果，不仅使得双方重新思考空间对抗是否明智，而且促使双方同意禁止高空核试验，禁止将大规模杀伤性武器引入外层空间。1963年，联合国通过了《禁止在大气层、外层空间和水下进行核武器试验条约》，包括美、苏在内的117个国家签署了该条约。1967年10月10日，《外层空间条约》无限期有效，目前已有96个国家批准加入。该条约规定了探索和利用外层空间的一些基本原则，其中有外层空间自由、外层空间不得占有、外层空间活动为全人类谋利以及外层空间不得用于军事目的等。1979年第34届联大通过了《关于各国在月球和其他天体上活动的协定》（即《月球协定》），宣布月球是全人类的共同财产，各国不得以任何方式将其据为己有。这些外层空间条约和有关文件既是指导各国外层空间活动的依据，也是外层空间安全国际法框架的主要组成部分。

"当今世界，虽然和平与发展已成为不可逆转的历史潮流，但最谙熟威慑之术的世界霸权主义国家，是决不会轻易放弃自己的威慑战略的。它们不仅有实施威慑的充分的力量与理论准备，而且有数十年实施威慑的'成功'经验。这就为全世界爱好和平的国家和人民，研究和实施反威慑，提出了重大的课题。"[1] 随着以美国为代表的一些空间强国的空间技术发展，21世纪以来，外层空间威慑体系逐渐从核威慑中独立出来，发挥着日益令人关注的战略威慑作用。外层空间威慑与反威慑都不仅仅是一种物质力量的显示，也是一种思想信息

---

[1] 朱梅生等主编：《军事思想概论》，国防大学出版社1997年版，第467页。

的表达，它往往把使用空间力量的意图、空间能力与心理影响巧妙地结合起来，以空间实力为后盾，迫使对方却步、收敛，达到不战而屈人之兵的目的。因此，国际社会对空间安全活动所蕴含的威慑价值应给予足够的重视，并据此做出适当的反应，使外层空间安全体系中的暴力因素得到有效收敛和控制。

第二，提高外层空间信息支援能力，增进各国在外层空间战略安全上的政治认同。外层空间信息支援能力是外层空间现实军事利用中广泛存在的一种方式，但它不是外层空间武器化，如果能得到可控、合理的运用，它可有利于提高其安全功效，如在核查、信任透明等方面，也就是说，发展外层空间信息支援能力并不必然会引起外层空间军备竞赛。但美国目前咄咄逼人的空间政策除反映了外层空间已日益成为美国经济、国家和国土安全的重要组成部分外，还暴露了美国固执地为了一己之利而推进外层空间武器化的企图，这是当前我国外层空间战略安全与合法权益所面临的最现实的威胁。国际社会与美国在外层空间安全方面展开一场对话是非常困难的，其根本原因在于，双方在技术性级差空租的现实拥有上是完全不对等的。所以，国际社会近期难以在军事利用外层空间上达成协议。

因此，当这种差距在没有缩小前，美国可能不会参与谈判。这意味着国际社会所希望的在控制外层空间武器化方面达成协议的前景十分黯淡。面对美国强硬地拒绝国际社会关于抑制外层空间武器化和军备竞赛的谈判，有意利用外层空间技术军民两用这一模糊特点，及其咄咄逼人的外层空间武器化的做法，国际社会既要坚持积极促进外层空间安全机制完善的原则立场，也应清醒地记住国际政治斗争中"实力才是和平的基础"这一原理。坚持"实干发展、和平发展、创新发展"的原则，扎实发展包括外层空间信息支援能力在内的各种有利于外层空间和平利用的空间技术。制衡的力量多一点，外层空间的和平可能就会增加一点。当越来越多的国家掌握了外层空间技术后，霸权者才有可能醒悟到搬起的石头也会砸到自己的脚，才有可能坐下来通过谈判实现外层空间的真正和平。

第三，转变外层空间攻防对比态势，推动国家安全互动进程的优化转向。美国外层空间攻防对抗准备必须直面这样的现实：世界各国的发展都将需要更多的类似外层空间这样的"战略空间"。事实上，除美国以外的世界各国都承认并乐意给各自这样的空间。面对超级大国谋求"外层空间霸权"的企图，全世界所有希望开发外层空间的国家都应该行动起来，推动建立和平、合作、和谐开发外层空间的国际机制和法制框架，坚决反对外层空间霸权，强化和平开发与利用外层空间的能力，合作推进人类对浩瀚宇宙的探索。面对美国作为进攻方的定向攻防对比变化所引发的危险，当务之急是从多方面着手，转变攻防对比态势，促进防御占优，抑制外层空间军备竞赛和外层空间武器化的步伐，促进外层空间攻防对比的力量平衡。美国虽然拥有外层空间优势，但并不拥有空间技术的垄断权。越来越多的国家进入外层空间是无法阻挡的潮流。未来如果爆发外层空间战争，将不会出现绝对的胜利者。各国现有的数万亿美元的外层空间资产，很有可能瞬间化为外层空间垃圾，人类探索宇宙的宏伟计划，也将成为永远的梦想。

面对美国在外层空间攻防对抗准备中咄咄逼人的态势，世界各国应该团结起来，想办法扭转这种进攻占优的威胁局面。正如罗伯特·吉尔平所指出的："攻防平衡影响到现状改变的代价，代价越高，发动战争的可能性就越少。"[1] 为化解美国外层空间攻防对抗准备所带来的现实威胁，应通过外层空间国际军控迫使美国外层空间安全考虑向防御占优的方向转变。"如果进攻性武器与政策和防御性武器与政策能够相互区别的话，国家对防御性武器与政策的追求便不会引起别国的怀疑；即使国家采取进攻性措施，别国也可以由于攻防区别及早得到预警。"[2] "所以攻防区别有利于消除国家间的误读，能够使其他

---

[1] Robert Gilpin, *War and Change in World Politics*, Cambridge: Cambridge University Press, 1981, pp. 62–63.

[2] Robert Jervis, "Cooperation under the Security Dilemma," *World Politics*, Vol. 30, No. 2 (Jan., 1978), pp. 43–44, Published by Cambridge University Press.

国家对一国追求安全的行为采取较为温和或较为保守的反应，从而避免或缓和安全困境，使合作得以进行。"① 积极推进外层空间国际军控，迫使美国将更多的投资和精力转向民用、商用空间技术领域，不仅会使其国家形象和民众热情获得极大的提升，也有利于外层空间和平开发与利用事业的发展。和平利用空间技术的发展，是世界和平的福音。外层空间民用、商用技术发展是外层空间事业的重要组成部分，对各国的经济建设、社会发展和国家安全都会起到非常重要的作用。

第四，加强外层空间国际安全机制建设，推进合作安全的持续进行。外层空间没有国家所有权的问题，外层空间开发与利用的收益也不是绝对空租。任何国家进入外层空间追求的都是技术性级差空租，为了防止技术先进国家凭捷足先登而擅自垄断外层空间技术性级差空租，就须制衡任何称霸外层空间的企图。冷战结束后，苏联在外层空间的势力突然消失，俄罗斯又难以为继，美国趁势扩张，成为在外层空间具有占压倒性优势的唯一超级大国。美国公布的新外层空间政策更为突出地强调美国享有绝对自由行动权，拒绝就任何可能会限制其进入或使用外层空间的协议进行谈判，反对与这一原则相违背的任何形式的外层空间协议或规定；如有必要，美国有权不让任何"敌视美国利益"的国家或个人进入外层空间。这一政策体现了美国不容他人"染指"外层空间，追求外层空间霸主地位的意图。外层空间不同于领空，也不存在天然性级差空租。因此，任何国家在开发与利用外层空间的过程中，都没有"经营权垄断"的问题，不能擅自独占技术性级差空租。美国以强大的实力做后盾，调整外层空间政策，明目张胆地试图垄断外层空间技术性级差空租，既增加了外层空间开发与利用的冲突和危险，也暴露出现有国际制约机制的不足。这个问题正引起国际社会的高度关注。

---

① 邹明皓、李彬：《美国军事转型对国际安全的影响——攻防理论的视角》，《国际政治科学》2005年第3期。

前　言

虽然许多国家都在维护外层空间战略安全与合法权益的社会建构问题上做出了重要的决定，但联合国依然扮演着举足轻重的角色。联合国提供了一个核心论坛，各国可以在这个论坛上共商符合它们共同利益的准则。而联合国则在实现共同目标的过程中发挥分析、教育和宣传和平开发与利用外层空间好处的作用。2002年6月，中国、俄罗斯、白俄罗斯、印度尼西亚、叙利亚、越南、津巴布韦联合向联合国裁谈会提交了关于"防止在外层空间部署武器、对外层空间物体使用或威胁使用武力国际法律文书要点"的工作文件，得到了许多国家的支持。在2005年10月的联合国大会上，160个国家投票赞成关于防止外层空间军备竞赛（PAROS）条约之必要性的决议，只有美国一票反对。2007年3月，联合国和平利用外层空间委员会第46届法律小组委员会会议讨论如何利用和完善相关的国际法框架，促进国际和平利用外层空间事业的发展。除美国外的各国代表认为，早日制定禁止外层空间武器化的国际条约是国际社会面临的共同任务，联合国和平利用外层空间委员会及其法律小组委员会应发挥应有的作用。

随着外层空间领域技术的快速发展，世界各国竞相进入其间发展，纷纷从经济、军事以及信息的角度出发，寻求自身国家利益的拓展。一方面，应该肯定人类对外层空间进行和平开发与利用，具有巨大的进步意义，也是历史发展的必然趋势。但另一方面也应考虑如何在共存共赢的目标牵引下，探求人类怎样通过开发和利用外层空间以维护世界和平、促进世界发展。本书试图以新的体系、新的方法丰富和发展外层空间安全战略的学术研究，构建恰当的外层空间安全战略理论分析框架、拓宽现实建构主义研究的深度和广度，从而加深对人类未来发展空间走向的理论把握，进一步理清空间开发与利用的理念追求与实践要求的互动关系，为中国更好地把握住空间探索与利用这一难得的历史新机遇，为实现中华民族伟大复兴的"中国梦"做出应有的贡献。

第一章

外层空间战略安全与合法权益的复合建构

随着空间技术的发展，外层空间军事利用程度不断加深，但时至今日，真正意义上的空间战争并没有出现，外层空间的军事斗争作为国家间政治在军事上的表现，其主要形式有外层空间威慑、外层空间信息支援和外层空间攻防对抗准备等。在和平发展背景下有效维护我国外空战略安全与合法权益，亟须综合运用在外层空间安全互动中军事斗争与和平谈判的方式，推动外层空间安全由进化冲突向进化合作发展。这也就是说，维护我国外层空间战略安全与合法权益的实质是各种要素复合建构的过程，一般国际关系理论中无论是关注权力的现实主义或强调制度的自由主义，还是注重观念的建构主义，往往仅看到国家间围绕空间能力优势的争夺或制度上的讨价还价，抑或是共主观念决定下的简单博弈，但均不能有效解释空间安全互动的不同战略选择（例如，进化冲突与进化合作的引导、选择），从而引导外层空间安全利益博弈从进化冲突走向进化合作。具体而言，已有的分析框架很难揭示外层空间安全领域复杂博弈的核心特征和深层战略逻辑，因而无法为国际社会维护外层空间战略安全与合法权益提供有效的指导。相比之下，处于国际关系理论发展前沿的复合建构主义秉持二元互补理念和过程建构思维，认为外层空间国家安全互动中维护战略安全与合法权益是一种"复合结构"选择，物质与观念同体共存、相互建构；结构、施动者和进程三位一体、共存共生、流转演变。[①] 从这种复合建构主义的视角来探讨外层空间"利益—权力—观念"的复合博弈，对如何有效维护战略安全与合法权益问题，在技术变革与国家战略选择的动态关系上更具解释力。从复合建构主义的视域，分析维护外层空间战略安全与合法权益的根本内涵和核心特征，可为我国外层空间安全外交策略提供理论依据。本章首先分析冷战后外层空间权力出现严重失衡，导致效率竞争型社会化，外层空间国际关系演变处于一个十分微妙的进程转轨时期。随后从外层空间复合结构方面探求影响外层空间冲突与合作的关键性社会条件，诸如防止外层空间武器化和军备竞赛、增强外层空间和平开发与利用能力，以及推进联合国主导的外层空间国际合作制度化等。最后从外层空间战略安全的结构、进程与施动性等方面，探讨如何通过外层空间军备控制、利益汇合和施动者—结构—进程三位一体来促进外层空间的进化合作，以有效维护外层空间战略安全与合法权益。

一　冷战后外层空间国际关系的选择性社会化

复合建构主义认为："国际关系行为体所置身于其中并在其中运行的社会结构以及行为体本身，都是由主体间的共享观念和共有理解所建构的，但国际关系的运行始终无法排除物质性因素的影响。观念性因素对行为体身份的形成发挥着至关重要的构成性影响，而物质性因素则限定了行为体思考和行动的选择边界。在不同的物质与观念复合结构下，行为体之间的互动不仅会建构不同的身份认同，而且也会导致行为体优先选择内化某些规范和观念同时拒斥另外一些规范和观念，从而对行为体持久偏好的形成和物化产生重大影响。"[②] 冷战结

[①] 董青岭：《复合建构主义——进化冲突与进化合作》，时事出版社2012年版，"本书简介"。

[②] 同上书，第132页。

束以来，外层空间物质权力结构严重失衡，加之美国控制空间的野心膨胀，外层空间的安全威胁日益加剧。当外层空间国际关系的选择性社会化转向效率竞争型社会化时，各国基于自身安全考量而导致的分离性偏好加强，外层空间战略安全领域出现了进化冲突的危险局面。

（一）外层空间权力失衡与安全威胁的日益加剧

随着现代科学技术特别是空间技术的发展，外层空间的竞争日趋激烈，继对核武器、生物武器、化学武器进行军控和导弹扩散治理之后，外层空间安全已成为国际社会普遍关注的又一个焦点。"外层空间安全与外层空间武器化发展是当前国际社会高度关注的重大战略问题，也是国际军控和裁军领域出现的新课题。"[1] 外层空间战略安全是指一国在外层空间的人身和资产不会受到他国人为的故意伤害或地表的人身和财产不会受到来自外层空间的他国人为的故意伤害。外层空间安全并不包括外层空间自然环境严酷或空间技术限制与不足所造成的安全问题，相对应的英文是"Outer Space Security"。外层空间战略安全强调的是人为造成的损害问题，侵害的对象包括人身和财产等。因此，外层空间战略安全问题是在国家安全互动中产生的，一国所面临的战略安全问题往往是由他国的威胁引起的。"那些可能会侵害国家安全利益的因素被看成是国家安全威胁；判断国家安全威胁可以从威胁者的意图和能力两个角度来看，即'人'的因素和'物'的因素。"[2]

同时，为了实现或维护特定的利益，国家间结成了各种各样的外层空间国际关系，作为这种关系中特定主体所追求的特定利益成为自觉的意识并为他者所承认，利益就成为其外层空间权利。外层空间权利是其成员实现利益分配的政治资格。外层空间合法权益是指一国在符合现有外层空间国际法规定的情况下，合理利用外层空

---

[1] 杨乐平：《国际外空安全与外空武器化评述》，《2006：国际军备控制与裁军报告》，世界知识出版社2006年版，第189页。

[2] 李彬：《军备控制理论与分析》，国防工业出版社2006年版，第24页。

第一章 外层空间战略安全与合法权益的复合建构

间资产以获取空间利益或利用空间资源以扩展自身利益的这种政治资格的权利和利益本身，被合称为外层空间合法权益。因此，外层空间战略安全与合法权益的维护均涉及一国与他国在安全互动中关系的建构问题。

2001年，作为空间技术超级大国的美国单方面宣布退出《反导条约》，并在过去十多年里通过一系列的战略规划，大力发展外层空间武器装备，积极建设外层空间作战部队，试图通过外层空间的绝对优势来谋求在外层空间的绝对霸权地位。毫无疑问，这些举措实质上是将美国在冷战时期奉为圭臬的威慑战略进一步拓展到外层空间，即通过确立空间技术和装备上的绝对优势，来阻止其他国家潜在的攻击意图，以实现美国的外层空间安全和全球霸权。在这一态势下，美国的威慑战略往往会造成其他国家安全感下降并加快自身能力建设，从而导致军事化升级和安全困境的产生。[①]

根据复合建构主义，外层空间行为主体所置身于其中并在其中运行的体系结构是一种复合结构，即以空间技术实力为基础的物质权力结构与社会性因素影响所形成的观念结构，两者同体共存，共同发挥作用，推动着外层空间国际关系朝着不同方向演变，或进化冲突，或进化合作。外层空间作为新的军事战略制高点，具有无疆域性的特征，维护外层空间战略安全与合法权益属于全人类的共同利益。从战略的层面研究外层空间战略安全与合法权益的复合建构，无疑具有重大的现实意义。当前外层空间物质权力结构表现出严重失衡的状态，与美国相比，其他国家的差距几乎比任何先进技术领域都要大。与此同时，外层空间分离性偏好导致效率竞争型社会化。一旦这两个方面被历史耦合在一起，很有可能驱动外层空间安全互动进程朝向进化冲突演进，危及外层空间战略安全与合法权益的有效、持续维护。

---

① 何奇松：《脆弱的高边疆：后冷战时代美国外空威慑的战略困境》，《中国社会科学》2012年第4期；Bao Shixiu, "Deterrence Revisited: Outer Space," China Security, Winter 2007, pp. 2–11.

· 27 ·

随着空间技术的发展，外层空间主体日益增多，但外层空间战略安全权力建构的实质表明，外层空间安全领域是典型的金字塔结构，也就是说，空间技术要求越高的层面，成员越少。譬如载人航天俱乐部，就只有美、俄、中三家；再如深空探测，如果具体到载人登月，至今就只有美国。由此，相关研究更多地关注美、俄、欧、中等空间大国（地区）的力量自然就多些，并往往更有学理意义。冷战后，外层空间作为国际战略力量争先恐后加大进入力度的领域，再次风起云涌，维护外层空间战略安全和合法权益显得任重而道远。在当前外层空间开发与利用方面，其国际格局也可简约地概括为"一超多强"，即美国作为唯一的超级大国在外层空间也同样拥有绝对的优势，其他进入外层空间发展的国家则构成了外层空间开发的主要战略力量。鉴于一个国家开发与利用外层空间的能力，从某种程度上决定着它在外层空间国际关系中的地位和外层空间国际事务中的发言权，因此，进入外层空间的开发与利用对于各国在国际政治方面具有重要的战略意义。目前，以美国为首的西方发达国家纷纷通过发展自己的航天事业，试图在外层空间强化其优势地位，从而不断增强军事实力和经济实力，以便在国际政治斗争中争取更多的发言权。美国作为唯一的超级大国，试图凭借其强大的综合国力，特别是超强的军事实力，寻求绝对安全，以确保美国在全世界的"领导地位"。为此，美国不惜投入大量的人力、物力和财力，进行外层空间攻防对抗准备。而部分发展中国家也积极努力，意欲或已经参与到外层空间领域的竞争之中，进而提升本国在国际政治方面的影响力。

在外层空间现有物质权力和共有观念的复合结构中，如果美国能在外层空间安全的外交努力方面持积极态度，合作安全指日可待。然而，美国为了实现自己的全球战略，急于在外层空间寻求绝对优势和绝对霸权，它不愿通过构建相关安全机制来束缚自己的手脚，退出《反导条约》就是明证。美国不愿意，维护外层空间战略安全与合法权益的外交努力就很难达成令人满意的结果。在外层空间国家安全互动中，各空间主体的复合结构选择，往往"基于特定权力关系与特定认同关系的流变，选择或适应不同的社会化方式，内化和遵循不同的体系规范，从而建构和加强不同的偏好取向"①。物质权力结构不仅限制了行为体行动的边界，而且限制了行为体思考的范围。对外层空间安全外交努力中的规则、决策程序的制定权、对其运作过程的影响力，也将按一定比例在成员国中进行分配。观念结构不仅指示和限制着行为体的行为，同时也建构着行为体的身份及其利益。从这个意义上说，外层空间安全领域的观念结构对国家的身份确立和权力运行发挥着构成性的影响。为此，应当关注"一项规范结构是如何影响权力结构变迁的；同时，也要特别留意特定的权力结构是如何导致规范结构发生变革的"②。自20世纪90年代以来，在外层空间国际军控问题上，出现了美国等极少数几个国家，甚至有时就美国一家屡次否决中、俄等大多数国家所倡导的防止外层空间军备竞赛局面的提案，这正好说明，外层空间安全领域物质结构与观念结构相互构成、相互影响，共同左右着外层空间战略安全何去何从的现实进程。

（二）外层空间分离性偏好与效率竞争型社会化

外层空间是一个新的战略制高点，考虑到它的特殊的敏感性，各个国家在自我牺牲和获取利益之间的权衡和选择比在其他领域里更加困难。这种低度政治认同与外层空间军备控制脚步的踟蹰不前所造成的低度暴力受控的复合结构，导致效率竞争型社会化。尽管世界各国在外层空间和平开发与利用问题上存在着共同安全利益，但实际中的外层空间安全合作却开展得并不顺利，特别是美国凭借其在外层空间发展的"全能冠军"的绝对优势，极力谋求绝对安全和绝对霸权，总是处心积虑地为其全球战略实现寻求更为有力的支撑。正是在这一

---

① 董青岭：《复合建构主义——进化冲突与进化合作》，时事出版社2012年版，第131页。
② J. Samuel Barkin, "*Realist Constructivism*," International Studies Review, No. 5, 2003, p. 342.

利益上的歧义，使外层空间安全外交努力发展所需的共同利益严重不足，因为美国在外层空间领域所占有的分量决定了没有它参加的外层空间安全外交努力，只会流于形式。正如"囚徒困境"和"捕鹿游戏"两个模型所揭示的那样，共同的利益并不一定能够超越对私利的追求，行为体存在着追求后者而牺牲前者的动机。而且共同利益还与代价相联系，因为外层空间安全机制对参与的主权国家而言，一方面可能意味着实现共同利益，另一方面则意味着让渡出部分权力，如完全独立自主地做出外层空间开发与利用的决策权力，自由支配本国外层空间物件的权力，等等，总之，需要做出一定的自我牺牲。在这种情况下，往往需要有一定的外部强制力来保证主权国家追求共同利益，哪怕是付出必要的代价。但在外层空间现有的复合结构下，鉴于并不存在一个可以垄断和控制国家间暴力合法使用的超级权威，也不存在一个可以创制和强力推行某些适当行为规范的社会化中心机构（如联合国的相关机构都未发展到这一步），因此，缺少类似于国内政治所拥有的中央权威体系以驯化行为体使其自行抑制其武器化，从而切实阻止外层空间武器化和军备竞赛，这几乎是不可能的。

同时，在外层空间安全领域，并不存在绝对的利益冲突，生存与安全忧虑依然是国家及其他行为体进行互动决策的首要考量，此时，模仿与学习成为社会化的主导方式，即使存在着多种交往规范和决策方案可供选择，每个国家往往都从做最坏打算的角度优先选择那些能够迅速增强其安全感和防御能力的观念和做法。在美国外层空间攻防对抗准备的刺激下，新的外层空间争夺"多米诺骨牌效应"正在显现。继美国之后，俄罗斯与欧洲也先后公布了外层空间攻防对抗准备计划，而这些计划无一例外地都画上了浓重的军事应用色彩。俄罗斯强调加强军事航天力量的建设，不断提高外层空间兵力兵器的作战能力，并赋予外层空间部队发射各种军用航天器和打击敌空间武器系统的任务。根据俄罗斯航天 10 年计划，反卫星武器是俄罗斯的重点发展对象。目前俄罗斯已建成 15 个快速反低轨道卫星系统发射台。俄共轨式反卫星拦截器的作战发射区域为

1500千米×1000千米，作战高度为150—2000千米，作战反应时间为90分钟；制导方式采用雷达寻的或红外寻的，拦截目标卫星的时间为1小时（第一圈轨道内拦截）到3.8小时（第二圈轨道内拦截）。在激光与粒子束反卫星武器方面，俄罗斯计划部署的平台有地基、空基（机载）和天基，其中地基反卫星激光器进展较大。为了对付美国在中东欧地区部署的反导系统，俄罗斯从攻防两方面下手，不仅要挑战美国反弹道导弹系统的能力，更要全面削弱美国的战略威慑力。其中主攻的为"白杨-M"导弹，主守的为S-400"凯旋"反导系统。作为欧盟的主导国之一，法国的多项军事空间计划陆续出台，涉及军事侦察、军用通信以及导航、遥感等许多方面。法国成功发射"锡拉库斯"-3B军用通信卫星，就是为发展独立的军事航天能力而迈出的重要一步。正如时任法国总统所言，该卫星成功上天，不仅有助于加强法国的军事卫星通信系统，同时还可提升法国和欧盟的军事行动能力。2006年12月19日，德国租用俄罗斯的"宇宙"-3M火箭，成功地将其5颗SAR-Lupe合成孔径雷达卫星中的第一颗送入外层空间，填补了欧洲在雷达成像侦察卫星领域的空白。2011年3月5日，美国空军从位于佛罗里达卡纳维拉尔角的肯尼迪航天中心成功发射了第二架X-37B空天飞机；紧步其后尘，5月26日，英国最新型空天飞机"云霄塔"通过概念设计和重要的技术评审；日本、印度等也不甘落后，竞相推出各自的发展计划。[1]

（三）外层空间利益—权力博弈与进程转轨

外层空间国际关系处于无政府、无疆域的背景下，可以看到其中利益和权力的张力决定着外层空间国际关系的未来走向。外层空间国际关系在实践的反复检验中，其内在遵循的原则逐渐显现，这就是无

---

[1] 秦立新、李大光：《航天飞机将谢幕，空天飞行器欲登台》，《解放军报》2011年7月21日。

一例外地按照"利益—权力"理性博弈的原则行事。在外层空间领域，从根本上说，外层空间国际关系往往反映了国际政治权力的社会建构，而它的功能则从起点到归宿都是为了追求国家空间利益。与此同时，主权国家选择参与外层空间国际互动，也是完全遵循"利益—权力"这一理性博弈原则的，既要不断追求国家空间利益，又要冷静客观地审视自身在空间权力结构中的现实地位，尽最大的可能求得国家的生存与发展。"在不同的物质与观念结构复合形态下，行为体会基于特定的权力关系与特定的认同关系，选择不同的规范加以内化和遵循，从而加强或弱化权力政治的影响，此即复合建构主义的选择性社会化进程主张。"[①] 外层空间国际关系演变的进程缘于各国追求技术性级差空租——国家空间利益，但外层空间国际关系中的博弈最终取决于国家间权力的关系。所谓"利益—权力"理性博弈的原则，是指将外层空间国际关系中追求的空间利益与自身在其中的国际权力结合起来，推进外层空间国际关系的建构、运转和变革。外层空间战略安全的复合结构存在于这一进程中，而这一进程塑造并支撑着结构，两者相互依赖、相互影响。

外层空间物质权力结构与观念结构具有限制行为体行动范围和行为方式的作用，更重要的是这种复合结构在建构行为体身份和利益的基础上，不断通过各种方式社会化行为体。进而拥有特定身份并知晓其利益的施动者，通过彼此之间的互动，会反过来再造、加强或改变体系结构。冷战时期，基于美苏力量抗衡与相互确保摧毁体系结构所形成的部分维护战略安全与合法权益的机制，由于进程演变中权力结构已发生很大的变化，其功能维持遭受了严重的挑战，有的甚至被某些势力强行改变，如美国2001年单方面宣布退出《反导条约》，从而使得这一外层空间安全基石被抽掉。近年来，联合国和平利用外层空间委员会法律小组委员会在俄罗斯、乌

---

① 董青岭：《复合建构主义——进化冲突与进化合作》，时事出版社2012年版，第136页。

克兰等国的极力推动下，倡议制定一项全面外层空间法公约。这一理想的维护外空战略安全与合法权益机制建构的提议，由于其所描绘的全面、高效而被国际社会寄予更大的期望。中国[①]与乌克兰、哈萨克斯坦等均作为共同提案国予以支持。[②]但是，也可能由于未遵照"利益—权力"理性博弈的原则，这种外层空间国际法草案倡议或者因为利益抛开了权力而使之难于成为现实。此项建议遭到了美、日等国的反对。[③]再如，和平利用外层空间委员会法律小组针对外层空间战略安全的辩论，呈现出反对外层空间武器化，要求将防止外层空间军备竞赛纳入讨论议程和反对将防止外层空间军备竞赛纳入讨论议程这样壁垒分明的两方。前者努力将这一议题作为安全化的手段，通过和平利用外层空间委员会的运作来凸显外层空间军事化日益严重，恐将危及和平利用外层空间的共识基础，进而呼吁各国应透过全面暂停研制、部署空间武器系统，作为防止外层空间军备竞赛诉求的基调。后者则成功地通过和平利用外层空间委员会的运作将上述议题排除在和平利用外层空间委员会进行实质性讨论之外。[④] 因此，遵循"利益—权力"理性博弈的原则，对外层空间国际关系变迁进行全面的考察，不难发现，外层空间国际关系中物质性权力失衡与追求绝对霸权的思维耦合，将导致进化冲突的危险；但如果能对防止外层空间武器化达成共识，并驱使权力结构朝着均衡的方向发展，将会导致体系进程向进化合作演进。

---

① 中国政府的立场是，现行外层空间条约虽存在不足，但并不过时，特别是 1967 年《外层空间条约》所确立的外层空间活动的基本法律原则，仍是外层空间法的基石及其发展的法律框架。我国主张，在不损害现有外层空间条约所确立的外层空间法基本原则的前提下，可以适当方式完善有关外层空间条约，包括可考虑制定全面的外层空间法公约。

② 马新民：《国际外空立法的发展与我国的外空政策和立法》，《中国航天》2008 年第 2 期。

③ 美国等认为，谈判制定新的外层空间条约将危及现行的外层空间法律制度，当务之急应是推动各国加入现行的外层空间条约。

④ 袁易：《重新思考外空安全：一个中国建构安全规范之解析》，《中国大陆研究》2009 年第 52 卷第 2 期。

二 新形势下外层空间冲突与合作的关键性社会条件

确实,冷战时期虽已终结,但国家固有的冲突性偏好并未发生根本改变,对于作为新的战略制高点的外层空间来说,国家间安全互动的现状尤其堪忧。为此,国际社会要切实维护好外空战略安全与合法权益,就必须弄清楚在什么条件下,各国会捐弃彼此间的疑惧与敌视,进而建立并维系一个包容、普惠、和谐的外层空间新秩序?复合建构主义认为,防止外层空间武器化和军备竞赛、增强政治认同、对权威规范的内化和遵循,显得尤为关键而紧要。

(一)防止外层空间武器化和军备竞赛的体系暴力

"当体系暴力无法得到集中垄断或是有效控制的时候,群体间差异极易招致负面解读并促成分离性认同的形成,进而使得行为体的冲突性偏好得以建构,并在日常交往互动中变得越来越习以为常。"[①] 在过去的几十年中,谋求研发和部署外层空间武器系统的努力在个别国家从未停止过,只是受特定的历史条件限制而未能成为现实。随着科技的不断成熟,空间面临着武器化的危险。目前,世界上的一些军事大国纷纷为组建天军、建立空间军事基地、争夺"制天权"做着积极的准备。这种趋势的发展不仅会阻碍空间的和平探索与利用,还会引发空间的军备竞赛,进而对国际安全格局造成严重的消极影响。美国的新外层空间政策反映了外层空间已日益成为其经济、国家和国土安全的重要组成部分,美国更固执地为了一己之利而推进外层空间武器化。因而,国际社会近期难在军事利用外层空间上达成协议。国际社会与美国在外层空间安全方面展开一场对话是非常困难的,其根

---

① 董青岭:《复合建构主义——进化冲突与进化合作》,时事出版社2012年版,第151页。

第一章 外层空间战略安全与合法权益的复合建构

本原因在于，双方在技术性级差空租的现实拥有上是完全不对等的。因此，对于外层空间国际体系进化合作的物质条件而言，只有通过国际立法来防止外层空间武器化和军备竞赛，合法控制国家间暴力，各个空间行为体才有可能放下彼此之间的成见进而产生合作意愿。

由此可见，防止各国在空间活动的武器化已是十分现实和紧迫的问题了。抑制空间武器化亟须解决的问题就是劝说美国放弃部署导弹防御系统。美国部署导弹防御系统的理由是反恐需要，并特意说明不是为了防御俄罗斯、中国等的导弹。当然，这只是表面上的借口。要使美国认识到，部署导弹防御系统只会刺激其潜在对手发展进攻性更强、性能更先进的空间作战方法与手段，加剧导弹扩散的风险，是不符合美国的利益的。一旦在外层空间爆发战争，损失最大的将是拥有最多空间设施、对空间技术最为依赖的美国。抑制空间武器化还须探索满足各国安全需要的替代性技术与机制。可以考虑呼吁各相关方合作，以建立和完善外层空间物体发射登记制度、导弹和火箭发射预先通报制度、军事热线机制等，并通过发展高性能侦察监视卫星，将确保其不受干扰地运行作为技术核查手段和建立信任的措施。在外层空间领域，问题联系作为双边（或多边）交易的重要手段可以形成对国家行为的制约，从而弥补限于单一领域中的互惠在上述情势中的不足。问题联系，即通过政策手段将不同的问题联系起来，这种做法在国际安全合作的实践中可谓俯拾皆是、屡见不鲜。[1] 厄恩斯特·哈斯将问题联系策略称为"战术性联系"（Tactical linkage），即国家引入问题联系策略是为了获得额外的筹码或杠杆，以此获得限于单个问题的谈判所无法获得的收益。[2] 这种"战术性联系"不仅会改变谈判中的收益分配，而且在实施外层空间安全机制时也会改变有关各方的成本—收益预期。基欧汉就此指出："对一个理性的政府而言，它破坏一个机制规则行为的纯收益，一定高于这种行动对其他国际制度产生

---

[1] 王铁崖、田如萱编：《国际法资料选编》，法律出版社1986年版，第18页。
[2] Ernst Hass, "Why Collaborate: Issue-linkage and International Regimes," *World Politics*, Vol. 32, No. 3, April 1980, p. 372.

影响的总成本。在其他同伴因为它破坏某一机制而对其行为进行报复的范围内，该政府会发现它对短视利益的追求受到了抑制。"①

（二）提高外层空间和平开发与利用的政治认同

如前所述，外层空间权力结构的严重失衡是导致安全威胁日益临近的重要原因。确实，当这种差距没有缩小前，美国是不会轻易参与谈判的。这意味着国际社会所希望的在控制外层空间武器化方面达成协议的前景，是十分黯淡的。面对美国强硬地拒绝国际社会关于抑制外层空间武器化谈判，有意利用外层空间技术军民两用的模糊特点，咄咄逼人地推进外层空间攻防对抗准备的做法，国际社会既要坚持积极促进外层空间安全机制建构的原则立场，也应清醒地记住国际政治斗争中"实力才是和平的基础"这一原理。坚持"实干发展、和平发展、创新发展"的原则，扎实发展有利于外层空间和平利用的空间技术。制衡的力量多一点，外层空间的和平可能就增加一点。当越来越多的国家具备越来越强的外层空间和平开发与利用的能力后，霸权者才有可能醒悟到搬起的石头也会砸到自己的脚，才有可能坐下来通过谈判实现外层空间的真正和平。②对于一意孤行地谋求部署空间武器的国家，还应通过适当展示空间技术实力的方式，迫使其放弃空间武器研发部署行为。实力的展示应尽量以两用空间技术的形式、和平的方式进行。如通过航天器机动变轨技术展示规避反导系统的能力，通过航天器交会对接技术间接宣示反卫星能力，通过红外天文观测技术间接展示导弹预警能力等。以展示外层空间对抗方法与手段的形式直接展示外层空间作战实力要高度慎重，避免给人以挑起军备竞赛的口实。

外层空间非军事化已经提了很多年，但是总不能达成一致，就是

---

① Robert Keohane, "Reciprocity in International Relations," *International Organization* 40 (Winter 1986), p. 27.
② 关于交易成本促进国际制度合作的观点参见田野《国际协议自我实施的机理分析：一种交易成本的视角》，《世界经济与政治》2004年第12期。

因为有的国家把外层空间利用看成是自己的专利、自己的特权。因此，霸权国以外的其他国家空间技术的每一次突破性进展都是对外层空间霸权垄断的有力冲击。在由主权国家组成的现代国际体系中，权力平衡是历史进程中寻求和平的普遍手段。世界各国应提高外层空间和平开发与利用的能力，增加维护外层空间国际安全的筹码。"美国对哪一国威胁大，哪一国发展（反制）外层空间/弹道导弹能力的动力也就越大。"[1] 曾与美国平起平坐的航天大国俄罗斯表示，俄罗斯将尽力阻遏美国独霸太空，防止美国对俄罗斯形成更大的战略优势。俄罗斯战略问题专家杜金认为，如果俄罗斯安于现状，在战略上落后的现象将更加严重，俄罗斯的对外制衡力量将会被削弱。[2] 由此，俄罗斯强调要建立具有防空、反导和外层空间防御"三位一体"能力的强大的战略性全国空天防御系统。俄罗斯在2015年前部署了俄版反导系统。目前，俄罗斯正加紧导弹预警雷达建设，已在圣彼得堡附近部署一个名为"沃罗涅日"的新导弹预警雷达，并计划在南部的阿尔马维尔市兴建另一个类似的设施，以建成一个环形的监视系统，监控从外层空间或空中的来袭目标以及外层空间卫星。在导弹拦截系统方面，俄罗斯正升级A-135战略反导系统。据称，这种反导系统可以拦截速度超过5千米/秒的来袭导弹。同时，俄罗斯还在加紧部署S-400防空导弹，并研制新型防空系统，以便构筑一个覆盖俄罗斯全境的导弹防御网。

（三）加强联合国主导的外层空间合作的行为偏好

对于维护外空战略安全与合法权益来说，仅仅通过防止外层空间武器化和军备竞赛，以及强化和平反制手段，以塑造一种稳定的物质性权力结构是远远不够的，要使以追求各自国家利益为旨归的不同空

---

[1] 何奇松：《脆弱的高边疆：后冷战时代美国外空威慑的战略困境》，《中国社会科学》2012年第4期。
[2] 雷怀：《俄计划太空复兴 反卫星武器可打两千公里高卫星》，《青年参考》2006年11月27日。

间行为体和谐共存、合作共赢，外层空间安全领域还必须加强将联合国作为中心组织者在推进外层空间国际安全合作中的权威作用。在不同的观念结构与不同的物质结构之耦合形态下，行为体会选择或适应不同的社会化方式，内化不同的体系规范，从而建构和强化不同的偏好取向。[①] 外层空间国际安全机制作为这种复合结构制度化建设的成果，是巩固各方共同利益的基础、缓解矛盾冲突、增强互利互信，以及塑造共有观念和规范的重要外部保障。在美苏恐怖均衡中所形成的原有的外层空间国际安全机制是一种低度政治认同与非常特殊的高度暴力受控（通过相互确保摧毁来达成战略稳定性）的复合结构，这种结构极易导致权威强制型社会化。外层空间军事对抗所带来的严重破坏性和两败俱伤的可怕后果，不仅使得双方重新思考空间对抗是否明智，而且促使双方同意禁止高空核试验，禁止将大规模杀伤性武器引入外层空间。1963年，联合国通过了《禁止在大气层、外层空间和水下进行核武器试验条约》，包括美、苏在内的117个国家签署了该条约。1967年，美国、英国和苏联签署了促进空间和平利用，防止空间军事化的《外层空间条约》。1972年美国和苏联签署了《限制反弹道导弹系统条约》，对确保空间安全，防止空间武器化提出了一系列国际法原则和规定。美苏在谁也无法压倒对方时，凭借两国同时拥有的垄断性权力优势，强制同化他者、消除异己和维持稳定，其他国家要么沦为被归化的对象，要么被驱逐于体系之外。

但自冷战结束以来，各国在禁止外层空间武器化和军备竞赛等核心议题上并未能够达成有效的制度化安排。美国始终持续性地反对在和平利用外层空间委员会内讨论与外层空间军事活动相关的议题，极力减少和阻挠联合国对其外层空间活动进行干预，不愿承担更多的义务。因此，要维护外层空间战略安全与合法权益就应积极推进联合国主导的外层空间立法进程。为此，和平利用外层空间委员会应根据空

---

① 董青岭：《复合建构主义——进化冲突与进化合作》，时事出版社2012年版，第132—133页。

间技术的发展和外层空间军事活动形势的变化，倡议探讨加快完善和发展相关法律，弥补现行法律的不充分性和不明确性。裁军谈判会议应强化外层空间军事活动谈判，尽快缔结一项有效的国际法律文书。联合国大会及第一、第四委员会应重视对外层空间军事活动的立法审议，加强对国际社会发展、部署、使用外层空间武器的监督和核查机制的建设；并尽快领导建立全球共享的外层空间监视系统，以增加国际外层空间军事活动方面的合作。其中，联合国和平利用外层空间委员会和联合国大会第四委员会应成为各国沟通与商议外层空间安全问题的首要平台，一方面要建立外层空间安全数据中心、外层空间合作磋商机制和外层空间争端解决机制等具体合作平台，另一方面应就外层空间行为准则形成普遍接受的共识，并以此为基础推动专门性的外层空间安全机构的完善和有效力的外层空间安全协议的达成。

三 和平发展背景下外层空间战略安全与合法权益的有效维护

复合建构主义强调以复合结构和过程演化为分析焦点，依据阴阳互逐、互补共生、同圆共体等互补哲学理念来重塑结构、施动者与进程三者之间的关系，以此推进维护外层空间战略安全与合法权益方面的进化合作，在把握好在外层空间安全互动中，各国偏好在什么条件下易于发生改变的基础上，进一步弄清楚这种改变是如何发生的，又是如何得以加强的这些核心命题。外层空间军备控制事关复合结构的正向转化，利益认同导致空间主体选择和适应不同的社会化方式，施动者—结构—进程三者之间的同体共存推动着合作进程演化和安全规范的传播生效（见图1-1）。

（一）外层空间军备控制与复合结构的正向转化

复合建构主义认为，聚合性认同多形成于体系暴力得到收拢或有效控制的时候，因此，通过外层空间军备控制来防止外层空间武器化和军备竞赛，既可减少外层空间武力冲突的可能性，也能促使空间主体形成合作安全的观念，导致一种聚合性政治认同与合作性偏好的形成。为此，中国和俄罗斯应加强联手，一方面，继续大力推动曾在2008年向裁军谈判会议提交的"防止在外层空间部署武器、对外层空间物体使用或威胁使用武力条约（草案）"（PPWT），继续旗帜鲜明地反对外层空间武器化和军备竞赛。

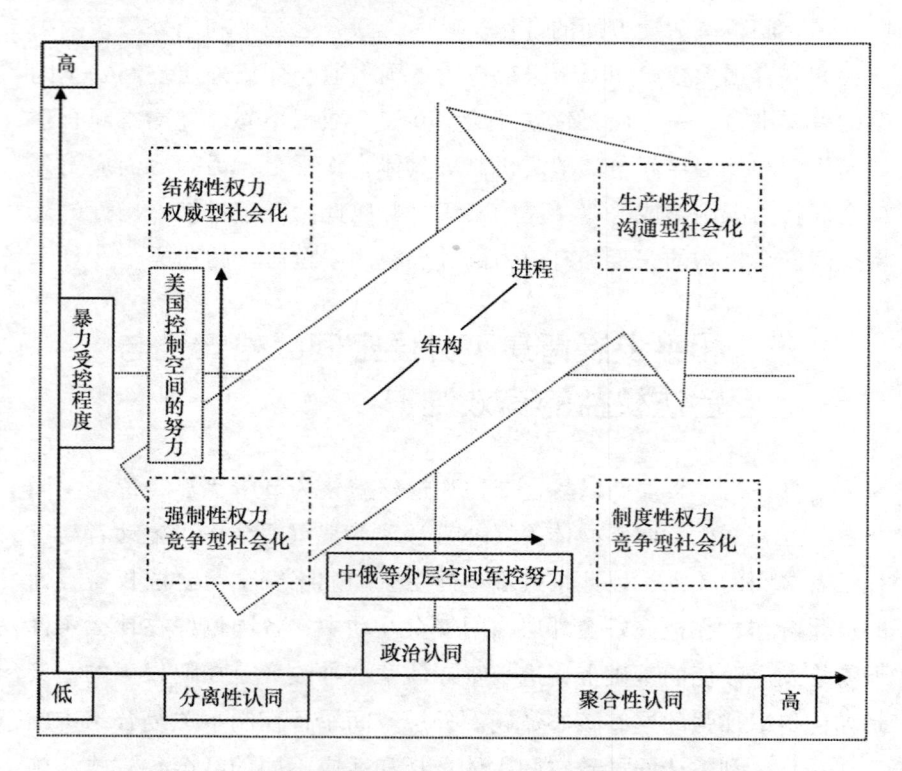

图 1-1 外层空间战略安全与合法权益的复合建构示意图

资料来源：参考董青岭《复合建构主义——进化冲突与进化合作》（时事出版社2012年版）第133页的图3.4绘制而成。

另一方面，在现有国际法不能有效控制外层空间军备竞赛的情况下，强调联合国和平利用外层空间委员会应以控制外层空间军备竞赛为中心工作，制定控制外层空间军备竞赛的国际法律文书，弥补现有外层空间法律机制的漏洞,切实控制外层空间武器化,确保外层空间的和平利用。通过各种强制性的和非强制性的社会化进程,使得外层空间体系中的国家暴力获得某种程度的控制,相关国家不可能也不希望借空间武器相互敌视,相互攻击,维护外层空间战略安全与合法权益的集体认同,不断加强合作性偏好,从而有利于复合结构的正向转化。这样,在防止外层空间军备竞赛问题上,基于各国(集团)都是"命运共同体"建立沟通与合作机制,加强外层空间军事领域的国际合作,就会逐步成为一条共同抵制外层空间武器化的重要路径。在美国等国反对禁止外层空间武器化谈判之际,国际社会应继续积极支持由俄罗斯牵头的、向联合国提交建立外层空间活动的透明与信任建设措施。同时,各国可主动就2006年中、俄、白俄罗斯等国向联大提交的议案《外层空间活动透明与信任建设措施》的内容完善提出建议,适度增加反对外层空间武器化的条文,呼吁在外层空间建立透明与信任机制来防止外层空间武器化,并适当满足大多数发展中国家的关切,从而使这一议案在联合国得到越来越多国家的赞成,不断增加将其纳入国际外层空间法框架的可能性。

  国际社会应注意到外层空间行为规则的制定与防止外层空间武器化和军备竞赛的努力是并行不悖的。目前,美国宣称要以欧盟《外层空间活动行为准则》为底本,试图由美方主导来打造一份美国版的《外层空间活动行为准则》,为此,国际社会应认真研究美国政府在这方面的实际关切:正在试图建立有关外层空间发射和卫星活动的国际规则,强调"美国将为负责任的外层空间活动提供数据标准、最佳实践、透明度、信任建立措施以及行为规范的支持"。行为准则会对行为做出一些限制,但不会对硬件做出限制。《外层空间活动行为准则》不会以任何有效方式限制部署外层空间武器。准则只会限制武器使用,除非"依照联合国章程属自卫,或出于紧急安全考虑"。美国准备接受《外层空间活动行为准则》主要是考虑到外层空间探索与利用活动的增加已经导致外层空间碎片的风险日益威胁到自身的安全。美国其实是需要一个多层的方法来抵制相关的国际惯例,以及所涉及的与盟国的合作伙伴关系，以此诱发对外层空间活动的约束。与此同时，美国还声称保留在外层空间的自卫权利。为此，国际社会应积极参与到外层空间行为规则拟制的各种讨论中，尽量将中国、俄罗斯等大多数国家所关切的防止外层空间武器化和军备竞赛的内容巧妙地纳入其中，强调一个全世界认可的、对各缔约国具有强制性的法律效力的外层空间行为准则，必须通过友好协商找到一个各方都能接受的方案，以协调各国行动，反对霸权国家单方面主导规则的制定。国际社会应通过与美国在外层空间军控领域各种形式的互动，使美国更充分地考虑到外层空间武器效应逆序的后果，争取使美国决策者了解外层空间战的严重后果，转而支持用合作的方式解决其安全关切的可能性。

（二）外层空间利益汇合与互动进程的优化转向

复合建构主义认为，结构存在于进程，进程塑造并支撑着结构，两种分析层次都具有因果作用与建构作用，对于创造体系的和平或冲突而言都是不可或缺的，同时也是相互依赖、相互影响的。进而，拥有特定身份并知晓其利益的施动者通过彼此之间的互动，反过来再造、加强或改变着体系结构。[①] 外层空间技术具有鲜明的军民两用属性，各国应审时度势，推进航天事业的融合式发展。通过提供不同形式的公共产品或商业服务，不断加强相互间的复合相互依存状态，寻求合作共赢的机遇。为此，新兴国家应准确把握与美国、俄罗斯、欧盟及其他主要空间国家国际合作的前景，在坚持自主创新的基础上，充分利用后发优势，争取参与航天国际合作，进一步提高各自在外层空间探索领域的技术与管理水平，扩大自身空间科学研究的国际影响力。加强与空间大国在卫星导航、高性能通信卫星等卫星应用领域的合作，积极推进卫星应用产业化。与此同时，应积极拓展广大发展中

---

① 董青岭：《复合建构主义——进化冲突与进化合作》，时事出版社 2012 年版，第 145 页。

第一章　外层空间战略安全与合法权益的复合建构

国家一切有可能的航天国际合作，如以亚太空间合作组织为阵地，通过成员国之间的合作扩大影响力。通过卫星领域的联合研发、制造、测试等活动，拓展各自在国际发射市场上的份额。空间国家通过星箭一体出口，以"交钥匙工程"的形式向发展中国家提供卫星制造、发射、保险和应用培训的一揽子服务，开辟和拓展发展中国家空间应用市场。在援助发展中国家时，应注意推广国际技术标准体系，为日后的技术出口和商务贸易奠定基础。国际社会应对民营经济及非政府组织参与外层空间活动酌情予以鼓励和支持。空间国家通过在气象、导航、测绘等领域向相关国家和地区提供免费的外层空间公共产品服务，既能展示自身和平利用外层空间的形象，又可增加复合相互依赖，增进合作安全的意识和动机。

同时，也应注意到外层空间环境问题已日益成为具有重大威胁的全球安全议题，其主要包括外层空间碎片问题和在外层空间使用核动力源问题，而这些问题的解决需要各国以互信、互利、平等、协作的新安全观为指导，展开切实有效的国际合作。在联合国等国际组织的主导下，各国应积极遵守"IADC空间碎片减缓指南"和"外层空间核动力源应用安全框架"等指导性文件，建立外层空间碎片数据中心和监控机制，以及外层空间核动力源使用监管机制，以加强航天国家的信息交流并增进互信。国际社会应积极探索构建外层空间环境安全多边合作机制，扩大和完善地区性空间合作组织。美国、欧洲、俄罗斯等空间先进力量应在外层空间碎片清理与回收、外层空间核动力安全性与持久性等新技术领域开展相互间或与其他国家的交流与合作，推动外层空间探索与可持续开发的互惠互利，以强化在外层空间安全问题上采取合作的态度与观念。国际社会应广泛倡导新安全观，强调外层空间和平开发与利用，从技术、立法及舆论等方面，加大各国参与外层空间环境安全治理的力度，以推进更大范围的外层空间环境安全合作。一方面应当积极发展减缓外层空间碎片增加的速度和安全利用核动力的相关技术，并为发展中国家提供相关技术支援，加大在外层空间环境安全领域的国际公共产品，从而提升空间国家负责任的国际形象。另一方面推动国内相关领域的立法和制度保障，为外层空间和平开发与利用提供规范性、战略性指导。

（三）施动者—结构—进程三位一体中合作安全的持续进化

在外层空间安全领域，施动者、结构与进程同体共存，进程是结构与施动者互动关系的整体存在形态，而结构与施动者是进程的分形表述，因此，维护外层空间战略安全与合法权益既要关注同一层次体系进程中施动者与结构之间相互再造、相互建构的关系，也要关注不同层次进程之间相互影响和相互嵌套关系，即施动者—结构—进程三位一体。随着空间技术的深入发展，外层空间探索与利用正由主要是一种国家行为向非国家行为扩散，各种开发主体间呈现出高密度利益博弈与汇聚的状态。飞速发展的空间技术正以无与伦比的广度和深度将各国社会逐步地从微观、宏—微观和宏观等层面融为一个呈现出混沌状态的整体，并形成一种"一荣俱荣、一损俱损"的关系团。空间技术及其应用在愈来愈大的程度上将成千上亿的个人纳入地球村相互依存的生活中来，与此同时，也改变和塑造着个人观察分析国际政治，尤其是空间安全问题的眼界和方式。飞机、火车、公交车等交通工具上安装的卫星导航系统、"精准农业"对遥感定位卫星的利用、校对时间和日期对卫星的利用、向全世界同步实时直播电视节目，以及了解天气情况等对卫星的利用，均表明空间技术已成为人类生活不可或缺的重要组成部分。卫星系统同时是抗击自然灾害工作中不可或缺的关键工具。当地震、洪水、海啸等天灾发生时，往往会造成交通、电力、通信等基础设施的严重损毁。此时，卫星电话、卫星宽带上网等服务可以保障救灾信息的实时传递，卫星遥感系统可以为救援和次生灾害预防工作提供救援人员和物资的定位与指挥调度，灾区遥感图像的采集和传送可以为政府部门提供实时的决策依据。比如，由加拿大、法国、美国和苏联联合开发的全球卫星搜救系统（COSPAS/SARSAT）已成为国际海事组织推行的全球海上遇险与安全系统的重要组成部分。该系统使用低高度卫星为全球包括两极地区在内的海上、陆上和空中提供遇险报警及定位服务,以使遇险者得到及时有效的救助。在维护外层空间战略安全与合法权益方面,各国、各级政府必须要有认识、知识、承诺和行动,与所有利益攸关方一道共同加大对空间技术的研发与推广。①

表1-1　　　　　　　　外层空间实力一览

国家	发射	遥感	通信	科学和机器人技术
阿根廷		有	有	
巴西	发展中	有	有	
加拿大		有	有	有
中国	有	有	有	有
埃及			有	
欧洲航天局*	有	有	有	有
印度	有	有	有	
印度尼西亚			有	
伊朗	有	有	有	
以色列	有	有	有	
日本	有	有	有	
哈萨克斯坦**	有设施		失败	
马来西亚			有	
墨西哥			有	
尼日利亚			失败(在中国帮助下现已有)	
朝鲜	发展中	发展中		
巴基斯坦			有	
菲律宾				
俄罗斯	有	有	有	有

---

① 程浩:《太空探索促进人类安全——专访联合国外空事务办公室主任》,联合国电台网站,2012年10月4日,http://www.unmultimedia.org/radio/chinese/archives/173602/。

续表

国家	发射	遥感	通信	科学和机器人技术
新加坡			有	
韩国	发展中		有	发展中
土耳其			有	
泰国			有	
乌克兰	有	有	有	
美国	有	有	有	有
委内瑞拉			有	
越南			有	

资料来源：新美国安全研究中心：《争夺中的全球公域——多极化世界格局中美国势力的未来》，付晓兰、李欣、杨琨、郭良等译，军事科学出版社2012年版，第118—119页。

* 奥地利、比利时、捷克、丹麦、芬兰、法国、德国、希腊、爱尔兰、意大利、卢森堡公国、荷兰、挪威、葡萄牙、西班牙、瑞典、瑞士、罗马尼亚、波兰和英国为成员国。加拿大、匈牙利、爱沙尼亚、斯洛文尼亚和拉脱维亚各自签有合作协议。这些国家大都有自己雄厚的空间实力。例如，法国有较大的空间实力，而加拿大、英国和德国已经获得竞争优势。

** 哈萨克斯坦境内由俄罗斯管理的空间发射系统最初是由苏联研发的，哈萨克斯坦还没有本土的空间发射器。

外层空间作为新的战略空间，不专属于任何国家，每一个国家都有自由进入的权利。外层空间主体的多样化除体现为外层空间利用主体的复合化外，外层空间活动的参与主体也越来越多元化。"联合国和平利用外层空间委员会的成员国由最初的24国增加到现在的69国，除了美、俄、欧洲国家等空间大国外，还出现了印度、以色列、巴西、日本、韩国、泰国等许多新兴空间国家。此外，各种政府间国际组织和私人实体也广泛参与空间活动，并日益扮演重要角色。"[①] 有资料显示：在当前从事航天活动的国家中，有能力生产航天器的国

---

① 马新民：《国际外空法的现状及发展趋势》，赵海峰主编：《空间法评论》（第2、3卷合刊），哈尔滨工业大学出版社2009年版，第4页。

家有25个；有能力生产运载火箭的有13个；世界上所有重要国家和许多发展中国家与地区（多至170—180个），都依据各自的情况或多或少地参与外层空间安全的活动（参见表1-1）。此外，越来越多的民营企业加入了外层空间开发与利用的行列，如2013年9月18日由美国天体轨道科学公司研发的"天鹅座"（Cygnus）无人外层空间飞船，从美国弗吉尼亚州东海岸外的瓦勒普斯岛升空，为国际空间站运送食品等补给。这不仅是美国继太空探索技术公司（Space X）的"龙"飞船之后，又一民营企业承担起外层空间货运任务，成为其推进商业空间运输计划的重要里程碑，同时也标志着外层空间探索与利用已经进入多主体参与航天活动的新时代。

这种高密度利益博弈与汇聚是在空间技术开发与利用中个人对个人、个人对公司、公司对公司、个人对国家、公司对国家、国家对国家等的高度交叉、串联、并联、平行等异常复杂的依存关系，并且这一"关系团"将继续增大、复杂化为真正意义上的混沌世界，然后发展到你离不开我、我离不开你，最终组成你我不分的共同体。技术进步、安全机制建构，以及公众支持都有可能为外层空间安全注入活力，并增强对人类共同利益理念的强烈支持。在外层空间安全互动中，空间主体沿着理性认知的战略思路，依据全人类共同利益的理念追求，逐步树立、强化合作安全的观念尤为重要。在维护外层空间战略安全与合法权益过程中，国家作为结构化施动者或施动性结构，应同时肩负起控制暴力和社会化行为体的双重任务。因此，各国既需要加强空间能力发展，更需要共同促进国际安全机制合法性与有效性的提高。总而言之，外层空间战略安全与合法权益的复合建构需要不同层次的施动者—结构—进程三位一体的相互影响、相互建构，这样才能共存共生、持续进化，从而保证外层空间和平探索与利用能真正满足全球融合和人类共同发展的需要。

第二章

维护外层空间战略安全与合法权益的总体目标和指导方针

党的十九大报告强调,坚持和平发展道路,推动构建人类命运共同体,"中国将高举和平、发展、合作、共赢的旗帜,恪守维护世界和平、促进共同发展的外交政策宗旨,坚定不移在和平共处五项原则基础上发展同各国的友好合作,推动建设相互尊重、公平正义、合作共赢的新型国际关系。"①"实现和平发展,是中国人民的真诚愿望和不懈追求。"② 当代中国的发展离不开世界,世界的繁荣稳定也离不开中国。"中国看世界是互补共荣而不是分立斗争的,这种文化基因一直在或明或暗地左右着中国的外交决策和对外政策。"③ 在和平发展背景下维护我国外层空间战略安全与合法权益需要超越一般西方国际关系理论中"二元对立、矛盾冲突"的思维方式,认识到融入东方哲学思维,强调"二元互补、同体共生"的复合建构主义更适宜理解和阐释其有机联系和内在规律。外层空间战略安全和合法权益是在国家安全互动中产生的,也是在外层空间国际关系中维护和发展的,这种安全和权益只有在国与国互动的关系中才能变成现实(见图

---

① 习近平:《决胜全面建成小康社会 夺取新时代中国特色社会主义伟大胜利》,人民出版社2017年版。
② 中国国务院新闻办公室:《中国的和平发展道路》(白皮书),2005年12月22日。
③ 董青岭:《复合建构主义——进化冲突与进化合作》,时事出版社2012年版,第16页。

2-1）。从战略层面分析如何有效维护我国外层空间领域的战略安全与合法权益的问题，必须强调根据外层空间环境的特征，立足于现有空间技术水平，明确其总体目标，并冷静地分析实现这一目标所面临的主要挑战，思考规划出排除威胁、实现这些目标的战略途径和手段，以确保我国能在不同的外层空间安全前景下进退自如，切实将空间能力的发展纳入我国和平发展的大战略，助推中国梦如期实现。本章首先分析维护我国外层空间战略安全与合法权益的总体目标，指出其主要包括内在统一的四个方面的基本内涵，随后进一步分析维护我国外层空间战略安全与合法权益所面临的主要挑战，最后探讨维护我国外层空间战略安全与合法权益的战略选择问题。

一 维护外层空间战略安全与合法权益的总体目标

一般来讲，对于任何一个战略而言，战略目标都是统领，是战略所要实现的终极目的。其他战略构成要素都要围绕战略目标这一终极目的，为实现战略目标服务。[1] 我国的空间事业自创立以来就注重"与需求相吻合、与国力相适应"这一奋斗目标，并以此作为研究和制定我国空间政策的出发点和落脚点。"发展空间事业，是党和国家为推动我国科技事业发展，增强我国经济实力、科技实力、国防实力和民族凝聚力而做出的一项强国兴邦的战略决策。"[2] 最近发布的中国航天白皮书强调，我国航天事业的发展旨在"探索外层空间，扩展对地球和宇宙的认识；和平利用外层空间，促进人类文明和社会进步，造福全人类；满足经济建设、科技发展、国家安全和社会进步等

---

[1] 张泽：《外空安全战略研究——兼论中国外空安全战略框架设计》，博士学位论文，外交学院，2012 年。

[2] 中国航天科技集团公司党组：《改革开放铸伟业——我国航天科技事业发展的成就、经验与展望》，《中国航天》2009 年第 1 期，http://www.spacechina.com/zt_ggkf30/jnwz_details.shtml。

方面的需求，提高全民科学文化素质，维护国家权益，增强综合国力。"[①] 要确保我国航天事业发展这一宗旨的如期实现，就必须切实维护我国外层空间战略安全与合法权益，这也决定了我国在维护外层空间战略安全与合法权益方面的总体目标，即维护我国外层空间资产安全和合法利用，拓展基于空间资源合理利用的国家利益，确保基于有限空间威慑的国家安全，推进外层空间平等互惠的国际合作。

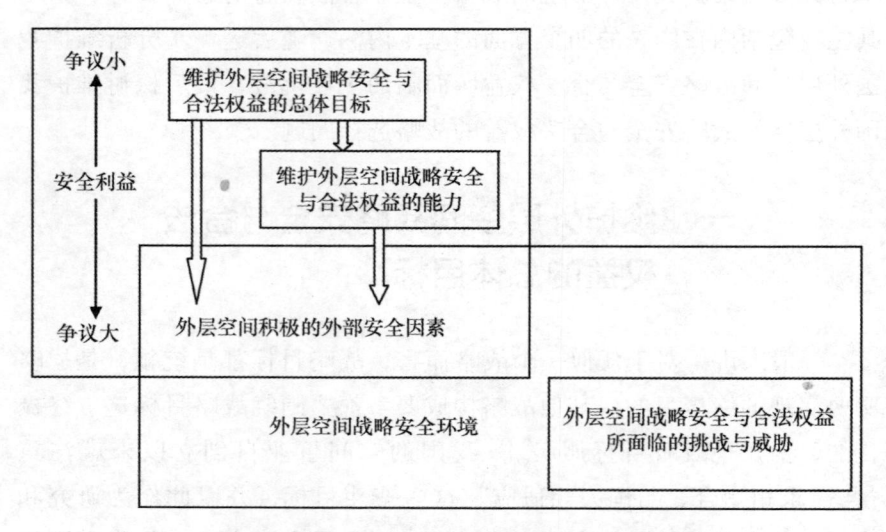

图 2-1 外层空间战略安全相关概念的关系

资料来源：参考李彬《军备控制理论与分析》（国防工业出版社 2006 年版）第 26 页图 2-1 而绘制。

（一）维护外层空间资产安全和合法利用

我国在外层空间领域的战略安全与合法权益本质上是国际社会关系的产物，我国在这方面努力的目标首先就要保障自身外层空间资产安全和合法利用的权利和利益，排除他国施加的外部威胁，以保障本国作为主权独立、平等的国家享有利益分配的政治资格。"空间资产

---

① 中国国家航天局：《2011 年中国的航天》（白皮书），http://www.cnsa.gov.cn/n1081/n7529/n308593/426809.html。

第二章 维护外层空间战略安全与合法权益的总体目标和指导方针

主要是指为民用或军用目的而射入外层空间或者在外层空间组装或制造的，具备正常的使用功能和可操作性的空间物体，已进入发射状态的空间物体也应属于空间资产之列。"① 众所周知，外层空间资产格外脆弱，而且轨道相对固定，极易遭受他国的动能或定向能攻击，航天器上的镜头、太阳能电池板受损就会威胁到整个卫星的性能。通信连接和地面指挥控制系统也容易成为被攻击的目标。航天系统及其部件可能会逐个招致袭击，而它们在轨道中的位置也会使它们成为单个打击的目标，从而损害或摧毁多个平台。② 现有外层空间国际条约确立了外层空间和平利用的原则，《外层空间条约》明文禁止在外层空间"放置任何载有核武器或任何其他种类的大规模杀伤性武器的物体"。《禁止为军事或任何其他敌对目的使用改变环境的技术的公约》（即《禁用改变环境技术公约》）禁止通过蓄意操纵自然过程，改变地球或外层空间的动态组成或结构的作战方法和手段。《空间物体所造成损害的国际责任公约》（即《责任公约》）规定，发射国对其外层空间物体在地球表面、大气层及外层空间对他国物体或人员造成损害时，国家应承担责任。《限制进攻性战略武器条约》第5条和《限制反弹道导弹系统条约》第12条规定了互不干扰侦察卫星的原则，强调避免直接摧毁对方预警卫星和地基导弹发射探测设施，以免使对方产生误判，以为是受到核攻击或首次核打击的准备行动，而导致战争升级。《关于在外层空间使用核动力源的原则》要求避免摧毁带有核动力源的卫星。

外层空间系统极端重要而又极其脆弱的特点，决定了外层空间力量较弱的一方应当以捍卫国家的核心利益为根本目的，坚持有限、适用的原则，有所侧重，这样才能收到最大的效益。冷战结束以来，虽然出于政治、科技、经济、外交等多种因素的考虑，美国一直未公开

---

① 高国柱：《从国际法视角看空间资产的安全问题》，《北京航空航天大学学报》（社会科学版）2011年第6期。
② Abraham M. Denmark and James Mulvenon, *Contested Commons: The Future of American Power in a Multipolar World*, Washington, D.C.: Center for a New American Security, 2010.

表明要部署外层空间武器,并一直延续至今,但实际上,美国凭借其超强的外层空间实力,一直在推进外层空间武器化,从而对其他国家的外层空间资产安全构成了直接威胁。美国公开叫嚣外层空间政策是其外层空间能力发展要做到"制止、警告,如果必要的话抵抗敌人的攻击;如果需要的话,针对敌方对外层空间的利用予以反击;维持执行'任务地区'外层空间控制和部队使用的能力;……确保美国的行动自由并限制美国对手的行动自由"。并强调为了防御所谓敌人的攻击、反击对外层空间的敌意利用,以及弹道导弹防御,美国可以通过地面、大气层和天基等外层空间武器实现其防御目的。[1] 美国推动的外层空间武器化和军备竞赛对包括我国在内的其他国家的外层空间资产安全与合法利用构成了最直接的严重威胁。可以肯定,在一定的时期内,我国难以在外层空间技术领域与一流强国直接抗衡,只有最大限度地避免自身劣势,尽可能发挥自身的相对优势,才能在若干领域实现赶超,促进我国航天事业的发展和进步。[2] 为此,我国在继续推进国际社会就防止外层空间武器化和军备竞赛进行谈判的同时,应有意识地增加我国外层空间资产自身的防护能力,并且加大外层空间信息系统建设和功能集成,拓展对进出外层空间的飞行器实行监测和控制的能力。

(二)拓展外层空间资源合理利用的国家利益

外层空间是继陆地、海洋和空中之后,人类又一新的活动与发展空间,在全球遥感、观测、信息传输和力量应用方面,具有巨大的社会、经济和军事价值。作为现代科技革命的制高点之一,空间科技对于维护和拓展国家利益极其重要,外层空间活动体现了一国的技术实力及其在国际上的地位。信息时代国家对外层空间能力的依赖就像工

---

[1] 鲍勃·普雷斯顿、达纳·约翰逊、肖恩·爱德华兹、迈克尔·米勒、卡尔文·夏普鲍夫:《空间武器地球战》,航空工业出版社2012年版,第14—15页。
[2] 胡锦涛:《坚持和平开发利用外空》,2008年11月7日,http://news.sina.com.cn/c/2008-11-07/112516608771.shtml。

业时代对电力和石油的依赖一样。对外层空间资源的占有权和支配权将成为未来国家战略威慑能力和夺取战争主动权的决定因素，加之许多宝贵的外层空间资源如轨道、频段等都是不可再生、十分珍贵的战略资源，因此，世界各国为在未来外层空间竞争中取得主动地位，都不遗余力地提高其外层空间能力，航天活动日益频繁，围绕外层空间资源的竞争也日趋激烈。在空间技术迅猛发展、国际关系错综复杂的情况下，找准国家利益并据此制定政策、确定相应立场是一项艰巨而复杂的工作。航天领域的能力和水平，是国家核心竞争力的重要体现之一，能够增强国家的综合国力、民族凝聚力和自信心，极大地提升一个国家在国际舞台上的发言权和地位。

从外层空间安全互动来说，外层空间的高远位置本身就是一种极具价值的资源，其居高临下的外层空间态势感知、对地遥感、军事侦察、导弹预警、军事通信指挥、导航、躲避地表武器攻击、天基设施下降的强大势能和气象保障等，都是安全互动中极易被加以考虑的利用方式。从经济社会层面来说，外层空间探索与利用活动潜在的价值巨大，如能源的生成和转换、在月球上开采氦3以及在外层空间旅游等。密布于外层空间的通信卫星、导航定位卫星、气象卫星、地球观测卫星、地球资源卫星、科学实验卫星对工农业生产和人民生活起到了不可替代的作用。深空探测、载人航天的发展，最终将扩大人类知识领域，提高人类的健康和生活水平，促进社会的持续发展，对人民生活的安康福祉做出难以估量的贡献。我国的航天事业是我国所有行业中少有的拥有完全的知识产权、处于世界领先地位，并有着巨大发展的外层空间，是有望引导我国走出现代化外部困境的战略性行业。

外层空间是信息时代人类活动的重要领域，与国家社会经济发展和人民群众安居乐业密切相关。各类外层空间系统是国家从事政治、经济、科技、外交和军事活动的关键信息基础设施，一旦遭到攻击，将可能引发通信、广播、电视、金融、交通等国家重要公共基础服务设施的混乱甚至瘫痪，严重影响国家的正常运转和人民群众的日常生活，会导致人心不稳，社会动乱。因此，我国应努力发展自己的外层空间事业，加强战略筹划，合理计划空间技术、外层空间应用和外层空间科学各个方面的工作，促进空间技术的全面改造和提升，并充分发挥外层空间科技成果所衍生出的巨大的市场价值，拓展其对其他产业的辐射效应，带动经济和科技发展，促进信息技术、新材料技术、航空及海洋开发技术等的进一步发展，全面提升我国的经济和科技实力。

一是建立健全"外层空间能力快速生成机制"，逐步实现全方位、大纵深、立体化，由过去单一的实验性探索开发模式，向综合性开发模式转变，充分发挥我国外层空间探索成果在国家安全和经济社会发展方面提供信息支持、资源保障、科技牵引、战略威慑等的重要作用。

二是注重整体筹划，以信息为主导，把体系建设放在优先地位，按照成体系规划、成体系建设、成体系试验交付的要求，处理好主要装备与综合保障装备同步发展的关系，确保外层空间装备体系建设的整体推进。从现有技术水平和工业基础出发，充分利用国内的材料、技术和产品，按照系统工程的科学方法和严密的质量保证体系，进行系统集成。

三是争取长远战略的主动性，从国家建设大局出发，结合我国实际采取相应对策，努力将我国自行研制的各类应用卫星直接应用于广播电视、通信、气象预报、国土普查、海洋观测、导航定位、防灾减灾、远程教育、农业生产、环境监测等诸多领域，为国民经济、社会发展做出重要贡献；并将有关航天技术转移到工业、农业、服务业等相关领域，促进有关产业的技术进步和升级换代。

（三）确保基于有限外层空间威慑的国家安全

当前，空间技术、核技术和信息技术"三位一体"正在成为确保有利战略威慑态势的关键，并引发了军事领域的新变革。外层空间力量已显现出巨大的战略威慑功能，发展空间技术、开发利用外层空间已成为各国增强国力、争夺有利战略态势的重要途径。各大国对自身

第二章 维护外层空间战略安全与合法权益的总体目标和指导方针

的国家战略、军事战略都实施了调整：由针对确定敌国，侧重于战略威慑转向应对不确定威胁，侧重于战术应用；由政府一枝独秀进行航天活动转向多主体航天主导下的多方面协调发展，并充分利用民用尤其是商业外层空间设施为军方服务。

为了适应战略环境与形势的新变化，我国应当大力发展应用卫星，拓展应用范围，把有限且适用的和平反制手段作为近期装备发展的重点，进一步发展航天高技术群，掌握一批外层空间核心技术，增强技术储备，建立和发展强大的外层空间力量，提高核心竞争力，并在载人航天、月球探测等技术基础上，适时地将有关能力隐性地转化为有效的外层空间威慑能力，以便在国际竞争格局中，既能威慑对手，又不怕对手威慑，为维护和拓展自己的国家利益提供充分的安全屏障。应当看到，以展示外层空间实力的方式展现国家实力在很大程度上可以避免直接宣示武力的消极后果，将物体射入轨道具有显而易见的政治效果，有利于在全球范围内树立大国的形象。[①]

目前国际外层空间安全格局尚未确定，世界军事强国尚未完成其外层空间战略部署，并且世界上主要国家都在紧锣密鼓地加快发展外层空间力量，这为我国乘势而上，加快外层空间力量建设提供了难得的发展机遇。否则，一旦军事航天大国形成有效的控制外层空间能力，完成其控制外层空间的战略部署，我国将被排斥在"外层空间精英俱乐部"之外，处于被动甚至丧失外层空间安全和国家安全的境地。

我国应从本国国情出发，综合考虑各方面的因素和条件，保持外层空间事业长期、稳定的发展，将发展外层空间事业作为增强国防实力、科技实力和民族凝聚力的战略举措，维护和拓展国家利益，以和平的方式获得与武力威慑同样的效果，使潜在的敌人不敢轻举妄动，并促进同友国的合作或联盟，与相关国家建立战略伙伴关系，更好地

[①] Roger Handberg and Zhen Li, *Chinese Space Policy: A Study in Domestic and International Politics*, Routledge, New York, 2007, p. 17.

保障国家安全。

贯彻积极防御的军事战略方针,根据国力军情,着眼非对称作战准备,针对敌方的薄弱环节,选择有限目标,取得非对称优势,形成威慑力量,以遏制可能发生的战争。建立完善的军事航天系统,形成有效的外层空间侦察、监视、预警、通信、导航和定位等军事能力,确保为我国陆、海、空和电磁外层空间的作战行动提供强大的信息支援,以赢得战争。拓展"北斗"导航定位系统的军事应用功能,将其与主战装备系统、指挥自动化系统相融合,提高武器装备的整体作战效能,形成合成的打击力。我国应当在某些方向上超前发展,掌握自己的杀手锏,与外层空间霸权大国形成一定的"等效均势"的战略威慑力,达到战略平衡。只有使追求外层空间"绝对霸权"的某些大国认识到和平力量的强大,一意孤行地推进外层空间武器化有可能使其国家利益受到损害,才能迫使其回到谈判桌上,促进外层空间非武器化的真正实现。

(四) 推进平等互惠的外层空间国际安全合作

外层空间战略安全和合法权益是人类在外层空间可以相互依存的、有尊严的乃至宽容的生存与交往方式。外层空间的无疆域性决定外层空间及其相关利益决不是个别人或个别国家的专利,而是全人类共同拥有的利益,维护外层空间战略安全和合法权益意味着从理性视角出发切实推进人类在外层空间共同利益的如愿实现。任何国家进入外层空间的和平开发与利用实际上是全人类探索与利用外层空间的共同利益,从本质上说,对这种共同利益的追求是人类共有的愿望。因此,一国的追求与他国的追求是等同的,必须相互尊重。承认外层空间战略安全和合法权益也意味着要将"利己而不损人"作为自己外层空间行为和他国交往的基本准则,给他国一个与自己一样的外层空间探索与利用的环境,努力推进外层空间平等互惠的国际合作。维护外层空间战略安全和合法权益是一个过程,也是当代世界各个国家外层空间探索与利用的基本目标。现有外层空间国际法在强调外层空间

第二章 维护外层空间战略安全与合法权益的总体目标和指导方针

和平开发与利用原则的同时，也规定了外层空间国际合作的要求。譬如，《外层空间条约》中国际合作被特别强调，其中包括发射国要为其他国家提供观察外层空间物体飞行的机会（第5条款），向联合国秘书长提供有关外层空间活动的适当信息（第6条款），以及在互惠的基础上对参观外层空间设施的请求给予礼遇（第7条款）。[①]

在外层空间国际安全合作中，各国理应享有外层空间平等互惠的权益；各国应通力合作，共同推进。我国既是发展中国家，又是外层空间大国这一特定国情决定了我国在外层空间领域国家利益的独特性和复杂性。作为发展中国家的一员，应当反对发达国家对外层空间的垄断，推进空间技术的普及与共享，在维护发展中国家的整体权益中实现自身的国家利益，增进全人类利益；作为外层空间大国，应当将空间技术上的优势及时转化为经济、政治、军事优势，反对部分发展中国家"搭便车"的不合理要求，维护自身的各种权利。这一独特国情决定我国在外层空间政策研究制定中极少有现成的经验可以照搬，必须从维护国家利益的立场出发，具体问题具体分析，处理好各种外层空间安全问题。空间技术的不平衡发展导致国家力量对比和外层空间国际关系的变化，并由此带来相关国家利益的变化，应当根据这些变化调整外层空间政策和相应立场。国家利益是各国政府处理对外关系的最高准则，是国际关系的"通用语言"。推进外层空间安全合作最关键的是要使各国，尤其是主要外层空间国家认识到这种合作有利于实现和维护各自的国家利益，将抽象的"人类共同利益""翻译"为各国具体的国家利益，政治团体的利益，甚至更为具体的政治家的个人利益。要建构外层空间安全合作的共同利益基础，美国的态度是关键。因此，应使美国认识到，推进外层空间武器化无助于美国的反恐、防扩散等安全战略目标的实现，只有加强国家间的外层空间安全合作才是解决问题的可行方法。与此同时，还应注意充分发挥着

---

① ［美］鲍勃·普雷斯顿、达纳·约翰逊、肖恩·爱德华兹、迈克尔·米勒、卡尔文·夏普鲍夫：《空间武器地球战》，航空工业出版社2012年版，第17页。

名学者、公众人物、非政府组织的作用,调动各方面的积极因素以构建外层空间安全合作的共同利益基础。

二 维护外层空间战略安全与合法权益所面临的主要挑战

我国在外层空间安全领域的处境,与其在国际关系中的整体地位和处境基本一致,既面临着实力超强国家的战略压力,也面临着自身定位、国际责任、与发展中国家关系的一系列决策难题。正确认识自身处境,是恰当提出我国外层空间安全战略框架的先决条件。当前,我国外层空间能力整体跃升,日益成为在外层空间安全领域有着重要影响的国家。但越是在这种情况下,越不能忽视外部的种种挑战与负面因素。国际空间技术迅猛发展,各国空间竞争日趋激烈,我国航天事业面临着严峻的挑战。形势和任务要求我国的航天事业在已有的基础上,把握战略重点,尽快赶超世界先进水平,争取实现跨越式发展。

(一) 外层空间武器化与军备竞赛的威胁

现在,外层空间战正逐渐成为一种新的战争样式。空间作战将是全方位、大纵深,海、陆、空、天、电五位一体,进攻与防御一体的体系对抗,需要箭星站的结合、测控算的结合、光机电的结合、空间系统防护、机动和信息力的结合。军事航天是航天事业的重要组成部分,关系到国家的战略实力和国防安全。从外层空间攻防角度看,这一能力包括以下内容:一是对其他作战形成支撑的天基信息和通信能力,包括战略侦察、战略预警、战术支撑、精确制导等。二是外层空间打击能力,包括航天运载能力、天地往返能力、外层空间武器杀伤能力等。三是外层空间防护和快速反应能力,包括指挥通信控制能力、外层空间战场控制能力以及外层空间综合信息数据处理能力等。从非对称和平反制与空天防御安全的角度看,这一能力可分为三大类:一是天基对地的作战优势。二是天基对天基目标的作战优势,这

第二章 维护外层空间战略安全与合法权益的总体目标和指导方针

是外层空间非对称威慑能力的核心，是确保本国航天器自由进出大气层的先决条件。三是天基对月球等其他天体的作战优势，这是外层空间非对称威慑战略能力发展的长远目标，其中还包括对天体资源等的占领与使用权。

现在一些军事大国正在组建天军、建立外层空间军事基地，为争夺"制天权"做积极准备。随着科技的不断成熟，外层空间军事化将走向武器化，引发进一步的外层空间军备竞赛，导致其他武器特别是大规模杀伤性武器的扩散，对外层空间安全造成严重的消极影响。美国已将提升外层空间作战能力列为美军今后的重点发展方向。为确立外层空间霸权，美军积极开展航天母舰、自杀式卫星武器、"上帝之杖"武器、"天基魔镜"激光武器、天基电波武器等外层空间战略项目的研究。在美国国会2008年4600亿美元军费预算中，包括"外层空间围墙"计划，同时还拨专款保护本国军用卫星免受"敌国"外层空间武器的袭击，提高攻击敌方卫星的作战能力。美军正加紧部署Tac Sat-5卫星、"天基反导系统"和由三级火箭推进器和"击杀装置"组成的20个陆基导弹拦截器。为了应对美国外层空间武器化的压力，俄罗斯大力发展突破美国导弹防御系统的各类武器。印度也正按其庞大的计划推进军事航天的发展。目前每年空间技术研究经费至少为3.5亿至4亿美元，占印度所有科研机构总经费的17%，共发射地球观测、地球同步通信、太阳物理试验、广播电视、遥感卫星以及军用侦察系列卫星28颗，拥有四种自产类型运载火箭，并正在建立图像分辨率达到0.5米的军用卫星侦察系统。印度还重点致力于天基激光武器研究，并在激光武器研制领域取得重大突破，并已具备反卫星的能力。进入20世纪90年代，日本以"朝鲜的导弹开发已对日本的安全构成严重威胁"和"为应对朝鲜的导弹开发，必须拥有军事侦察卫星"为理由，其酝酿多年的军用空间开发计划终于得以实施。日本已发射100多颗卫星，拥有较强大的天基军事探测与监视系统。在火箭方面，日本成功研制出四个系列型号的运载火箭，并要在2020年发射载人飞船。日本空间力量的迅猛发展，必将进一步助长其由经济大国发展成为政治、军事大国的野心,给邻国的战略安全环境带来严重威胁。欧洲在面向地球的名义下,大力增强其空间威慑能力。外层空间武器化和外层空间军备竞赛的趋势对外层空间安全构成严重威胁。为此,我们应充分认识到日益加剧的空间军事化对我国安全的重大影响,在利用国际外交手段积极反对空间军事化的同时,应积极发展我国的空间力量,建立国家外层空间安全体系,以维护外层空间战略安全与合法权益。

(二) 外层空间碎片自杀伤效应的伤害

外层空间碎片是关于外层空间轨道上的非功能性人造物体的总称。随着人类外层空间探索与利用活动的增加,地球轨道充斥着越来越多的外层空间碎片。目前,地面上能探测到的低轨道上尺寸在10厘米以上的外层空间垃圾约有1.8万多枚,介于1—10厘米中等尺寸的碎片数量大约为36万枚,其中12万枚在低轨道(LEO)上,其高度低于3000千米;17万枚在中轨道(MEO)上,其高度位于3000千米到30000千米之间;2万枚在高度为36000千米的同步轨道(GEO)上。[1]"美国航天局的一份研究表明,在未来50年内,碎片相撞成为碎片产生的重要来源,随着碎片的增多,最终形成碎片'碰撞潮'。"[2] 2009年2月10日,美国"铱33"卫星和俄罗斯的"宇宙2251"军用通信卫星相撞,造成至少600多枚较大碎片。近地轨道的空间碎片还来自美国当前仍在研发中的地基和天基弹道中段导弹防御系统或其他空间武器试验。[3] 在外层空间安全领域,轨道上大量高速运动的空间碎片,使得外层空间公域本身就十分脆弱。一小滴油漆的

---

[1] R. Walkker et al., *Update of the ESA Space Debris Mitigation Handbook*, Executive Summary, July 2002. Ref: QINETIQ/KI/SPACE/CR021539. ESA Contract 14471/00/D/HK. http://www.esa.int/gsp/completed/execsum00_ N06. pdf. p. 1. 2. 2.

[2] *Space Security Index*, Space Security 2008, p. 27, http://www.spacesecurity.org/SSI2008.pdf.

[3] Jeremy Singer, "Space-Based Missile Interceptors Could Pose Debris Threat," *Space News* (13 September, 2004).

颗粒曾中断了一颗卫星的运行并曾在航天飞机窗口近1/4英寸宽的地方打出一个坑，差点引发一场灾难。据估计，一颗豌豆大小的珠子滚进轨道，对人造卫星或太空飞船所造成的破坏，相当于一个400磅的物体以时速60英里运行所产生的力量。① 由此，国际社会越来越认识到，随着卫星与空间碎片的大量增加，外层空间活动的危险性也不断提高，而外层空间武器的部署和使用只能给外层空间环境的安全性造成更大的威胁。② 欧洲航天局在阐述空间碎片的来源时指出，除了人类正常航天活动和意外事故所产生的大量空间碎片外，反卫星实验和在轨飞行器的碰撞、爆炸也是空间碎片的主要来源。③ 今天，仅地球轨道上就有超过1100个飞行器和22000多枚空间碎片围绕着地球运行，外层空间变得越来越拥挤而充满竞争的风险。④ 当外层空间碎片数目的增多和相互间碰撞概率的增大，导致"连锁式碰撞"时，就会增加与航天器碰撞的可能性，这将成为人类未来外层空间活动的极大威胁。⑤

一次大规模的动能反卫星作战相当于打了一场第二次世界大战，作战中的流弹、迫击炮和炸弹不只是落到地面，还会持续在外层空间中运行几十年，使得地球表面许多地方都不适宜居住。同样，动能反卫星作战所产生的碎片会遍布轨道，使轨道不可用，而依赖卫星的全球经济将陷入瘫痪。⑥ 外层空间碎片在外层空间以极高的速度运行，

---

① Abraham M. Denmark and James Mulvenon, *Contested Commons*: *The Future of American Power in a Multipolar World*, Washington, D. C.: Center for a New American Security, 2010.

② Kevin Whitelaw, "The Problem of Space Debris," (4 December 2007) U. S. News and World Report, online: http://www.usnews.com/articles/news/2007/12/04/the-problem-of-space-debris.html.

③ 参见欧洲航天局（ESA）网站（http://www.esa.int/Our_Activities/Operations/Space_Debris/About_space_debris）。

④ William J. Lynn, III, "A Military Strategy for the New Space Environment," *The Washington Quarterly*, Summer 2011, 34: 3, p. 8.

⑤ 参见《各国对空间碎片、核动力源空间物体的安全以及这些物体与空间碎片的碰撞问题的研究》，联合国文件编号 A/AC. 105/770。

⑥ Abraham M. Denmark and James Mulvenon, *Contested Commons*: *The Future of American Power in a Multipolar World*, Washington, D. C.: Center for a New American Security, 2010.

其冲击力将造成严重的伤害。外层空间碎片对外层空间安全的危害主要有：威胁航天员的安全，撞毁外层空间飞行器，影响对外层空间的观察等。有专家指出，不断增多的外层空间碎片正对外层空间的生命构成"不可接受的威胁"，在不久的将来，地球周围将再也找不到一个可以安全放置卫星和外层空间站的位置。外层空间碎片的防止与清理，从理论上讲是可以做到的：运用特殊的科技，派出一艘宇宙飞船，专司清理的工作。不过，清理费用相当昂贵。虽然外层空间是人类共有的资源，但因目前只有美、俄两国具有用航天飞机对外层空间的卫星和碎片进行维护、保养、延寿、回收的能力，而收取卫星保护费、外层空间碎片费则有可能成为美、俄牟利的新登陆场。《IADC空间碎片减缓指南》提出避免故意自毁，但这个准则并不具有法律约束力，不构成法律义务。

（三）外层空间人为污染的严重侵害

随着人类对外层空间探索与利用的步伐加快，外层空间人为活动也带来了外层空间环境污染问题。"外层空间的核污染及生物污染加剧，外层空间环境日益恶化，外层空间资源受到了严重的威胁，加剧了外层空间自然体系失衡。"[①] 有些国家在大气层所做的原子弹、氢弹试爆产生了裂变性物质微粒及一些放射性物质，对整个大气层会产生严重的污染。1961年，美国发射了第一颗核动力源卫星——Transit 4A导航卫星，它主要使用核动力为卫星提供能源。核动力源主要是为航天器提供运行所需的能源，但随着技术的发展，现在美国、俄罗斯都开始试验用核动力源代替化学燃料作为推进系统。在外层空间核能利用中，核动力源包括同位素源和核反应堆，两者都含有核燃料或放射性材料，一旦出现意外，就有污染外层空间或地球的危险。由于在外层空间条件下，物质的活性与地球上相比有很大的差异，核物质

[①] 仪名海、马丽丽：《外空非军事化的意义》，《2009：国际军备控制与裁军报告》，世界知识出版社2009年版，第142页。

第二章　维护外层空间战略安全与合法权益的总体目标和指导方针

对外层空间环境的污染更为严重。虽然1992年联合国大会通过《关于在外层空间使用核动力源的原则》对此有所约束，但由于该决议效力不及国际公约，法律约束力有限，更为重要的是随着空间技术、核技术的发展，在外层空间使用核动力源的动机愈发强烈。特别是在深空探测、星际航行中核动力源使用的势头似乎势不可挡，1996年，俄罗斯发射火星96探测器，它的表面穿透器使用了放射性同位素热电机（RTGS）作为动力来源，后来发射失败，幸好没有造成发射性污染。美国"卡西尼"土星探测器、"好奇"号火星车、"新地平线"号冥王星探测器，均使用核动力供电，美国宇航局认为，由钚－238核燃料供电的放射性同位素热电机是使用最佳的唯一深空核动力。但外层空间使用核动力源犹如一柄悬在人类头顶上的达摩克利斯剑。此外，人类利用外层空间高真空、微重力、光辐射和重粒子辐射较强等资源进行科学实验，培养新物种或寻找外层空间生命的实验有可能造成地球—外层空间之间的双向污染。人类的外层空间探索与利用活动所造成的高空化学污染给外层空间生态环境安全所带来的威胁更是防不胜防。

虽然《外层空间条约》规定："各缔约国对外层空间（包括月球与其他天体在内）进行的研究和探索，应避免使它们受到有害污染，也应避免因地球以外的物质带入而使地球环境发生不利变化，并应在必要时为此目的采取适当措施。……（必要时）应进行适当的国际磋商。"[①] 但在实践中，国际社会在这方面的合作并不顺利，如1978年苏联装有核动力的"宇宙954号"卫星在重返和解体过程中，有害放射线残片散落在加拿大西北部4.6万平方千米的区域内。国际社会的任何合作都需要某种共同的理念和道义基础，外层空间生态环境保护也是一样的。为了提高外层空间飞行器的续航能力，外层空间大国有扩大核能动力利用的内在冲动，但以核能为动力的外层空间飞行器

---

① 即《关于各国探索和利用包括月球和其他天体的外层空间活动所应遵守原则的条约》第9条，参见 Wilson W. S. Wong, James Fergusson 的《军事航天力量——相关问题导读》，尹志忠、方秀花、秦大国、侯妍译，国防工业出版社2012年版，第122页。

在陨落时，其放射性物质的扩散会对外层空间环境造成化学和放射性污染。有些核能大国甚至试图将地球核废料运送到外层空间进行处理，这可能会使人类面临真正的"灭顶之灾"。部分从事外层空间开发与利用的科学家在从事探索外层空间及天体的研究活动时，过度追求科研成果，而没有充分注意到科学技术是一柄双刃剑。因此，部分研发人员在规避外层空间物项遭受有害污染，防止外层空间生态环境发生不利变化时，缺乏系统设计和一致行动。外层空间主体的多样化，更导致外层空间生态环境保护所需的基本理念和道义准则差异有加大的趋势。

（四）外层空间特定资源利用的矛盾与危险

在外层空间无论是物质结构还是观念结构都是因空间主体互动实践而产生的，但结构所产生的作用却总是处于施动者的意图之外，是不可能还原到施动者层次上的。在外层空间特定资源的国际管理方面，国际社会已经达成一系列多边条约，如《禁止在大气层、外层空间和水下进行核武器试验条约》《外层空间条约》《空间物体所造成损害的国际责任公约》《禁止改变环境技术公约》《关于各国在月球和其他天体上活动的协定》等。它们确认了外层空间资源为全人类所共有观念，各国都可以对其进行自由勘测、利用和开发；对于外层空间环境全人类都有保护其不受破坏的义务。这些外层空间条约和有关文件已经得到国际社会的普遍认可，既是指导各国外层空间特定资源和平开发与利用的依据，也是外层空间安全国际法框架的主要组成部分。[①] 在外层空间开发与利用的进程中，为了实现人类对外层空间资源的可持续利用和对外层空间环境的保护，这些已有制度框架不仅具有防止外层空间武器化和军备竞赛、限制行为体行动范围和行为方式的作用，而且已有制度框架可以建构行为体的身份和利益，并通过各

---

① 滕建群：《2008年国际军控与裁军形势综述》，《2009：国际军备控制与裁军报告》，世界知识出版社2009年版，第11页。

第二章 维护外层空间战略安全与合法权益的总体目标和指导方针

种方式不断社会化行为体，使之不断为社会整体所同化而不被认为是体系中的异类。进而，拥有特定身份并知晓其利益的施动者通过彼此之间的互动，会反过来再造、加强或改变体系结构。

随着人类外层空间活动的深入开展，可利用的外层空间资源日益紧张，保护外层空间环境、合理开发和利用外层空间资源，实现外层空间和平利用的可持续发展等问题已经引起国际社会的普遍重视。世界各国积极推进外层空间国际安全合作机制的生成，考虑到外层空间特殊的环境要求：外层空间某些资源的稀缺性使得人类在探索与利用外层空间的过程中出现排他性现象。如无线电频谱分配、地球静止轨道位置占有、月球资源合理开发与利用的规则、避开地球辐射带，即范·艾伦带的航天轨道区的通过容量，以及拉格朗日（拉格朗治）平动点对航天器的容纳量等，均属于在一定技术条件下外层空间稀缺而有限的特定资源，它们的开发与利用在一定时间和技术条件下，都具有排他性的特征，也就是说，无法做到共享性利用。随着外层空间实践活动的进程而日益加强的这种外部环境压力，在一个更宏观的层面推动着外层空间特定资源管理机制必须走向完善。

依据施动者、结构与进程之间的相互关系，在多层次博弈中，施动者与结构形成相互再造、相互建构的关系，在不同进程阶段形成相互影响、相互嵌套的方式，外层空间机制结构、外层空间行为施动者与外层空间国际合作进程三位一体，共存共生，不断进化合作。在外层空间开发与利用实践中，逐步制定、完善保护外层空间资源与环境的国际条约、实行外层空间天体资源的国际开发制度。"具体的制度要以自然资源开发权为核心予以建立，并包括自然资源勘探权、矿藏的技术标准、开发后自然资源的所有权、矿藏附属天体地表和地下的排他使用权以及可能产生的环境保护责任。"[1] 由于国际上对外层空间资源的开发和利用，其动机、目的和技术水平、国内政策有着极大

---

[1] 贾海龙：《外空自然资源开发制度的缺陷和展望》，《北京航空航天大学学报》（社会科学版）2010年第6期。

的差别，其中更含有政治、军事等因素的影响。可以预见，只有国际社会在施动者—结构—进程三位一体的互动、磨合中形成共识，才能使国际合作机制得到发展和完善。①

例如，卫星频轨是指卫星电台使用的频率和卫星所处的外层空间轨道位置，是随着卫星技术的发明而开始被人类开发与利用的自然资源，是所有卫星系统建立的前提和基础，也是卫星系统建成后能否正常工作的必要条件。卫星频率主要指无线电频谱用于外层空间无线电业务的部分。不同的频段传播损耗不同，其中在 0.3—10GHz 频段损耗最少，被称为"无线电窗口"；在 30GHz 附近频段损耗相对较小，通常被称为"半透明无线电窗口"。目前，各类卫星应用也主要使用这些频段，其他频段相对损耗较大。因此，卫星电台常用频段只占无线电频谱的小部分。随着外层空间技术的发展和卫星应用的大量增加，卫星频率资源日益紧张。同时，卫星在运行过程中又必须使用外层空间的某个轨道位置，卫星运行的轨道位置有位于赤道上空、距地面高度为 35786 千米的地球静止轨道，也有距地面几百千米到 1000 千米的低轨道位置和距地面 10000 千米左右的中轨道位置。不管是地球静止轨道位置还是其他轨道位置，资源都是有限的。以地球静止轨道位置资源为例，受天线接收能力的限制，同一频段、覆盖区域相同或部分重叠的对地静止卫星只有间隔一定的距离，地球站才能区分开不同卫星的信号，实现正常的工作。因此，两颗卫星之间需要在经度间隔不小于 2 度，在整个地球静止轨道上的同频段卫星通常不会超过 150 个，静止卫星轨道数量已远不能满足世界各国的需求。

对频轨资源进行管理的国际电信联盟②及其《无线电规则》③ 作为一种制度性的权力结构，对各国行为具有约束作用。一方面，根据

---

① 徐祥民、王岩：《外空资源利用与外空环境保护法律制度的完善》，《中国人口·资源与环境》2007 年第 4 期。
② 国际电信联盟（ITU）是联合国负责国际电信事务的专门机构，其职责包括采用国际规则和协议来管理无线电频谱和卫星轨道位置的分享，这些有限的自然资源被大量的设备所使用，包括电视、广播、移动电话、卫星通信系统、航空和航海导航安全系统等。
③ 《无线电规则》作为一项国际协定，对所有成员国具有法律约束力。

国际电信联盟的规定，一国对特定轨道位置的使用权不能转让给其他国家，一国可以获得轨道位置的使用权，但是必须遵守国际电信联盟设定的规则。如果因为债务人将外层空间资产的占有和控制权交给了外国的债权人而导致一国不再使用该轨道位置，那么根据国际电信联盟的规则，该轨道位置将由其他国家获得，而不一定由债权人所在国获得。[1]……根据《国际电信联盟宪章》第44条，各成员国均认为无线电频率和对地静止卫星轨道是有限的自然资源，必须依照《无线电规则》的规定合理而有效率地节省使用；而国际电信联盟有关程序规则规定，禁止在未通知该组织的情况下转让卫星档案、轨道位置以及频率资源，即便转让，也必须遵守有关规定。[2] 因此，国际电信联盟认为，频率资源和轨道位置只能用来认定外层空间资产，而不能被视为外层空间资产因素的组成部分而加以转让。[3]

另一方面，"地球静止轨道是一种有限的自然资源，其利用不仅应该合理，还应向所有国家开放，不管其目前的技术能力如何。这将使各国能够在公平条件下利用该轨道，特别是要牢记发展中国家的需要和利益以及某些国家的地理位置，并考虑到国际电信联盟的程序以及联合国的相关准则和决定。各个国家间旨在利用地球静止轨道的协调都应以合理、公平的方式进行，并应符合国际电信联盟的《无线电规则》。'先到者先接受服务原则'就轨道位置的利用而言是不可接受的，该原则对那些希望享有外层空间技术效益但尚未具备必要能力的国家造成歧视。对地球静止轨道问题的讨论应着眼于寻找确保为所有国家的利益利用该轨道的方式。"[4] 依据现有的申报，频轨资源需

---

[1] "Comments on the Alternative Text Submitted by the Government of Canada," UNIDROIT 2009 C. G. E. / Space Pr. /3/ W. P. 13.

[2] "Statement Made by the International Telecommunication Union," UNIDROIT 2009 C. G. E. / Space Pr. /3/ W. P. 16.

[3] 夏春利：《论空间资产特定问题的法律框架——〈空间资产特定问题议定书〉草案的进展、争议焦点及前景》，《北京航空航天大学学报》（社会科学版）2011年第24卷第5期。

[4] 《联合国和平利用外空委员会的报告》第53届会议，大会正式记录，第65届会议补编第20号（2010年6月9日至18日），第23页。

在5年内实际使用,许多发展中国家往往在5年内无法发射卫星。如何杜绝"纸面卫星"现象和抑制外层空间强国霸占过多频轨资源的问题,需要国际社会寻找全新的外层空间治理思路。从多路径实现国际安全合作这样一个更为宏观的层面来看,由于频轨资源是一种有限的、不可再生的自然资源,而且卫星轨道位于世界各国共处的宇宙外层空间,是全人类共有的国际资源,[①] 因此,频轨资源的获取不能完全机械地执行"先到者先接受服务原则",必须考虑到随着外层空间技术的发展,越来越多地逐步踏入外层空间的发展中国家的利益,因此,这种宏观结构的压力施加于国际电信联盟及其《无线电规则》,意味着国际电信联盟制定的规则也有一个与时俱进、不断改革完善的过程。

三 维护外层空间战略安全与合法权益的指导方针

在空间技术迅猛发展、国际关系错综复杂的情况下,在和平发展过程中有效维护我国外空战略安全与合法权益是一项艰巨而复杂的工作。问题的关键是要了解在外层空间安全领域"什么样的结构性约束与过程演化容易塑造行为体的冲突性偏好,而什么样的结构性制约与过程促动又容易打造行为体的合作性偏好?进而,偏好的改变究竟能够在多大程度上加强或减弱权力政治与利益算计在国际关系中的影响?"[②] 显然,现实的选择是坚持中国特色军民融合式航天事业发展的路子,从自己的国情出发,坚持科学筹划、自主创新、开放合作,使空间科技逐渐成为推进我国现代化进程与人类和平的最有效手段之一。与此同时,今后应当继续坚持我国始终倡导的维护全人类共同利

---

① 欧孝昆、李勇、张日军:《卫星频轨资源极为紧张,美俄已占80%黄金导航频段》,《解放军报》2010年5月7日。
② 董青岭:《复合建构主义——进化冲突与进化合作》,时事出版社2012年版,第23页。

益、维护和拓展国家利益、反对外层空间军事化的价值理念，使我国的外层空间活动更加符合客观规律，适应社会发展的需要。

（一）加强军民融合、自主创新地维护外层空间安全实力

"寓军于民、军民融合"是我国国防建设的重要原则，外层空间开发与利用也应注重和坚持这一原则。空间技术具有突出的"军民两用"性质，在实践中往往很难严格区分，既可用于建设各行各业的信息网络系统，又可用于建设外层空间武器装备系统。"寓军于民"不仅可大量节约空间技术研发所需要投入的军费开支，还可降低外层空间投资风险，提高外层空间探索与利用的效益。在未来外层空间事业的发展中，应当进一步坚持和注重这一做法，我国应将军民两用技术提到战略高度，既要发展民用航天科技，又要利用空间技术的军民两用性和先进性，充分利用先进空间技术来满足国家发展战略实施的需要，将强大的外层空间军事实力蕴藏于国家外层空间体系之中。应充分发挥空间技术"军民两用"的特性，加强双向互动，研发包括遥感、气象、导航定位、通信的两用卫星，推进军民结合空间技术的研发和产业化发展，有效促进国家外层空间事业的优化升级，大幅度提高军民结合空间技术产业的军事和经济效益。有着特殊军事意义的机构应与商业机构携手开发项目，争取共享各项资源。

空间技术属于尖端技术范畴，涉及国家的战略安全，而我国奉行不结盟的政策，没有任何军事盟国，即使国外有相应的技术，也难以靠购买和引进而获得。[1] 在未来航天事业的发展中坚持以我为主、自主创新原则，应当注重以下几点[2]：一是把解决我国外层空间探索与利用的瓶颈制约放在优先位置，力争在运载火箭、卫星通信、高分辨率遥感、外层空间站等关键领域取得重大技术突破。二是积极发展对

---

[1] 例如，在导航定位问题上，由于美国的 GPS 不能依赖，俄罗斯的 GLONASS 不给我方自主权，参与欧洲的"伽利略"导航定位系统项目也因美国的干预而未能如愿，中国只好自主研发"北斗"导航定位系统。

[2] 陈捷：《我国空间军事斗争战略问题研究》，博士学位论文，国防大学，2008 年。

外层空间探索与利用有重大带动作用、具有自主知识产权的核心技术和关键技术，协力攻关，形成一批市场占有率高的产品，提高重大空间技术装备国产化水平，推动外层空间高技术产业自主研发制造业的发展。三是加强基础研究和前沿技术研究，在航天运载、卫星通信、对地观测、外层空间资源开发、深空探测等战略领域进行超前部署，加大投入力度，增强外层空间科技和经济持续发展的后劲。四是加强重大外层空间科技基础设施和条件平台建设，实施若干重大外层空间探索与利用工程，支撑空间技术创新。五是按照有所为、有所不为的原则，集中优势力量，启动一批重大专项，力争取得重要突破，提高国家外层空间开发的核心竞争力。

（二）参与多边协调、相互建构的外层空间国际安全机制

外层空间是人类的共同财富，和平利用外层空间是国际法的基本原则和国际社会的共同愿望。然而，现行国际法关于外层空间非军事化的规定存在种种缺陷，特别是仅禁止各国在外层空间部署大规模杀伤性武器系统，却没有禁止部署其他类型的武器，也没有禁止各国使用外层空间为其地球上的各种军事活动提供信息支援，这就难以遏制各国使用外层空间进行军事活动。当今，外层空间正在成为新的作战领域，防止外层空间军备竞赛已刻不容缓。反对外层空间军备竞赛和外层空间武器化是我国一贯的坚定立场，今后应坚持努力遏制这一趋势，推动外层空间的和平利用。现在，外层空间安全问题已引起国际社会的关注，世界上广大爱好和平的国家均对此表示深刻的关切并予以警惕。[①] 对于外层空间法的不足和面临的挑战，国际社会已经有了较为广泛的认识与了解，基本上形成了利用政治、法律等和平手段维护外层空间安全、防止外层空间军备竞赛的共识，要求进行新的外层空间条约谈判、制定新的外层空间行为准则、建立信任措施和透明度

---

① 陶平、王振国、陈小前：《论空间安全》，国防科技大学出版社2007年版，第49页。

措施的呼声正在上升。我国反对外层空间军备竞赛的立场也得到了发展中国家和其他国家的广泛赞同。①

我国应加强舆论宣传和外交努力，进一步强调外层空间军备竞赛问题是国际军控与裁军领域最紧迫、最突出、对 21 世纪国际和平与安全影响最大的问题之一。我国应高举防止外层空间军备竞赛的旗帜，占据外层空间安全政策高地。加强同其他国家在外层空间军备控制领域的合作，呼吁联合国裁谈会这个唯一的多边裁军谈判机构将其作为最优先的议程。积极推进国际立法，争取在外层空间非军事化方面得到有关国家的正面回应，使国际社会尽早缔结一项全面禁止外层空间武器的条约，禁止在外层空间试验、部署和使用武器与武器系统及其部件，并力争销毁现有的外层空间武器系统。在外层空间军控领域坚持将红线划在部署和使用外层空间武器上，主张禁止部署和使用外层空间武器，这样将使生产、研发和试验外层空间武器失去意义。努力争取新兴外层空间国家的支持，鉴于试验在技术上很难做出区分，主张不予禁止。在方式上，主张通过公开、平等的谈判，达成外层空间安全规则，从根本上推进外层空间制度建设，维护外层空间安全。②

（三）推进平等开放、多样参与的空间技术交流合作

我国促进空间技术进步的基本原则是以我为主、自主创新，这既是我国航天力量发展的基本出发点，也是我国制定外层空间政策的立足点，过去是这样，现在是这样，将来还是这样，在任何时候、任何情况下都不能动摇。当然，自力更生并不排除学习、借鉴他国的外层空间探索与利用方面的成果，进行一切可能的技术引进。没有技术独立，就没有经济独立，更谈不上政治独立。在新形势下，我国应在自

---

① 潘菊生、陈银娣：《空间国际条约及军备控制情况》，《外国军事学术》2005 年第 3 期。

② 张泽：《外空安全战略研究——兼论中国外空安全战略框架设计》，博士学位论文，外交学院，2012 年。

力更生的基础上，加强空间技术交流和国际合作。一是应与国际社会一道维护现有外层空间安全国际法框架，以此作为推进外层空间安全合作的起点。二是应充分考虑外层空间安全领域的技术特点，进一步丰富外层空间安全合作的内容和形式。三是应倡导新安全观，以此作为推进外层空间安全合作的共同理念和道义准则。四是加强扶持民间外层空间合作研究，鼓励企业、科研单位、院校、学术与社团组织以及公民个人等非政府主体参与空间技术交流，充分利用民间外层空间合作协议，提高我国对外界进行政策和意图解释的自由度和力度，帮助我国外层空间事业真正得到国际社会的理解，为我国空间技术发展寻找机会。

积极参与全球议程设置对于实现维护外层空间战略安全与合法权益至关重要，其实质是确保我国的外层空间安全政策与行动令人信服。设置有利于科学研究、轨道维护和开发等全球外层空间活动议程，全球外层空间活动议程主要由以下方面构成：一是作为基础设施的相关机制建设，包括建立健全外层空间安全法规体系、建立外层空间行为准则、在外层空间建立信任措施以及增强透明度等。二是通过多边外层空间项目为外层空间和平开发与利用设置全球外层空间议程。鉴于此，我国应适时适地安排一些引导、帮助相关国家进行项目决策和资源配置的外层空间活动，在拓展自身利益的同时，为其他国家扩大外层空间领域提供机会。三是具备国际应急协调能力，针对一些重大外层空间安全动向，及时为国际社会提供应对预案，避免陷入战略被动。[1] 空间技术交流是国际外层空间合作的重要方面，它一方面可以集中有限资金，另一方面能更好地发挥合作国的优势，达到优势互补，解决外层空间科技发展、应用中的重大问题。虽然外层空间探索和利用与国家的核心利益紧密相关，是典型的"高政治"领域，很难开展大范围、宽领域、多层次的国际合作，但通过各个国家之间

---

[1] 参考张泽《外空安全战略研究——兼论中国外空安全战略框架设计》，博士学位论文，外交学院，2012年。

第二章　维护外层空间战略安全与合法权益的总体目标和指导方针

的协调与合作，缔造一个没有武器、远离战火、安全洁净的外层空间是有可能的。①

（四）倡导共建包容普惠、和谐共生的外层空间国际关系

外层空间是人类共有的万代疆域，开发与利用外层空间是人类的长期伟业。外层空间不适用国家主权原则。联合国制定的《关于各国探索和利用包括月球与其他天体外层空间的活动所应遵守原则的条约》（即《外层空间条约》）等国际公约，确立了人类探索和利用外层空间的准则。《外层空间条约》在导言中开宗明义地指出："为和平目的发展探索和利用外层空间，是全人类的共同利益。"该条约在第1条第1款里明确规定："探索和利用外层空间（包括月球和其他天体），应为所有国家谋福利和利益，而不论其经济或科学发展程度如何，并应为全人类的开发范围。"这就是著名的"共同利益条款"[②]。共同利益原则突破了传统国际法的界限，其核心在于外层空间活动应为所有国家谋利益，充分注意到人类的长远发展，而不是消极地不损害其他国家的利益。"共同利益"原则是探索和利用外层空间的基础和共同准则，已成为国际社会的强行法。国际社会调查与外层空间有关的具体问题和情况，都是以"共同利益"条款为基础的。1996年联大《外层空间国际合作宣言》还进一步将"共同利益"原则引申为包括应特别照顾发展中国家的需要和利益。

在现实的外层空间国际关系中，包括商业利用在内的各种外层空间活动只有在所带来的实惠和利益由全人类共享的情况下，才被认为

[①]《中国代表团团长胡小笛大使在第60届联大一委关于空间问题的专题发言》，《2006：国际军备控制与裁军报告》，世界知识出版社2006年版，第316页。

[②] 1958年12月13日，联合国大会秉承"探索和利用外空应为所有民族谋福利"的崇高信念，在第1384（XII）号关于空间问题的决议中提出了"人类共同利益"的概念；1963年12月13日通过的《关于各国探索和利用外层空间活动的法律原则宣言》第1条规定："探索和利用外空，必须为全人类谋福利和利益"；1967年生效的《外层空间条约》第1条第1款提出了"共同利益"原则。关于该原则的产生、法律效力、法律内容及补充和发展，详见黄解放《空间法的"共同利益"原则——〈空间条约〉第一条第一款再探讨》，《中国国际法年刊》1987年卷，第179—196页。

是符合"共同利益"原则的。由于世界上多数国家在许多年内都难以具备进入外层空间的技术能力，外层空间大国应当对国际社会承担起为全人类谋福利和利益的义务，不能仅仅为了自身的利益而利用和开发外层空间，不能利用其空间技术优势而垄断外层空间利益。发射外层空间物体的国家应当向联合国进行登记，且有义务将相关资料公之于众，为其他国家进行外层空间活动提供参考。同时，外层空间武器化和军事化是明显与"共同利益"原则直接冲突的。为全人类谋福利，必然反对通过军事对抗使外层空间的利益只为部分国家甚至一个国家所享有。我国作为一个负责任的大国，一直坚持和平发展的道路，坚持和平探索与利用外层空间，努力维护全人类的共同利益，20世纪80年代即已批准除《月球协定》外的所有外层空间法条约，并无偿向非洲等地区的发展中国家提供卫星遥感、气象等服务，已得到国际社会的认同和赞赏。今后，我们应在继续坚持这一价值取向的基础上，进一步加强外层空间国际合作与协调，争取建立一种国际机制对各国开发与利用外层空间的活动进行有效管控，公平分配各国权益，尽力避免和化解冲突，进一步落实"共同利益"原则。

第三章

增强外层空间威慑能力
控制体系暴力

实现维护我国外空战略安全与合法权益的总体目标，必须直面现实挑战和威胁，在遵循正确方针原则的前提下，思考和探索相关战略对策。在和平发展背景下维护我国外空战略安全与合法权益是在外层空间国家安全互动实践中，通过施动者—结构—进程三位一体的复合建构而实现的。外层空间国家安全互动主要有两大类方式：一是外层空间军事斗争；二是外层空间安全外交。外层空间军事斗争的具体方式主要有外层空间威慑、外层空间信息支援和外层空间攻防对抗准备等[1]，外层空间安全外交主要体现在外层空间国际安全合作与斗争等方面（参见表3-1）。因此，本书拟从外层空间威慑、外层空间信息

---

[1] 美国2002年8月联合作战出版物JP3-14《空间作战联合准则》和2006年11月空军作战准则AFDD2-2《空间作战》将空间军事行动划分为四类：空间力量增强、空间攻防对抗、空间力量运用和空间任务支持。空间力量增强包括侦察监视、导弹预警、通信和气象预报等各项信息支援功能；空间攻防对抗是指取得并保持空间优势所必需的能力，包括态势感知、保护、防止和否定能力；空间力量运用包括执行"在空间、自空间或通过空间操作能威胁地面目标的武器系统"的任务；"空间任务支持"包括卫星发射、测控和运行管理等保障其他任务完成的功能（参见斯科特·韦斯顿《审视空间战争——想定、风险及对美国政策的影响》，杨乐平、彭望琼编译：《空间力量理论与战略研究文集》，国防科技大学出版社2013年版，第242—243页）。这里空间力量增强主要指的是外空信息支援，空间攻防对抗、空间力量运用也可基本归纳到外空攻防对抗准备中，空间任务支持对于每类空间军事行动都是必不可少的保障功能，严格地说，它可以不被单独看作一类军事行动。此外，作为外层空间军事斗争方式，在含义上除各类军事行动外，还应包括外层空间威慑。据此笔者将现实的外层空间军事斗争的主要方式归纳为"外层空间威慑、外层空间信息支援和外层空间攻防对抗准备"等。

支援、外层空间攻防对抗准备和外层空间安全外交四个层面，具体探讨维护我国外层空间战略安全与合法权益的主要对策。其中外层空间威慑作为一种军事行动方式，随着空间技术的发展，其战略意义日益突显。外层空间蕴藏着重大的战略利益，"随着空间技术的出现与发展，在塑造国际战略格局、影响国际外交事务、推动世界新军事变革和维护全球安全稳定等方面都产生了重大而深远的影响，理所当然成为各国，尤其是大国国家安全和全球战略所关心的重大问题。"[1] 当人类社会进入航天时代以来，有关国家着眼于外层空间这一新的战略制高点，加快空间技术的军事利用，为自身国家的安全利益寻找最前沿力量的支撑。"空间系统主要为己方军事活动提供外层空间信息支援，防止或者阻止敌方的干扰和破坏，保证己方空间系统的正常运转。这完全符合通过'阻止对方做某件事'来维持现状的威慑机理。太空军事活动的这些特性，决定了威慑是太空军事斗争的一种基本样式。"[2] 但与早期将空间技术纳入国家战略威慑体系，主要起着侦察预警和核查的作用不同，随着空间技术的迅猛发展，它被纳入国家战略威慑体系的程度也进一步加深，甚至部分起着直接威慑的作用。外层空间威慑概念应运而生，即国家外层空间安全活动应该包括威慑、警告，如有必要，还应抵御敌人的攻击，为国家安全做出贡献。[3] "空间威慑也称太空威慑，是以空间军事力量为手段实施的威慑。空间系统、空间军事力量之所以能用于威慑目的，产生明显的威慑效应，与空间技术的快速发展、广泛运用及其深远影响密切相关。"[4] 空间大国外层空间威慑体系的新进展导致威慑与反威慑的较量加剧，如何通过相互再造和相互建构来维护外层空间的战略稳定性，从而达

---

[1] 杨乐平：《空间安全与国家安全》，《国防科技》2010年第1期。
[2] 军事科学院军事战略研究部编著：《战略学》，军事科学出版社2013年版，第182页。
[3] The White House National Science and Technology Council, "Fact Sheet: National Space Policy," Septemper 19, 1996, p. 3, http://history.nasa.gov/appf2.pdf.
[4] 军事科学院军事战略研究部编著：《战略学》，军事科学出版社2013年版，第181页。

到收拢和控制外层空间安全体系暴力的目的，不但事关抑制空间武器化和军备竞赛的成败，而且决定着空间主体合作偏好的建构，最终影响外空战略安全与合法权益的有效维护。

表 3-1　　　　　　　外层空间国家安全互动方式划分

外层空间国家安全互动方式	外层空间军事斗争	外层空间信息支援	外层空间威慑	
			空间侦察监视	空间成像侦察
				空间电子侦察
				空间海洋目标监视
				空间导弹预警
				空间大地测绘
				空间气象观测
				在轨航天器监视与管理
				……
		空间信息传输		
		空间导航定位		
		……		
	外层空间攻防对抗准备	防御性空间攻防对抗准备		
		进攻性空间攻防对抗准备		
	外层空间安全外交	外层空间国际安全合作		
		外层空间国际安全斗争		

一　空间技术和威慑战略重心的调整

外层空间居高临下的战略优势，使外层空间活动能力从一开始就成为大国战略威慑体系的重要组成部分。冷战结束以来，外层空间威慑与核威慑逐渐分离，美、俄等大国外层空间威慑体系的新进展正对国际安全领域的战略稳定性产生着越来越明显的影响。"空间系统具有从常规战争、非常规战争到核战争的全谱威慑能力。"[1] 由此，保

---

[1] 布莱恩·弗莱迪克森：《全球性：引领空间力量理论创新之路》，杨乐平、彭望琼编译：《空间力量理论与战略研究文集》，国防科技大学出版社 2013 年版，第 186 页。

持外层空间战略稳定性就成为能否有效防止外层空间武器化和军备竞赛的关键问题。外层空间威慑要求"外层空间能力应该运转起来且被用来……威慑、警告,以及如果有必要则应抵御敌人的进攻……确保敌军不能防止(自身)使用外层空间"①。以美国为代表的相对完整、强大的外层空间威慑体系主要包括外层空间态势感知能力、外层空间系统的弹性和防御能力、制定替代选择方案、攻击对手空间资产的能力、与盟国建立外层空间伙伴关系、国际外层空间行为规范的约束力等。② 这些能力旨在既保障威慑方对进攻方的抵消性威慑(又曰劝止性威慑),又能做到惩罚性威慑(又曰报复性威慑)。

(一)新的"三位一体"威慑战略

在冷战时期,大国战略威慑体系主要表现为装载核弹头的战略轰炸机、核潜艇和带核弹头的陆基洲际导弹。冷战后,以美、俄为代表的大国在继续削减核武器数量的同时,充分利用现代科学技术发展的成就,提升武器的技术含量,将信息技术、空间技术与核技术结合起来,极力打造捍卫自身安全的新的"三位一体"国家战略威慑体系,从而试图逐步减少对核武器的过分依赖,增强其战略威慑中反应的灵活性。冷战后,美国强调在新的战略环境下面对新的潜在对手,需要采用新的方法实施威慑和防卫。③ 美国新的"三位一体"威慑战略强调对WMD威胁慑止的可行、可接受和适用的功效。"由于拥有健全的多层防御体系,潜在对手攻击美国空间系统的意图与行动在态势感知面前将无所遁形,国家和军队领导层在得到预警之后可以采取一系列应对措施。既然敌方同样需要利用空间,应对措施之一就是通过空间进攻摧毁或破坏对手的空间系统。倘若敌方仍一意孤行进行攻击,

---

① Department of Defense Directive, No. 3100. 10, "*Space Policy*," July 9, 1999, pp. 7, 12. http://www.dtic.mil/whs/directives/corres/pdf/310010p.pdf.
② 何奇松:《脆弱的高边疆:后冷战时代美国太空威慑的战略困境》,《中国社会科学》2012年第4期。
③ Gwendolyn M. Hall, John T. Capello, Stephen R. Lambert, "A Post-Cold War Nuclear Strategy Model," USAF Institute for National Security Studies, Colorado, July 1998.

第三章 增强外层空间威慑能力 控制体系暴力

快速响应空间基础设施将确保对美国空间系统的破坏只是短暂的，空间能力可以迅速恢复。这将粉碎敌方意欲否定美国空间能力的企图，阻止敌方达成战略目的。"① 美国一份军方报告指出，面对来自恐怖主义、非国家行为体以及实力相仿的国家的潜在威胁，通过外交途径解决往往显得捉襟见肘，即便是持谨慎态度的战略学者也认同全面核裁军必须以全世界的安全得到保障为前提。② 美国试图通过新的"三位一体"威慑战略，改变此前单一的核威慑体系，进一步强化国家战略威慑体系，以维护美国的绝对霸权和绝对安全。

2002年1月，美国公布《核态势审议报告》（NPR），提出要建立新"三位一体"战略力量，明确指出新的战略威慑力量由核与非核打击系统、主动与被动的防御系统和灵活反应的基础设施三大部分组成，并通过以"全球信息栅格"（GIG）为基础的联合指挥控制系统（JC2）将三大部分密切结合在一起。美国按照这个新的"三位一体"战略威慑体系，它的新型战略武器主要包括新型战略核武器，非核的全球常规打击武器，反导防御武器和覆盖全球的一体化、网络化的战略信息系统四类。美国已经将外层空间视为国家安全与利益的重心，强调空间作战将进一步与战略核对抗和网络中心战结合，向全面力量集成和攻防一体化方向发展，空间战将成为美国国防战略调整和军事变革的重点。为此，美国加快抢占外层空间这个战略制高点，试验其相关武器，退出《反导条约》，并拒绝签订任何新的外层空间军控协定。

> 如今，美国依赖其空间系统——通信、指挥和控制系统的体系系统——来实现武器制导（比如GPS）、情报收集（包括无线电和电话拦截以及图像和雷达目标情报）、导弹发射预警和跟踪。这样的依赖使得美国在反卫星技术面前非常脆弱——直接拦截猎

---

① 查尔斯·加尔布瑞斯：《空间力量的三位一体概念》，杨乐平、彭望琼编译：《空间力量理论与战略研究文集》，国防科技大学出版社2013年版，第195—196页。

② Paul D. Brown, "U.S. Nuclear Deterrence Policy: Do We Have It Right?" U.S. Army War College, March 15, 2008, p. 23.

杀，信号干扰；以及通过高能激光器攻击。商业世界和许多国家都有大量的空间资产（通信、导航和情报领域），潜在对手（国家、恐怖分子或者武装叛乱分子）可以在商业市场上利用或买到这些空间服务。因此，美国就需要保持其空间系统发展的不断升级（用更低的成本来实现更好的功效），同时要关注潜在对手日益增强的反卫星技术实力，以及使用商业和军事空间系统针对美军以及美国与其盟友的商业基础设施（比如，GPS卫星的原子钟控制着全球的银行系统）。①

美国在继续削减核武器数量的同时，提升武器的技术含量，加大对外层空间系统的开发与利用，实行战略威慑重心的逐步转移，也就是说，美国试图逐步减少对核武器作为威慑手段的过分依赖，逐步加强外层空间系统作为威慑手段这一新的明显占有优势的部分，而"在美国引进导弹防御、外层空间雷达等项目之后，战略稳定性考察的不确定性增大"②。美国加大对外层空间军事利用研发的投入，试验其相关武器技术，力图占据外层空间战略制高点。美国新的"三位一体"威慑战略在保持核威慑力的同时，迅速提升了外层空间在美国威慑战略中的地位，外层空间快速打击系统补充了其常规打击能力，导弹防御系统则构成其防卫能力的主要支柱，外层空间指挥控制系统更是其反应基础结构不可或缺、不可替代的核心组成部分。

空间技术对核设施和核发射的无缝监视、导弹预警信息高效传递、精确制导定位使得战略威慑体系的威慑功效获得质的跃升。美国通过加快建设空间态势感知系统进行全天候、全天时、全方位的侦察监视，对他国核装置、导弹发射进行严密监视，使对方丧失核打击的突然性。如美国正在加紧部署的SBRIS卫星星座。与之相对应，通过发展分段干扰和致盲敌侦察卫星，可降低敌方发现己方核设施的概率，有效提

---

① ［美］甘斯勒：《21世纪的国防工业》，黄朝峰、张允壮译，国防工业出版社2013年版，第76页。
② 李彬、聂宏毅：《中美战略稳定性的考察》，《世界经济与政治》2008年第2期。

第三章 增强外层空间威慑能力 控制体系暴力

高自身核打击的突袭性。通过空间信息链路进行导弹预警信息传送，是美国弹道导弹防御系统的关键组成部分，大大地提高了对敌方洲际导弹的拦截概率。美国利用军用 GPS 精确制导，提高对敌方目标的打击精度，通过临时截断 GPS 信号，使无独立空间导航系统国家的远程打击精度大为降低。在美国新的"三位一体"威慑战略中外层空间系统在军事上的重要性受到更多关注，美国开始加快步伐提出和完善外层空间战斗理论和指导原则的步伐。美国在发展了耗资庞大的"未来成像体系卫星""天基雷达"等先进的空间信息系统后，又在大力发展高能激光、高功率微波、动能武器、空间作战飞行器等空间攻防武器，并且已成功地进行了一系列反卫武器试验，空间武器已经开始进入初步实战演练阶段。2005年《美国国防战略》报告指出，"外层空间控制"就是"确保自身外层空间行动的自由，同时防止对手具备这种自由"的能力，进一步明确了今后外层空间军事化的发展方向。

> 在全球化时代，全球性是决定国家安全战略的基础。随着国际安全威胁增多、扩散和非对称趋势日益明显，常规军事力量应对这些威胁的能力减弱。空间力量的存在、视野、反应和毁伤能力在应对全球化威胁中具有显著优势，假以时日，可能成为影响和控制世界的决定性军事力量。一个国家如果能充分利用空间力量的全球性，就能夺取军事竞争的战略制高点。[①]

2006年8月，美国总统布什签署了新的国家空间政策文件，从国家立法上对外层空间战略进行了重大调整，强调外层空间对美国安全的意义，公然宣称反对潜在的对手"以敌对方式"利用外层空间，美国在外层空间行动不受限制，可以攻击潜在对手的外层空间资产。它甚至第一次声称将"劝阻或吓阻"其他大国发展可能致使美国外层空

---

① ［美］布莱恩·弗莱迪克森：《全球性：引领空间力量理论创新之路》，杨乐平、彭望琼编译：《空间力量理论与战略研究文集》，国防科技大学出版社2013年版，第149页。

间资产遭受风险的能力,这一提法带有先发制人的战略意味,凸显美国独占外层空间的目的。美国强烈"反对制定任何禁止或限制美国进入或使用外层空间的新国际法律制度或其他约束措施"①。为了在相对削减核武器数量的同时,保持和加强国家战略威慑体系,俄罗斯也积极构建防空防天、反导一体防御系统,大力开发外层空间战略武器。在意识到空间设施日益重要,各种导弹威胁上升,并考虑到俄罗斯的地理位置以及空间技术的进程等现实后,俄罗斯专家开始达成共识,俄罗斯面临的最大威胁来自外层空间,认为除了核武器外,外层空间武器将是21世纪战争中的首选武器。②"在开发利用空间进程中发展起来的空间力量已成为维护国家军事安全的关键因素之一。空间力量对于国家军事能力的影响主要在于……能够运用于武器装备发展和军队建设,大幅度提高国家军事实力,有效增强国家战略威慑能力。"③

(二) 外层空间抵消性威慑能力

"威慑分两大类。第一类是惩罚性威慑（Deterrence by Punishment）（即报复性威慑）,即扬言对对手的行动进行惩罚,迫使对方放弃行动。第二类是抵消性威慑（即劝止性威慑）,即实质性地或者心理性地抵消对方行动的效果,迫使对方放弃行动。使用常规武器进行抵消性威慑是非常常见的军事行为。"④ 空间技术通常具有较强的军民两用性,任何一项技术创新成果都有可能被用于军事领域,因此,在外层空间领域拥有技术优势将极大地增强其战略威慑能力。"威慑本意是通过显示或威胁使用强大实力而使潜在对手确信,改变现状的收益远小于维持现状的获益,以慑止对手的进攻行为。从根本上讲,

---

① Statement by Theresa Hitchens, Before the Subcommittee on National Security and Foreign Affairs, Committee on Oversight and Government Reform, U. S. House of Representatives, May 23, 2007, URL.
② Jana Honkova, "The Russian Federation's Approach to Military Space and Its Military Space Capabilities," George C. Marshall Institute, November 2013.
③ 王继新:《太空是维护国家利益新的战略制高点》,《解放军报》2006年4月13日。
④ 李彬:《军备控制理论与分析》,国防工业出版社2006年版,第72页。

第三章 增强外层空间威慑能力 控制体系暴力

威慑就是采取决定性行为影响对手的决策。"① 当取得外层空间军事优势的某一大国能够有效地控制外层空间之后,外层空间作战便可能转向从外层空间完全彻底控制地球表面的外层空间威慑。在保持传统的外层空间态势感知系统的信息优势威慑的前提下,具有外层空间优势的国家可能企图发展出一系列劝止威慑、控制和报复打击的外层空间武器系统,从而形成一种能够超越现今的常规威慑和核威慑的外层空间威慑能力。② 正如美国负责空间政策的助理国防部长 Gregory L. Schulte 所言,可以通过外层空间的态势慑止可能出现的武装冲突。③ 外层空间抵消性威慑主要表现为增强外层空间系统的弹性和防御能力,利用更多的平台把卫星服务分散化或在外层空间轨道上放置冗余能力,与盟国和国际卫星运营商形成有选择性的相互依赖,采用替代或备份方式降低对手打击卫星所获得的收益等。④

当前,以美国和俄罗斯为代表,围绕着争夺空间战略制高点的空间控制能力建设已经被提到重要的议事日程上,控制空间、夺取空间优势的战役已经打响,外层空间劝止威慑或报复威慑装备已经成为各军事强国争先发展的焦点。⑤ 从美军发展空间系统的 4 个目标中可以总结出,美军认为的空间武器包括能够攻击位于外层空间目标的武器以及部署在外层空间的武器两类。⑥ 其中,外层空间态势感知系统的

---

① 何奇松:《脆弱的高边疆:后冷战时代美国太空威慑的战略困境》,《中国社会科学》2012 年第 4 期。

② 万自明、杨宇光、邓隆范:《动能轨道武器的发展方向》,《当代军事文摘》2005 年 9 月 26 日。

③ Gregory L. Schulte, A New Strategy for New Challenges in Space—Remarks to the National Space Symposium,美国国防部网站,http:www.defense.gov/home/features/2011/0111_nsss/docs/Ambassador% 20Gregory% 20Schulte% 20Speech% 20at% 20the% 2027th% 20National% 20Space% 20Symposium. pdf.

④ 何奇松:《脆弱的高边疆:后冷战时代美国太空威慑的战略困境》,《中国社会科学》2012 年第 4 期。

⑤ 苑立伟等:《美国反卫星武器综述》,《中国航天》2004 年第 4 期。

⑥ 参见 The Physics of Space Security (2005), Union of Connected Scientists. http://www.ucsusa.org/nuclear_weapons_and_global_security/solutions/space-weapons/the-physics-of-space-security. html.

威慑功能通过天基侦察、预警、指挥、通信、导航系统，对敌方的进攻企图的洞察能力大幅提高，使得进攻方的图谋和举动无所遁形，大大增强了抵消性威慑能力。

目前全世界总共有1100多颗卫星活跃在包括近地、半同步与同步轨道上。① 这些卫星中相当一部分除用于军事侦察监测外，导航、通信也成为其主要的军事应用，并随着现代战争C^4ISR系统对其的依赖逐渐上升而日益重要。② 到目前为止，各主要国家已经建立起了比较齐备的外层空间态势感知系统。③ 为加强外层空间防御能力，提高外层空间态势感知能力，各国都十分重视外层空间监视能力的发展。俄罗斯致力于修补空间预警、通信和观测网络，"格洛纳斯"导航系统已完成补网，现有卫星30颗，其中24颗处于工作状态，4颗处于调试审查阶段，两颗备用，基本实现全球覆盖。④ 在现代战争中外层空间态势感知系统可以使军力倍增，"表现为：首先，为战争提供实时的情报、侦察和监视、导航与定位信息，使军队能够有效地实施精确打击；其次，为作战提供通信保障；最后，探测来袭的导弹"⑤。当前，美国正把航天航空环境作为一个无缝隙的作战空间，通盘考虑航空与航天技术和装备的发展，同时促使美军在部队编成上出现一系列新变化。⑥ 空天一体化作为军事领域的重要趋势，必将对军事变革和转型产生极为重要的影响。美军2010年部署200颗不同种类的卫

---

① 参见 UCS Satellite Database [EB/OL]，截至2014.01.31 http://www.ucsusa.org/nuclear_weapons_and_global_security/solutions/space-weapons/ucs-satellite-database.html.

② 具有代表性的是美国，目前美国独自拥有152颗军用卫星，远远超过紧随其后的俄罗斯、欧洲各国和中国的总和。参见 UCS Satellite Database，截至2014.01.31，http://www.ucsusa.org/nuclear_weapons_and_global_security/solutions/space-weapons/ucs-satellite-database.html.

③ 税世鹏：《新世纪初军用卫星技术及市场发展评析》，《中国航天》2000年第3期。

④ GLONASS constellation status [EB/OL]，Russia Federal Space Agency Information-Analytic Center，截至2014.07.04，http://glonass-iac.ru/en/GLONASS/.

⑤ 何奇松：《脆弱的高边疆：后冷战时代美国太空威慑的战略困境》，《中国社会科学》2012年第4期。

⑥ The Airforce Association, Gulf War II-Air and Space Power Led the Way, http//:www.saf.org/media/reports/gulfwar.pdf.2004/02/10.

星，计划到2030年在轨卫星将达到800颗，形成庞大的空间信息情报系统。① 2009年美国国防部根据"作战及时响应型外层空间"（ORS）阶段I的安排，检验了利用现有设施支持外层空间态势感知，通过新的采办填补情报、监视与侦察缝隙的能力。

"空间态势感知（Space Situation Awareness，SSA）用于描述空间战场的多传感器融合和信息处理能力。在规划空间攻防行动前，需要全面掌握作战区域当前的形势，而这绝不是一件简单的任务。"② 美国认为："提高空间态势感知能力是美国建立有效空间威慑体制的首要工作。"③ 2007年美国总统布什曾于7月发布秘密备忘录，要求政府各机构提高美国空间态势感知（SSA）能力。在备忘录中，布什要求国会与国防部形成具有凝聚力的政府层面的途径，避免未来反卫星发射，并制定应对反卫星发射的方案。同时，五角大楼正在制订可能的作战及时响应型外层空间（ORS）计划。国务院也在探究可以与同样拥有外层空间监视传感器的友邦进行数据分享的方式，美国政府已经就如何在保护资源和方法的条件下共享数据进行了多方讨论，但尚未与别国磋商。美国空军外层空间司令部关注的是形成更稳健的SSA传感器网络的近期目标。美军方称，在未来5年里将投资数亿美元用于改良SSA设备。"目前，美国通过'空间监视网络'（Space Surveillance Network，SSN）来实施空间态势感知，其由遍布全球的雷达和光学成像传感器以及卫星上搭载的天基可见光传感器组成。"④ "中段外层空间试验"卫星是五角大楼主要的天基外层空间监视资产，它被用来协助跟踪卫星，从卫星发射至进入轨道。"未来的空间力量应用将

---

① 耿艳栋、肖建军：《关于空天一体化的初步研究》，《装备指挥技术学院学报》2004年第6期。
② ［加拿大］Wilson W. S. Wong，James Fergusson：《军事航天力量——相关问题导读》，尹志忠、方秀花、秦大国、侯妍译，国防工业出版社2012年版，第67页。
③ ［美］福里斯特·E. 摩根：《太空威慑和先发制人》，白堃、艾咪娜译，航空工业出版社2012年版，第X页。
④ ［加拿大］Wilson W. S. Wong，James Fergusson：《军事航天力量——相关问题导读》，尹志忠、方秀花、秦大国、侯妍译，国防工业出版社2012年版，第67页。

会建立在空间态势感知的基础上,而空间态势感知会从基本的监视发展成为战术空间侦察与目标定位。"[①] 美国空军外层空间司令部在 2008 财年发射"天基外层空间监视"卫星作为后继(参见表 3-2、表 3-3 和表 3-4)。

表 3-2 美国典型地基空间监视系统升级计划

计划	目标/要解决的问题	现状	初始部署时间
"空间篱笆"升级计划	提高空间分辨率、空间目标搜索能力,缩短重访周期	风险降低阶段	2013 年以后
艾格林雷达延寿计划	更换雷达处理器件,建立现代软件体系结构,以保证该雷达 2028 年以前的运作、保障和技术更新	系统设计	2011 年
"干草堆"雷达升级计划	建造 W 波段高功率发射机,提高成像分辨率,更换现有天线与处理设备	制造与安装	2012 年

资料来源:王友利、伍赣湘《美国空间对抗体系及典型装备发展研究》,黎弘主编:《2012:国际军备控制与裁军》,世界知识出版社 2012 年版,第 107 页。

表 3-3 美国国防部预先研究计划局空间微小目标监视设施研制计划

计划	主要研究内容	关键技术	现状	部署时间
空间监视望远镜	研究宽视场、快速扫描、3 层镜片、3.6 米直径地基光学搜索跟踪望远镜,探测灵敏度和搜索覆盖率比现有能力提高约一个数量级	人型弯曲焦平面阵列技术	样机验证	2015 年
深空观察雷达	研究高功率、高分辨率、可进行低轨道、深空小目标成像和特性识别的地基雷达,探测能力比现有能力提高一个数量级	高功率发射机技术、大型(40 米级)碟型天线技术	交付空军	2015 年
地基成像雷达	用逆合成孔径激光雷达捕获深空空间物体的高分辨率三维图像,大幅度提高空间态势感知能力	稳定的光学基准振荡器和自动对光算法	样机研制	2015 年以后

资料来源:王友利、伍赣湘《美国空间对抗体系及典型装备发展研究》,黎弘主编:《2012:国际军备控制与裁军》,世界知识出版社 2012 年版,第 108 页。

---

① [加拿大] Wilson W. S. Wong, James Fergusson:《军事航天力量——相关问题导读》,尹志忠、方秀花、秦大国、侯妍译,国防工业出版社 2012 年版,第 67 页。

表 3-4　　　　　　美国主要天基空间监视系统计划

计划	目标/要解决的问题	现状	计划部署时间	
天基空间监视系统	发现、锁定以及跟踪地球轨道上的目标、探测深空微小目标	首颗 SBSS 卫星已经发射	Block 10	2010 年发射
			Block 20	2014 年
轨道深空成像仪	提供地球同步轨道上三轴稳定卫星的图像，确定深空目标的特征和轨道位置	处于技术研发阶段	暂不采购业务系统	
用于评估局部空间的自主纳卫护卫者	研制一颗可在地球静止轨道上近距离逼近主卫星、环绕主卫星飞行并监视周围空间环境的微小卫星	工程制造	2012 年	
空间态势感知	制造一种可为载星提供战术空间态势感知能力、覆盖可见光与射频谱段的有效载荷	—	2011 年	

资料来源：王友利、伍赣湘《美国空间对抗体系及典型装备发展研究》，黎弘主编：《2012：国际军备控制与裁军》，世界知识出版社 2012 年版，第 109 页。

　　美国实现外层空间监视能力的核心主要是"天基空间监视系统"和地基的外层"空间篱笆"升级计划。"天基空间监视系统"（SBSS）是由美国空间和导弹指挥中心（SMC）具体负责，波音公司和 Ball Aerospace 公司共同开发的一套卫星感知系统，该系统由 4 颗卫星组成，几经推迟后于 2010 年 9 月 25 日成功发射了第一颗卫星。SBSS 完成后将提供对低轨航天器提供 24×7 全天候实时监视，收集、处理、识别信息，并进行空间预警，成为美军空间情报网络（SSN）的重要组成部分。[①] 此外，美国大量使用长航时的高空无人机，让其发挥 GPS 等卫星定位的功能。美国准备为航空母舰配备海基无人机 X-47B，替代卫星的侦察、定位等部分功能，同时执行打击功能。[②]

---

　　① 参见 Space and Missile Systems Center 的项目报告 "Space Based Space Surveillance: Revolutionizing Space Awareness, Space and Missile Systems Center," 2010, 以及 Space Based Space Surveillance Makes Headway [SBSS], Defense Industry Daily. http：//www.defenseindustrydaily.com/preventing-a-space-pearl-harbor-sbss-program-to-monitor-the-heavens-06106/.
　　② 何奇松：《脆弱的高边疆：后冷战时代美国太空威慑的战略困境》，《中国社会科学》2012 年第 4 期。

(三) 外层空间惩罚性威慑能力

外层空间信息系统除具有抵消性威慑功能外,还具有强大的惩罚性威慑功能,它能提供信息支援和保障,增强地球上陆、海、空部队的作战能力。[①] 海湾战争是人类战争史上第一次大规模的空间支援地面作战,从侦测到导航再到信息收集,航天设施充分证明了其在现代战争中的重要地位。[②] 外层空间信息系统第一次全面支援了作战行动,在战争中起到了至关重要的作用。非对称作战、精确打击、战场直播、密集导弹攻防……陆、海、空传统作战力量在外层空间作战装备的整合下结成了一个大的作战体系,完全改变了人类常规战争画面。[③] 美军在海湾战争中共投入各类卫星 100 多颗,这些卫星为联军部队提供了全面的侦察、监视、通信、预警、导航、气象等重要的作战保障。由于掌握了制天权,在卫星的指引下,美军对伊拉克的军事目标实施了不间断的精确打击。[④] 美军在总结这场战争时认为:"外层空间军事设施极为重要,现代战争中空间军事设施需要有更加自主的指挥系统,成为一支更加独立的军事力量。"[⑤]

外层空间信息系统支援下的全频谱作战的具体表现是:空天侦察为空袭作战提供可靠的目标识别和毁伤评估;卫星导航为空袭作战提供精确的目标定位和武器制导;空、天、地战场信息网一体化为空袭

[①] 熊小龙、李荣刚、由大德、张世燎:《夺取制太空权》,《飞航导弹》2005 年第 10 期。

[②] Marcia S. Smith, "Military and Civilian Satellites in Support of Allied Forces in the Persian Gulf War," Congressional Research Service Report for Congress, February 27, 1991.

[③] 郑道光:《太空军事对抗与国家安全》,《军事学术》2002 年第 3 期。

[④] 据战后披露,当时美军卫星已经可以用 0.1 米的分辨率清点沙漠中伊军帐篷和坦克的数量。从 1991 年 1 月 17 日至 2 月 24 日,在外层空间优势的保障下,美军 38 天的空袭基本上摧毁了伊军的抵抗能力和抵抗意志。随后美军仅进行了 100 小时地面作战就结束了这场高科技局部战争。伊军虽然占有数量优势,但最终却有 42 个师被击败,被俘人数高达 8 万至 10 万,3700 辆坦克和军用车辆被摧毁。而美军只有 79 人在地面作战中死亡,各种作战中阵亡仅 130 人左右。

[⑤] Gulf War 20th: Some Lessons Learned from the Land War, Defense Media Network, http://www.defensemedianetwork.com/stories/gulf-war-20th-some-lessons-learned-from-the-land-war/.

作战提供有效的指挥控制；空间导弹预警为防空反导作战提供有力的信息支持，等等。① 以信息作战为中心的卫星系统，可以使地球表面的陆、海、空部队得到强大的外层空间信息支援，从而使包括情报、预警、通信、导航、定位和数据处理等现代战争中决定胜负的军事信息作战行动达到一个全新的高度，外层空间信息系统因此已成为现阶段地球表面各种军事活动的信息神经中枢。② 例如美国的"宽带全球通信卫星系统"（WGS）项目。WGS基于波音702商用卫星，目前有包括国际合作发射的10颗在轨卫星，是典型的军民两用技术，平时用于全球宽带通信，在需要时为美国军事行动提供大容量信息通道，从而保障美军 C^4RSI 系统能有效运作，也可为美国的陆、海、空三军部队快速发送大容量的信息，从而使得美国部队作战灵活性和作战能力得到很大提高。③

2003年，美国空军在《2020年远景规划》中提出，外层空间是美国理应为之投放装备的最后一个合法边疆，只有控制外层空间才能控制地球。外层空间惩罚威慑装备与外层空间抵消威慑装备更多地表现为与防御性空间装备系统相比，惩罚威慑装备系统具有更明显的进攻性。④ 外层空间惩罚威慑的作战区域是整个地球表面，它能在瞬间到短短的几小时里，突破地球表面的任何防御体系，从外层空间对各种陆、海、空目标实施直接的战术性和战略性打击，其摧毁能力远大于传统的化学军事武器，而精确度和突防能力又远高于现今的核威慑运载系统，在与传统核武器进行系统集成后，也可以成为一种全新的威慑方式。⑤ 在常规威慑和核威慑基础上发展出外层空间威慑，形成

---

① 耿艳栋、肖建军：《关于空天一体化的初步研究》，《装备指挥技术学院学报》2004年第6期。
② 刘俊等：《美国吹响太空战号角 中国主张和平利用太空》，《国际先驱导报》2009年2月12日。
③ The International Wideband Global SATCOM（WGS）Program, https://www.defenseindustrydaily.com/americas-wideband-gapfiller-satellite-program-02733/.
④ 《太空军备竞赛实难遏止，世界经济将遭遇巨大影响》，《中国青年报》2007年2月1日，http://news.china.com/zh_cn/international。
⑤ *The New York Times*, May 18, 2005.

一种其他国家再也无力撼动的全面性的军事优势,以此为后盾,推行全球性的霸权控制,拥有外层空间霸权的一方在不必考虑遭受对方的报复性打击后,可以随时动用无比强大的威慑力量来维护其想要的全球秩序。由于外层空间优势对每个军事大国都具有生死攸关的决定性战略意义,各大国在开展激烈的外层空间争夺中,当平衡无法实现时,外层空间争夺将有可能成为大国之间战争的直接导火索。

美国坚持不懈地发展外层空间惩罚性威慑系统,明确提出要把发展摧毁卫星能力作为威慑战略的组成部分。[1] 为打赢"空海一体战",美军计划全面提高其海空军装备的通用化和多功能化水平,发展综合型的作战平台和装备。[2] 美国奥巴马政府强调:"加强美国在一个退化了的环境中进行作战的弹性与本领,降低对手攻击美国空间能力的诱惑。"[3] 为提高外层空间控制能力,美国积极谋求把外层空间机器人技术应用扩展到军事领域,发展了"轨道快车"和"近期能验证的机器人技术"(FREND)计划,[4] 其中"轨道快车"于2007年3月发射,同年7月结束任务,成功进行了诸多开创性试验。[5] 目前正重点发展针对敌方卫星的新一代空间机器人计划,该计划最大的特点是能实现对敌方航天器的捕获,这就使其很容易被改造为外层空间武器,而且由于"近期能验证的机器人技术"的最终运行轨道将在地球同步轨道,这将使美国具备全轨道高度的反卫星能力。[6] 由于担心美国主宰军用空间资产,欧洲正在发展"伽利略"(Galileo)卫星导

---

[1] 赵景伦:《美国与太空武器化》,香港《信报》专栏"美国透视",2008年2月27日。

[2] 张伶:《美军"空海一体战"并非伴风起舞》,《解放军报》2011年2月18日。

[3] 何奇松:《脆弱的高边疆:后冷战时代美国太空威慑的战略困境》,《中国社会科学》2012年第4期。

[4]《美国"作战及时响应型外空"进展情况》,中国国防科技信息网,2009年6月9日。

[5] Orbital Express Mission to End, Spacetoday.net, Jul 5, 2007, http://www.spacetoday.net/Summary/3831.

[6] 黎弘、滕建群、武天富等:《2010:国际军备控制与裁军》,世界知识出版社2010年版,第197—205页。

航系统，日本则在发展其信息搜集卫星（IGS）系统。① 印度从2006年起开始进行大气层内外的反导试验，已经开展了多次成功试验，并于2014年与以色列达成共同建立导弹防御体系的协议。② 俄罗斯则把外层空间惩罚威慑系统作为主要的空间作战手段，使用载人空间战斗站打击敌方在近地轨道、地球同步轨道和高轨道上的卫星。

2004年8月，美国空军又提出了名为"全球打击"的新战略，强调美军要实现在外层空间"自由攻击"敌人并免于受到敌人攻击的目标，必须装备能携带精确打击武器的军用航天飞机，在45分钟内对全球的任何目标实施毁灭性的打击。美国大力探索利用外层空间向敌人发动快速和精确打击的"全球快速打击系统"（C-PGS）③，利用超高速空间飞行器、弹道导弹等运送精确制导的常规弹头，对位于全球任何地点的高价值目标实施精确打击。

因为外层空间能毫无声息地为全球范围内军事战略打击提供支持，美国一些人将外层空间视为必争之地。此快速打击能力是"9·11"后国家安全的核心战略，它不只为了震慑和击退任何潜在侵略者，而且为了阻止敌对国家或恐怖组织获得威胁国家安全的能力。④

美国国防部的全球快速打击系统主要从三个领域进行研究。一是高超音速导弹，包括"常规打击导弹"（Conventional Strike Missile，CSM）、

---

① 张秦洞：《如何让人类远离"太空战"》，《人民网》2010年11月23日。

② Israeli-Indian BMD System, Israeli Defence, June 4, 2014, http://www.israeldefense.com/? CategoryID = 472&ArticleID = 2848.

③ 美国设想的全球快速打击系统主要有以下几种：第一，弹道导弹，依靠洲际导弹或潜射导弹。第二，超高音速巡航导弹，如波音的X-51A。第三，太空部署的武器发射平台，2010年4月，美国发射"猎鹰"高超音速飞行器HTV-2、X—37B空天飞机进行的都是类此试验。

④ David Wright, Laura Grego and Lisbeth Gronlund, Space Security Physics, Reference Book, Massachusetts, Cambridge: The American Academy of Arts and Sciences, 2005, p. 4, http://www.amacad.org/projects/science.aspx.

"陆军改进型超高声速武器"（Army Advanced Hypersonic Weapon，AHW）、ArcLight 导弹系统等。其中，CSM 项目由美国空军主导，部署于美国西海岸或东海岸肯尼迪航天中心附近，使用超高音速技术火箭（HTV－2）运载，在 50000 英尺的高空释放负载，有效打击半径达 9000 海里。AHW 则是美国陆军负责的牺牲射程以易于部署的快速打击系统，该系统可在移动运载器上部署，计划最大射程 4200 海里，部署在关岛，迭戈加西亚和波多黎各，每个基地有 4 套 AHW 系统。ArcLight 射程在 2300 海里以上，有效运载 100—200 英磅，可由海军马克 41 垂直发射系统采取水面发射和潜射两种方式进行发射。①

二是再入式航天器。最典型的例子就是 X－37B 轨道试验飞行器。它是航空技术与航天技术高度结合的飞行器，即常称的空天飞机。这种飞机能像普通飞机一样水平起飞，以每小时 1.6 万—3 万千米的速度在大气层内飞行，而且可以直接加速进入地球轨道，能够在地球 110—500 千米的低轨道上持续航行 270 天；在返回大气层后，又可以像飞机一样在机场着陆，成为自由地往返天地之间的运输工具。②

三是可重复使用的超高声速航天飞行器。目前，美国正在开展"猎鹰计划"（Force Application and Launch from CONUS，FALCON）。"猎鹰计划"是美国国防高级研究计划局和空军于 2003 年联合推出的战略武器技术项目，目的是演示验证能够实施全球到达任务的高超音速飞行器技术，计划在 2025 年左右开发出可负载 12000 磅，飞行 9000 海里以上的可重复使用的高超音速巡航飞行器（Hypersonic Cruise Vehicle，HCV）。③

---

① Keith Payne, Thomas Scheber, Mark Schneider, David Trachtenberg, Kurt Guthe, Conventional Prompt Global Strike, A Fresh Perspective, National Institute Press, June 2012. pp. 16, 17, 19.

② Boeing X－37 Unmanned Demonstrator Spacecraft, United States of America [DB/OL] airforce-technology. com, http：//www. airforce-technology. com/projects/boeing-x37/.

③ Barry D. Watts, The Case for Long Range Strike：21st Century Scenarios, Center for Strategic and Budgetary Assessments (CSBA), Washington, 2008, p. 12.

第三章 增强外层空间威慑能力 控制体系暴力

美军涉及快速全球打击的武器还有海军的可修正弹道的"潜射全球打击导弹"(Submarine-Launched Global Strike Missile, SLGSM),以及美国海军于2006年3月公布的"常规三叉戟改装"(Conventional Trident Modification, CTM)计划,旨在将美国海军现役的"三叉戟"潜射弹道导弹的核弹头改装为常规弹头。[①] 为此,美国全球快速打击系统(C-PGS)采取空间作战方式,为美军提供远程快速打击能力,减少敌对国反介入和区域封锁给美军行动带来的阻碍,提高美军对突发事件的反应速度,降低敌对国对美国的空间威胁。[②]

二 外层空间战略稳定性面临的压力及其趋势

威慑(Deterrence)是指使对方认识到它想要进行的某个行动会受到严重报复,或者行动效果将不明显,从而迫使对方放弃采取这个行动。[③] 当前,在外层空间安全领域,美国国家战略威慑重心由核武器向外层空间转向[④],在威慑对手或潜在对手之际,必然引起对方的理性反应,从而导致大国间的战略失衡,对国际安全领域的战略稳定性造成潜在威胁与冲击。这里所讲的战略稳定性来自于经典军备控制理论,"危机稳定性和军备竞赛稳定性合在一起称作战略稳定性"[⑤]。美国控制空间的观念与外层空间权力结构失衡状态的耦合,使得在外层空间安全互动中,每个国家都为生存与安全计算,都会优先考虑内化那些能够迅速增强其安全与防御能力的观念与规范,从而导致空间武器化和军备竞赛有愈演愈烈之势。

[①] Amy F. Woolf, Conventional Prompt Global Strike and Long-Range Ballistic Missiles: Background and Issues, Congressional Research Service, May 5, 2014, p. 11.
[②] Ibid.
[③] 李彬:《军备控制理论与分析》,国防工业出版社2006年版,第72页。
[④] 苏晓辉:《美国外空战略的新动向及其发展前景》,《国际问题研究》2008年第4期。
[⑤] 李彬:《军备控制理论与分析》,国防工业出版社2006年版,第83—84页。

在不同的社会条件即物质与观念结构的复合形态下，行为体会选择适应不同的社会化过程，进而选择不同的体系规范和观念优先加以学习和内化。低度政治认同与低度暴力受控的复合结构易导致弱现实建构主义的效率竞争型社会化。[①]

在国际安全领域，美国作为唯一的超级大国，试图凭借其强大的综合国力，特别是超强的军事实力，加快调整其国家战略威慑体系以寻求绝对安全，确保美国在全世界的"领导地位"。美国在外层空间发展的系列威慑系统严重威胁着国家间的战略稳定性。

（一）BMD抵消性威慑与军备竞赛稳定性

来自于经典军备控制理论的军备竞赛稳定性是指"一种军备行为是否会引起对手的反应并导致军备竞赛，这个状态也被称作军备竞赛稳定性。在某个军备格局下，如果一个国家发展军备的某个行为很容易引起对手扩充军备，那么，这种情况被称作军备竞赛稳定性很低；如果一个国家发展军备的某个行为不容易引起对手扩充军备，那么，这种情况被称作军备竞赛稳定性很高"[②]。美国威慑战略越来越倚重外层空间系统，其突出的表现之一就是加快战略导弹防御系统的研发与部署。自从弹道导弹、巡航导弹、空地导弹等进攻性导弹武器问世后，美国一直遵循着"有矛必有盾"的规律，重视和发展导弹防御技术。不过应充分注意的是，美国反导防御系统不仅仅是一个对付他国携带核弹头的弹道导弹进攻，作为核威慑系统重要组成部分的设施，它也是美国外层空间安全战略中达到其战略意图的核心组成部分，因此，反导防御系统在美国整个国家威慑体系中起着支柱性的作用。美国政府自冷战结束以来，不管情势如何

---

① 董青岭：《复合建构主义——进化冲突与进化合作》，时事出版社2012年版，第220页。
② 李彬：《军备控制理论与分析》，国防工业出版社2006年版，第83页。

第三章 增强外层空间威慑能力 控制体系暴力

变化，总是倾力推进，甚至敢冒天下之大不韪，退出《反导条约》，肆无忌惮地加以扩展反导防御系统。美国为了夺取全球空间控制，从空间作战所具有的全球性的本质出发，试图在全球范围内采取行动。"全球空间控制的概念，一方面要求控制往返空间的通道来保证航天部队的作用，另一方面要求运用马汉式的关于战略位置、路线和集中的原则。"① 美国认为，一旦控制了近地轨道，既可保证美军的行动自由，又可抢先占据所有往返空间的通道，监测、控制战略要点。为此，其全球空间控制战略的重点就是利用武器主动防御，保护和消除其自身空间资产的脆弱性。"马汉式的全球空间控制战略的核心是主动的弹道导弹防御系统。"② 美方认为，弹道导弹防御系统可以保证其空间轨道资产不会受到他国的打击，也可拦截他国进入近地空间轨道的可能物体，以达到控制空间的目标。"只有这样，美国才能控制近地轨道，带来技术、经济和政治效益。"③

从技术特征上不难理解美国弹道导弹防御系统既具有反导的功能，又具有反卫的功能，它具有明显的攻防两重性，它们既不是纯进攻性的，也不是纯防御性的，而是攻防兼备的"矛与盾"的结合体。凭借这种几乎无敌的"利器"，美国弹道导弹防御系统所产生的威慑作用，是不言而喻的。④ "一体化、分层弹道导弹防御系统（BMDS）是响应美国新的国家安全战略，采用渐进式方法来发展和部署的一个庞大、复杂的系统。"⑤ 按防御区域分为国家导弹防御系统（NMD）和战区导弹防御系统，美国的国家导弹防御系统主要包括地基拦截导弹/外大气层杀伤武器（GBI/EKV）、改进的预警雷达（UEWR）、天基红外预警系统（SBRIS）、3X地基预警雷达（GBR）、作战管理与

---

① ［美］斯科特·梅斯纳：《从海洋到空间：空间力量理论的思想渊源》，杨乐平、彭望琼编译：《空间力量理论与战略研究文集》，国防科技大学出版社2013年版，第105页。
② 同上书，第106页。
③ 同上。
④ 周辉：《美国太空战略开始转向？》，《现代军事》2009年6月1日。
⑤ 樊晨：《美国一体化弹道导弹防御系统传感器发展综述》，《系统工程》2007年第2期。

指挥控制通信（BM/C）系统五大部分。美国战区导弹防御系统（TMD）设想由低层防御和高层防御两部分组成。低层防御设想包括"爱国者-3"（PAC-3）、"扩大的中程防空系统"（MEADS）、"海军区域防御"（NAD）系统，高层防御设想包括陆军"战区高空区域防御"（THAAD）系统、"海军战区防御体系"（NTW）、空军"助推段防御"（BPI）系统。

  从战略攻防上不难看到，美国大力发展弹道导弹防御系统，必然会引起他国重启和发展进攻性弹道导弹，以进行突防。考虑到发展弹道导弹的成本远低于弹道导弹防御系统的成本，因此，美国不停止发展此类系统，军备竞赛就会愈演愈烈。到2010年9月，美国导弹防御系统基本上形成以本土为核心，覆盖亚洲、欧洲、中东地区的一体化多层防御网络（参见表3-5）。美国弹道导弹防御系统构想一旦全部落实，按美国军方的预期设想，它将构成对美国本土及其盟国的多层防御系统，从而对敌方来袭的导弹进行全方位拦截。从名义上讲，它属于抵消性威慑，但由于其易引发对手进攻性反制，因此，实际上，美国弹道导弹防御系统破坏了冷战以来通过相互确保摧毁而形成的战略稳定性。这也就是说，美国可以单方面拦截对方进攻性弹头，而确保自身获胜。因此，在2011年1月美国、俄罗斯先后批准的新的《削减和限制进攻性战略武器条约》正式生效之际，围绕新核裁军条约本身，美、俄双方在批准条约的同时都通过了各自的附加条款。美国国会参议院在附加条款中再次要求政府对部署导弹防御系统做出承诺，对核武库实施现代化改造并就限制战术核武器与俄罗斯展开谈判。作为回应，俄罗斯的附加修正案规定，如果美方单方面部署威胁到俄罗斯国家安全和防卫能力的反导系统或其他常规武器，俄罗斯将退出新核裁军条约；俄、美双方应严格遵循条约序文中有关进攻性战略武器与反导系统之间的关联性内容。此外，俄方强调，将维持自己的核威慑能力，继续研发和试验新型武器，特别是重启和发展多弹头的洲际导弹。在现实层面，俄、美仍拥有世界上绝大多数的核武器，可以相互毁灭若干次。占有陆基核力量优势的俄罗斯正在研制新一代洲际弹道导弹,能够突破包括美国在内的任何一个国家的反导系统。[①]

表3-5　　2010年9月美国导弹防御系统部署及进展概况

部署的设施	2010年9月（2010财年）部署及进展
防御武器（拦截弹）	
中段地基拦截弹	30枚GBI；发射井31个,分别是格里利堡26个,范登堡5个
中段海基改进的Aegis BMD军舰（交战能力型）	21艘Aegis BMD军舰。其中20艘Aegis BMD军舰安装3.6.1版武器系统,1艘安装4.0.1版武器系统
中段海基"标准-3"拦截弹	61枚
"末段高空区域防御"（THAAD）导弹	25枚
末段海基改进的"标准-2"Ⅳ导弹	72枚
末段地基PAC-3拦截弹	791枚
探测器	
预警卫星	DSP卫星
改进的预警雷达	比尔　　1部（已向美国空军交付）
	谢米亚　1部（已向美国空军交付）
	菲林戴尔斯　1部（已向美国空军交付）
	图勒　　1部（雷达阵地建设完毕,雷达正在改进中）
	可利尔　1部（正在改进中）
海基X波段雷达	1部（阿达克岛母港）
AN/TPY-2雷达	建成7部AN/TPY-2雷达,2部部署在日本青森空军基地和以色列内瓦提姆空军基地
作战管理/指挥控制与通信	
作战管理/指挥控制通信	太平洋司令部、战略司令部、北方司令部、中央司令部、欧洲司令部的指控节点安装了升级版作战管理/指挥控制硬件和软件；部署了新型近期识别算法软件,改进火控与指挥发射设备软件；连接地基中段系统各组成部分的地面光纤网总长达32000km

资料来源：Deployment and Development of the Missile Defense System of U. S. in Sept. 2010, Missile Defense Agency, *Ballistic Missile Defense Overview*, 转引自杨卫丽、程鲤《2010年美国弹道导弹防御系统发展现状与趋势》,《现代防御技术》2011年第2期。

---

① 魏良磊:《核裁军条约获批　俄美博弈继续》,新华社莫斯科1月28日电（国际观察）。

从非对称反制上看，在国际社会，如果一方只顾谋求自身的绝对安全，而将他国的安全置于不顾，就必然会使他国感到威胁，从而迫使他国发展军备，使外层空间出现军备竞赛。

美国现在是打着反导的旗号，在发展外层空间武器技术。外层空间军事化已经是现实了，中俄希望趁早限制外层空间武器化，但是美国坚决不同意。这表明，美国就是要发展外层空间武器。美国这是要占领外层空间战略制高点。现在外层空间武器化是美国反导计划的一部分，而将来，反导只是外层空间武器化的一部分。①

美国的导弹防御系统可以说是美国外层空间威慑体系的一块重要基石。导弹防御系统从近期看是对导弹的一种防御，但是，如果同外层空间攻防结合在一起看，则是一种攻击武器。因为反弹道导弹可以击中高速运行的导弹，那么它打那些相对静止的卫星就易如反掌了。也就是说，它事实上是一种外层空间攻防力量，至于是用于防，还是用于攻，则要根据美国的战略需要而定了。② 实际上，研制和部署导弹防御系统就是发展进攻性作战武器，在客观上就会对其他国家构成现实威胁。尽管部署一方可以防范外来导弹的威胁为由，表明只用它来实施防御的态度，但其存在的实质性攻击力却无法消除他国的担忧。安全攸关方为了有效反制导弹防御系统，就会对战略稳定性造成威胁。"战略导弹轨道反 NMD 系统探测，必须要将反可见光、红外、雷达综合于一体；弹头隐形仍具有重要意义，是反制 NMD 的一有效对策；……反卫星作战，对战略导弹反 NMD 具有重要影响，是积极反

---

① 徐纬地：《建立导弹防御系统，美国的战略考虑是多方面的》（发言稿），2007 年《中国评论》月刊主办的"美国坚持推行全球反导体系的战略意图及其影响"座谈会（第 10 次，总第 118 次），地点：中国评论北京办事处会议室。
② 赵小卓：《控制太空的必要基石，凝聚盟国的新动力来源》（发言稿），2007 年《中国评论》月刊主办的"美国坚持推行全球反导体系的战略意图及其影响"座谈会（第 10 次，总第 118 次），地点：中国评论北京办事处会议室。

制措施的一种。"① 由此可见，外层空间的反制措施尤为关键。"许多反制措施所依赖的是基本的物理原理和简单易懂的技术。事实上，大量与研制和部署反制措施相关的技术信息能够公开获取到。"② 仅就新兴导弹国家对付美国的导弹防御系统而言，极易获得的反制措施就有：使用生化战剂集束炸弹的压制防御，使用假目标压制防御的各种诱饵——模型诱饵、特征多样的诱饵、反模拟诱饵、延迟释放诱饵等，降低雷达特征，通过隐藏红外特征防止"击中即毁"——低辐射率表层、冷却防护罩，通过隐藏弹头防止"击中即毁"拦截器自动寻的，弹头机动和对防御系统实施先发制人的攻击等。③

导弹防御系统的工作过程如下：预警卫星 DSP/SBIRS 发现敌方发射的导弹，进行导弹来袭报警→升级的早期预警雷达站跟踪导弹→X 波段雷达站利用先进的信号处理技术更加精确地跟踪导弹→作战管理/指挥、控制与通信系统做出战斗决定→陆基拦截器选择目标→拦截器进行拦截→收集数据确信拦截成功。④ 美、俄等国都在利用现有的反导防御技术，积极发展外层空间多样预警技术，尤其是空间态势感知系统，包括地基空间目标监视与识别系统、天基空间目标监视与识别系统和空间环境监测和预报系统。2009 年 3 月，美国陆军航天导弹防御司令部、陆军战略司令部与波音公司共同启动合作开发计划，以论证集成航天和导弹防御（IAMD）与空间态势感知概念，利用并融合多种不同的传感器数据。⑤ 此外，美国列入联合作战科学技术的天基红外系统（SBIRS）是目

---

① 金伟新：《战略导弹反制 NMD 效能分析模型与反制对策研究》，《系统工程理论与实践》2002 年第 11 期。
② ［美］安德鲁·M. 赛斯勒等：《NMD 与反制 NMD》（原名：《反制措施》），卢胜利、米建军译，国防大学出版社 2001 年版，第 5 页。
③ 杨俊欣：《令人担忧的空间军备竞赛》，中国公众科技网—国防与科技，http://210.14.113.18/gate/big5/arm.cpst.net.cn/gfbk/2010_09/285755840.html，2010 年 9 月 29 日。
④ 陈超、张剑云、刘春生、游志刚：《美国国家导弹防御系统发展分析》，《雷达与电子战》2007 年第 2 期。
⑤ 《波音与美军合作从事外空态势感知工作》，全球安全网，http://www.globalsecurity.org/space/world/china/index.html，2008 年 3 月 15 日。

前世界上规模最大、耗资最多、技术最先进的战略导弹预警系统，可从主动段、自由段到再入段对弹道导弹进行跟踪，在美国正在发展的国家导弹防御系统中占有非常重要的地位，可以满足21世纪对战略、战术导弹预警的需要。[①] 美国国防部正在安排空间部署极高频通信卫星（AEHF）和"天基红外高轨系统"（SBIRS-high）[②]，截至2014年4月，SBIRS-high系统共两颗高椭圆轨道飞行器（HEO-1，HEO-2）和两颗卫星（GEO-1，GEO-2）处在运行状态，主要服务于美军弹道导弹早期检测，以及核爆炸的检测。[③] 作为回应，俄罗斯在2009年7月，将三颗"宇宙"系列军用卫星送入轨道，新卫星是俄罗斯OKo（眼睛）轨道导弹预警网络的一部分。而法国也在2009年2月成功发射了两颗"螺旋"（Spirale）导弹预警卫星。这成为欧洲自主天基预警系统的第一步，为未来法国获取国防预警系统奠定了基础。[④]

（二）C-PGS惩罚性威慑与危机稳定性

在外层空间安全领域，如果外层空间威慑体系或两用空间设施即使在两个国家的关系因为冲突而陷入危机，也不会直接导致外层空间对抗，那么，任何一方不大可能向对手发动先发制人的空间打击，也不担心对手会发动这种空间打击，这样的状态可称作危机稳定性很高。反之，则是危机稳定性低。由此不难理解，尽管没有任何国际条约或法律条例明文禁止在地球轨道或外层空间其他天体和轨道上部署对地球上、大气层或外层空间目标进行打击的非核类军事系统或武器，但每个国家都特别小心地避开自外层空间直接打击地面目标的武器，因为开发这类

[①] 中国科学院国家科学图书馆：《天基预警有效载荷技术综述》，《科学研究动态监测快报——空间光电科技专辑》2008年第6期。

[②] William J. Lynn, III, "A Military Strategy for the New Space Environment," *The Washington Quarterly*, Summer 2011, 34: 3, pp. 14.

[③] Budget Busters: The USA's SBIRS-High Missile Warning Satellites, Defense Industry Daily, June 26. 2014, http://www.defenseindustrydaily.com/cat/projects/project-management/feed/.

[④] 黎弘、滕建群、武天富等：《2010：国际军备控制与裁军》，世界知识出版社2010年版，第197—205页。

第三章　增强外层空间威慑能力　控制体系暴力

武器，很可能会降低危机稳定性。现今，以美国全球快速打击系统（C–PGS）为代表的这类空间系统的开发，由于其技术本身的军民两用性以及外层空间居高临下的战略地位，如此快速的飞行器系统的出现，极大地降低了外层空间的危机稳定性。如果说冷战后美国大张旗鼓地发展以国家导弹防御系统（NMD）和地区导弹防御系统（TMD）组成的导弹防御系统（BMD）还打着"防御性武器"的幌子作为"遮羞布"的话，那么，美国的全球快速打击系统的研发则是典型的进攻性外层空间武器。虽然，美国有关方面一再强调，发展全球快速打击系统主要是用于惩罚性威慑，但由于其强大的先发制人能力，极易引发对方的恐慌，迫使对手为了转弱为强而事先动手，导致危机稳定性下降。

美军发展全球快速打击系统，在本质上是塑造其全维军事能力。从"猎鹰"到"冲浪者"，再到空天飞机现身，表明世界军事技术正在进入一个跨越式进步的爆发期。但发展全球快速打击系统将使世界变得更加不安全。事实上，美国过于谋求常规打击优势，将迫使其他国家进一步谋求"核平衡手段"，进而导致世界局势更加不稳定。[①] 亨利·基辛格曾说："一个国家寻求绝对安全的做法对其他国家来说意味着绝对不安全。"美国的这种绝对安全，必然导致其他方处于安全劣势中。为了获得同样的安全感，各方必然要强化自身的军事实力。[②] 俄罗斯在高超音速技术领域一直处于世界领先地位，早已拥有闻名世界的"白蛉""宝石"等多种以冲压发动机推进的先进导弹，它们为高超音速技术发展奠定了坚实的基础。目前，俄罗斯高超音速新技术已进入飞行验证阶段，正在规划更接近实际的发展布局。此外，俄罗斯还在研制"新一代发射技术"高超音速试验飞行器，将采用氢燃料超燃冲压发动机，可达 6—14 马赫。[③] 面对国际空天飞行器快速发展的新格

[①] 罗山爱：《美国推进多款先进武器　即时全球打击日渐成形》，《新京报》2010 年 6 月 2 日。
[②] 余永胜：《美国空天飞机将挑起太空军备竞赛》，中评社北京 2010 年 4 月 30 日电。
[③] 柴晓东、王华胜、周新红：《高超音速作战平台挑战现有联合作战体系》，中国军网—解放军报，2011 年 8 月 4 日。

局，俄罗斯加快发展一种小型、机动性强、可重复使用的新型空天飞机，以应对美X-37B轨道验证机。2011年3月5日，美国空军从位于佛罗里达卡纳维拉尔角的肯尼迪航天中心成功发射了第二架X-37B空天飞机；紧步其后尘，5月26日，英国最新型空天飞机"云霄塔"通过概念设计和重要的技术评审；法国、德国、日本、印度等也先后推出各自的航天飞行器计划。[①] 因此，国际社会担忧空天飞行器如此发展正在使外层空间竞技格局发生危险的变化。

全球快速打击计划所面临的最现实、最受质疑的问题，就是可能由于"核误判"而引发意外核战争，许多分析家担心俄罗斯等国家可能会将全球快速打击武器误判为战略核武器。[②] 美国的X-37B是轨道武器[③]的一种，是21世纪空间攻防对抗、全面夺取制天权的不可或缺的武器装备。其特点首先是反应速度快，短时间内就可抵达地球上任何一个地方执行作战任务，满足全球作战的需要；其次是生存能力强，可在任何防空火力范围之外飞行；再次是作战用途广泛，不仅可用作全球打击和空间激光反弹道导弹的平台，而且还可用作部署空间卫星和在全球范围内快速运送军事物资的平台；最后是使用灵活，由于空间飞行器在大气层外飞行，在目前国际社会对空间的界定尚未确定的情况下，不存在侵犯别国领空的问题。[④] 美国全球快速打击系统的快速打击能力进一步诱使其安全决策者认为，最好以先下手为强，全副武装地抢占外层空间。反过来，他国应对美国的全球快速打击系统的手段之一是打其弱点的非对称性和平反制战略。由此可知，美国全球快速打击系统使从纯粹的技术问题升级为战争的可能性逐渐升高，毕竟在茫茫外层空间中，任何一方都很难把有预谋的行动与"意外事故"区别开来。

任何现代的武器系统都离不开电子器件，空天飞机等高速飞行器

---

① 可参见维基百科词条Spaceplane, http://en.wikipedia.org/wiki/Spaceplane.
② 方勇：《美国推进快速全球打击计划》，《新时代国防》2010年第8期。
③ 国内有关学者曾将轨道武器定义为：由运载工具发射到各种空间轨道上，对空间或地球上的目标进行攻击的武器，包括天基平台和飞船、空间飞机或空天飞机等。
④ 童雄辉、才满瑞、齐艳丽、陈允宗：《美俄空间攻防武器装备的发展趋势》，《导弹与航天运载技术》2004年第6期。

更不例外。尤其是高度依赖这些电子器件和为其提供飞行预警的指挥控制系统，一旦这些信息系统失灵，空天飞机等就会变成"无头苍蝇"。利用空中的、地面的或者将来布设于外层空间的激光、微波、离子束武器，完全可以有效地干扰、摧毁空天飞机和高超音速巡航导弹的飞行环境，甚至直接摧毁空天飞机和高超音速弹道导弹本身。这样，美国全球快速打击系统由于更易诱发破坏其电子系统的第一次打击而降低外层空间危机稳定性，因此，爆发外层空间冲突和战争的风险也将随之大幅增加。全球快速打击系统使得美国在外层空间安全领域形成对他国的明显优势，这一方面极易诱发有野心的安全决策者为了单方面的利益，轻率地以先发制人的方式发动第一次打击。另一方面，一旦有国家觉得自己被对手甩在后面，为防止在未来冲突中陷入被动，因此在危机到来时，就会想到先发制人，在形势恶化之前发动攻击。两者相加，在竞赛中占据上风的一方，会有先发制人的念头，趁对方还未赶上自己时实施打击，同样处于下风的一方为以防不测，也会有先发制人的念头，趁对方还未准备防范时实施打击。一些人士可能会认为，美国当前加紧发展全球快速打击系统，是通过确保美国在外层空间战中的进攻能力，以起到威慑预防的作用。但必须看到，美国全球快速打击系统作为一种咄咄逼人的进攻性武器，一旦破坏了均势，其他国家的理性反应必然是导致各国竞相卷入外层空间冲突这一非理性结果。美国加速发展、部署全球快速打击系统，目前美国X-37B空天飞行器试飞成功等事件突出地显示，世界各国正徘徊在十字路口，亟须做出抉择。防止全球快速打击系统的试验及使用，与各国自身安全利益息息相关。[①] 因此，外层空间军备控制应尽快禁止任何国家发展、部署全球快速打击系统，防止降低危机稳定性。

（三）A–SAT惩罚性威慑与首攻稳定性

首攻稳定性是格莱恩·肯特和戴维·泰勒于1989年提出的概念，

[①] ［美］特蕾莎·希钦斯（Theresa Hitchens）：《太空武器和太空战争》，郭凯声译，《环球科学》2008年第4期。

可以把其理解为危机稳定性的一个特例。如果说危机稳定性是指两个国家因为冲突而陷入危机，它们也不太愿意向对手发动先发制人的打击的状态，那么，首攻稳定性是指"考虑某些特定危机中的心理因素，首攻稳定性侧重双方的部队态势和能力与弱点之间的平衡，如果对抗发生，这些因素会让危机变得不稳定"[1]。即首攻稳定性作为危机稳定性的一种特殊情况，是考虑双方特定心态下是否发动首先攻击的情况。

在空间领域和核领域中的首攻稳定性之间存在一些相似的东西。第一，空间系统对地面作战能力提供的重要支持给潜在对手造成了极大威胁。同时，卫星对拥有攻击能力的敌人没有什么防御能力。因此，空间与核领域一样，在出现战争可能性的情况下，双方都会趋于首先发动进攻。第二，空间威慑失效虽然不会立即带来灾难性后果，但考虑到轨道设施上的巨大投入和受空间系统支持的许多安全与经济职能，其后果也是非常严重的。第三，像核威慑失效一样，空间战也会给其他国家造成影响，因为目前全球经济彼此依赖，而且许多空间系统属于多国拥有。如果针对卫星进行动能攻击，会在重要的空间轨道上留下大量碎片。第四，两者之间还有一个共同点就是都有一个失效临界点，如果超越这个界限将会招致报复、后续攻击和快速升级。[2]

反卫星武器主要也是作为一种惩罚性威慑手段，但它极易引起潜在对手的恐慌，有可能提高对敌方的威慑能力，但也可能为潜在对手创造动因，使其以更加危险的方式行事。另外，反卫星武器攻击所导致的信息中断将使战争迅速升级。对于一个军事指挥官而言，如果不知道发生了什么，除了利用自己的一切武器打击一切敌对目标外，别无选择。在反卫星武器部署后，空间意外事件很可能会引发核战争。

---

[1] Forrest E. Morgan, "Deterrence and First-Strike Stability in Space: A Preliminary Assessment," RAND, 2010, pp. 4–59.

[2] Ibid.

第三章 增强外层空间威慑能力 控制体系暴力

迄今为止，空间预警系统既是预防敌方战略导弹突袭的主要手段，也承担着防止核攻击误判的功能。破坏敌方的空间预警系统是达成突然性、获取核进攻作战胜利的关键，广泛被认为是核战争的前奏。预警卫星结构复杂，又处于恶劣的空间环境中，可能会因各种原因而失效。现有的技术水平还不能区分卫星失效是由故障、碎片撞击还是由蓄意攻击造成的。因此，在反卫星武器部署后，首攻稳定性会下降，危机期间的意外事件很可能会引发核战争。

在现有系统基础上发展地基反卫星武器，许多国家的外层空间攻击能力主要隐藏在现有的导弹防御和外层空间快速响应计划中，利用现有计划，这些国家发展了庞大的反卫星等外层空间进攻潜力。美国与卫星和航天器密切相关的导弹防御系统就是名为防御性实有进攻性的双重武器系统，包括陆基、海基、空基、天基的卫星攻击系统。以NMD为例，它是由陆基中程导弹防御系统、舰基"宙斯盾"战区导弹防御系统、机载激光反导弹系统组成的，每一种都跟天基导弹防御系统一样，其拦截器均有主动反卫星能力。再如，美国2005年的"深度撞击"彗星，是打着科学探索旗号而进行的外层空间打击能力测试，也可用于攻击人造卫星，将其撞击毁损或使其偏离轨道而丧失功能。[1] 如美国2008年曾借口失效间谍卫星"美国193"即将坠落地球，上面载有超过1000磅的有毒推进燃料联氨，为避免剧毒燃料造成危害，美国时任总统布什下令美军装有"神盾型"导弹系统的巡洋舰"伊利湖"号发射一枚经改良的标准3型舰对空导弹，摧毁了该卫星，但国际社会相关专家指出，美国此举更多的目的是测验美国反导系统的进攻性能力，展示美国拥有反导弹的军事力量。[2] 美国的实践被认为是企图在外层空间建立霸权，遭到其他国家的反对。

---

[1] NASA Declares End to Deep Impact Comet Mission, National Geographic, September 20. 2013, http://news.nationalgeographic.com/news/2013/09/130920-deep-impact-ends-comet-mission-nasa-jpl/.

[2] 《美导弹射卫星存双重标准》，香港《文汇报》综合外电/新华社/《纽约时报》/《芝加哥每日论坛报》/《泰晤士报》/美国有线新闻网络/《西雅图时报》2008年2月16日报道。

此外，美国还有多个发展反卫星载具的方案，包括地基拦截弹、未使用过的以前的洲际弹道导弹的火箭、卫星发射火箭和"天马"空射火箭，以及"战区高空区域防御"反导系统，这些系统都具备改装为反卫星武器的技术潜力，配合正在开发的外层空间监视系统，可以在短时间内组成反卫星进攻系统。① 此外，地基定向能武器包括激光武器、高功率微波等，它们能使近地轨道的卫星致盲或部分失效。天基定向能武器，如美国战略司令部正研制"激光扫帚"计划，这种"激光扫帚"利用激光脉冲锁定外层空间垃圾，也可以清除、致盲卫星等航天器。② 还有一种就是共轨反卫星武器，如目前美国进展最快的"高轨道微小卫星试验"（MiTEx）计划，演示了高轨道机动/追踪、接近观测/检查、绕飞伴飞技术的可行性，这实际上检验了攻击地球同步轨道上卫星的能力。③ 反卫星武器的发展必将导致航天大国的连锁反应，进而引发空间对抗，使空间系统更加不安全。任何能够实时覆盖全球的卫星系统都需要大量的卫星来保证，至少需有一颗卫星在合适的位置上，具体的卫星数目取决于轨道的高度和武器的射程范围，但是为了对目标进行实时攻击还需要数十颗卫星。如要能够在30分钟内攻击地球上任何一个星座，则需要近100颗卫星。如果反应时间放宽到45分钟，大约仍然需要50颗卫星。与之相对应，任何能够发射卫星的国家都具有攻击天基拦截器以使得整个星座产生漏洞的技术能力。虽然一个国家在发射卫星上天之前需要攻击防御系统，会增加发射卫星上天的成本，但是并不能够阻止这个国家发射卫星的能力。因此，一个国家虽然可以使用天基武器增加其他国家进入外层空间的费用，但是不能使用这些武器阻止这些国家进入外层空间。④ 试图在外层空间

---

① 《卫星保护是外空新竞赛》，《简氏防务周刊》2009年10月28日。
② 黎弘、滕建群、武天富等：《2010：国际军备控制与裁军》，世界知识出版社2010年版，第197—205页。
③ 《卫星保护是外空新竞赛》，《简氏防务周刊》2009年10月28日。
④ David Wright, Laura Grego and Lisbeth Gronlund, Space Security Physics, Reference Book, Massachusetts, Cambridge: The American Academy of Arts and Sciences, 2005, p. 11, http://www.amacad.org/projects/science.aspx.

配置覆盖全球的天基导弹防御拦截器，控制外层空间的国家不但由于天基导弹防御系统的弱点而使得它在阻止其他国家配备卫星上无能为力，反而极易让外层空间首攻稳定性受到削弱。

外层空间首攻稳定性下降极易触发的军事冲突一定会带来灾难性的后果。一旦战争或武装冲突爆发，外层空间那些投资巨大、涉及多方利益的设施应如何定性？如何保护？都是需要面对和解决的实际问题。外层空间对军事、政治、经济所呈现出的无比重要的价值，使各国围绕空间资源展开的争夺愈演愈烈。战争双方无论谁获得胜利，都不能对外层空间行使主权。① 例如，如果在将来的武装冲突中向敌人的卫星发射大量反卫星武器，那么它在摧毁敌方的卫星系统，致使其军队、飞机以及核军舰等陷入瘫痪的同时，也会对整个国际社会及其正常运转产生窒息性的影响。由于卫星被摧毁，民用航空和通信可能会中断，手机会无法使用，银行里的自动柜员机也无法使用，等等，全球经济体系很有可能因此崩溃。② 另外，摧毁敌方卫星系统所产生的空间碎片，会使外层空间在未来数十年里受到污染，从而无法使用。

不管谁发起这场战争以及战争中谁的卫星被摧毁掉，只要战争卷入了几百颗卫星和拦截器，结果都是一样的：所有低轨道卫星最终都会被摧毁，低轨道上不再能部署新的卫星或者允许卫星穿过。最后的结果是，任何国家都不可能成为外层空间战的胜利者。这是因为在碎片完全消失前的至少几十年里任何国家都不能向外层空间发射卫星。这样的情形对整个国际社会都是一个灾难。③

---

① 张明、李锁库：《空间信息作战与国际空间法》，《装备指挥技术学院学报》2003年第2期。
② 朱文奇：《国际法与外空军事化问题研究》，《领导者》2008年6月号，总第22期。
③ 李彬：《军备控制理论与分析》，国防工业出版社2006年版，第128页。

空间碎片还可能坠入大气层，对地面人员、财产等构成威胁。此外，空间碎片还能形成光污染和电磁污染，妨碍地球上的天文观测。[①] 另外，外层空间首攻稳定性降低将鼓励对空间不依赖的有核国家发展高空核爆等初级反卫星武器，由此可能对整个空间环境带来灾难性的影响。[②]

三 增强外层空间战略稳定性的可行路径

外层空间威慑体系的新进展显示出外层空间威慑与核威慑的分离，[③] 甚至呈现出独立威慑不断加强的态势。国家战略威慑体系作为维护大国安全的"护身符""杀手锏"，主要用于战略威慑，即慑止对方对自己的进攻。各大国不断强化的外层空间威慑体系的核心组成部分所具有的杀伤能力愈来愈强大，如外层空间动能武器会导致空间碎片的增加，而空间碎片碰撞的级联效应则会阻止任何国家再次进入外层空间。因此，它主要用于战略威慑，用于实战的可能性微乎其微。一个国家在使用战略武器方面表现出轻率的态度，有时甚至会伤害其大国地位。因此，维护各大国日益独立的外层空间威慑体系之间的战略稳定性事关外层空间安全体系暴力的有效收拢与控制，也是我国维护外层空间战略安全与合法权益的必然选择。

（一）完善中国特色军民融合式国家战略威慑体系

威慑是"国家或政治集团为达到一定的政治目的，以威胁使用或使用军事力量来影响对手的战略判断，使其感到因难以实现预期目标或得不偿失而放弃敌对行动，从而达成一定政治目的的战略行动"[④]。

---

① 参考刘戟锋教授主持的"我国XXXX政策研究"，2008年中国科协重大调研课题。
② 中国国际战略学会军控与裁军研究中心：《国际军控与裁军形势分析及展望》，《求是》2008年第19期。
③ 何奇松：《脆弱的高边疆：后冷战时代美国太空威慑的战略困境》，《中国社会科学》2012年第4期。
④ 军事科学院军事战略研究部编著：《战略学》，军事科学出版社2013年版，第134页。

第三章 增强外层空间威慑能力 控制体系暴力

对于大国而言，维护自身安全最重要也是最终的倚靠是其国家战略威慑体系。在冷战时期，大国战略威慑体系主要表现为装载核弹头的战略轰炸机、核潜艇和带核弹头的陆基洲际导弹。冷战后，以美、俄为代表的大国在继续削减核武器数量的同时，充分利用现代科学技术发展的成就，提升武器的技术含量，将信息技术、空间技术与核技术结合起来，极力打造捍卫自身安全的新的"三位一体"国家战略威慑体系，从而试图逐步减少对核武器的过分依赖，增强其战略威慑反应的灵活性。

我国作为一个社会主义的大国，同时，又是世界上最大的发展中国家，为了捍卫自身的国家安全，同时促进国际层面的战略稳定性，应根据新军事变革的内在要求，打造和完善中国特色军民融合式国家战略威慑体系。"威慑不是通过友好协商、互谅互让的方式体现政治意志，而是向对方传递可能暴力的危险性、紧迫性和现实性。这种可能的暴力必须建立在相应实力基础之上，否则很难让对方相信。"[①] 因此，在禁核不禁天的当下，大力推进军民融合式航天事业发展，是维护我国外层空间战略安全和合法权益的最佳途径。据此，我国应加快建设核常兼备的国家战略威慑体系，铸造这样一个继承与创新结合的国家战略威慑体系，我国新型战略武器主要包括新型战略核武器、（非核的）常规拒止战略武器、反导防御武器和一体化、网络化的战略信息系统四类。

为此，我国应加快抢占外层空间这个战略制高点，大力发展军民融合式航天事业，特别是加快我国航天专项工程重点进度和体系完善。作为一个发展中的大国，在未来相当长的历史时期里，我国的综合国力，尤其是国防实力还很难与强敌抗衡，为此必须贯彻"非对称"发展战略，瞄准强敌安全体系的薄弱环节，通过发展有效而可行的战略威慑手段，遏止战争爆发，控制战争升级。

[①] 军事科学院军事战略研究部编著：《战略学》，军事科学出版社2013年版，第135页。

应以具备保障空间自由利用和高效完成战略预警、战略侦察任务能力为核心,加快提升外层空间信息支援能力、信息防御能力和信息控制能力,增强自身抗打击、抗干扰、抗毁伤能力,不断提高维护国家空间安全能力,有效遏制和慑止敌人对我进行空间威慑和攻击的企图。[1]

我国发展空间安全技术和力量,使得我们可以直接威胁或打击敌方信息系统的核心节点,有效削弱敌方防御体系,不仅可以提高和增强我国现有战略核威慑的有效性,还可以发展形成新的空间威慑能力。国家中长期科学和技术发展规划已经提出了载人航天工程和月球探测工程、高分辨率对地观测系统和"北斗"导航定位系统、新一代大型运载火箭工程等航天重大工程项目[2],在未来一个时期里,落实国家规划,重点抓好这些大项目,是我国航天事业的神圣使命。载人航天特别是拥有完全自主知识产权的空间站的建立,不但可以为和平开发与利用中的科学试验提供不可或缺的重要平台,而且可为应变不测提供必要的战略指挥所。为此,我国载人航天在实现航天员出舱活动的基础上,进行航天器交会对接试验,并开展具有一定应用规模的短期有人照料、长期在轨自主飞行的空间站的研制和部署。我国月球探测工程38万公里的精确遥控调度能力,本身就是一种巨大的威慑能力。当前,我国应继续突破月球探测基本技术,继续研制和发射"嫦娥"系列月球探测卫星,推进绕月探测,深入进行月球科学探测和月球资源探测的研究,适时开展载人登月工程的各项工作。

与此同时,我国应加快天基红外系统的论证建设,初步建立空间监测预警体系。天基红外系统既是我国导弹预警能力的核心标

---

[1] 军事科学院军事战略研究部编著:《战略学》,军事科学出版社2013年版,第148页。

[2] 即"221工程",包括载人航天工程和月球探测工程、高分辨率对地观测系统和"北斗"导航定位系统、新一代大型运载火箭工程等。

志，又是空间态势感知能力的重要组成部分。为此，应全盘考虑发展低轨卫星计划、高轨卫星计划、静止轨道卫星计划和中继地面站、联合地面站等地面各项配套设施，形成一个由多个空间卫星系统和地面设施组成的综合系统。高轨道卫星应适量增加地球同步轨道卫星，同时，有计划地部署大椭圆轨道卫星，尤其是63.4°倾角的顺行轨道卫星。在高纬度应用中避免近地点/远地点转动现象的大椭圆顺行轨道是一个轨道面，大椭圆轨道卫星的远地点处于北半球上空，可长期观测北半球的情况，能够探测从北极区域的潜艇上发射的弹道导弹，对于预警对手第一次打击尤为重要，而且在与赤道平面成63.4°倾角的顺行轨道平面最佳高度上部署这种卫星的轨道资源，在一定技术条件下，也如地球静止轨道一样，是相对有限的资源。

我国军民融合式航天事业的重点发展，应在加强统一领导下，集中全国空间科技力量，大力协同，精心组织，在确保航天重大工程项目实现的同时，还应围绕这些项目的实施，带动空间技术的全面发展：一是建立健全"空间能力快速生成机制"，逐步实现全方位、大纵深、立体化，由过去单一的实验性探索开发模式，向综合开发模式转变，充分发挥我国空间探索成果在国家安全和经济社会发展方面提供信息支持、资源保障、科技牵引、战略威慑等重要作用。二是注重整体筹划，以信息为主导，把体系建设放在优先地位，按照成体系规划、成体系建设、成体系试验交付的要求，处理好主要装备与综合保障装备同步发展的关系，确保空间装备体系建设的整体推进。从现有技术水平和工业基础出发，充分利用国内的材料、技术和产品，按照系统工程的科学方法和严密的质量保证体系，进行系统集成。三是争取长远战略的主动性，从国家建设大局出发，结合我国实际采取相应对策，努力将我国自行研制的各类应用卫星直接应用于国家安全和经济社会发展领域，促进空间技术进步和系统升级换代，增强国家战略威慑体系的整体能力。

威慑力量是实施威慑的客观基础。没有实实在在的战略威慑力量做支柱,战略威慑就不可能收到预期的效果,甚至可能陷入被动的境地。威慑力量越强,威慑行动成功的可能性就越大。[①]

现实地说,战略武器主要是为了防御而不是为了进攻。以战略武器为代表的战略威慑体系是当今大国地位的重要标志之一。在这种情况下,大国地位不仅来自于战略武器的威力,更主要地来源于战略武器所代表的一个国家的技术能力、经济实力,以及组织这种大科研的能力等。因此,战略武器所象征的大国地位与使用战略武器并不明显挂钩。因此,建立大国地位并不需要真正使用战略武器。在维护大国安全的战略威慑过程中,它可以通过国家间军备控制,进一步减小对方大国先发制人而使用战略武器的冲动,以真正确保大国之间的战略稳定性。

(二)维护大国外层空间、反导和核武系统的互动稳定

如何通过保持空间大国威慑体系的战略稳定性来约束乃至减少空间暴力的使用,从外层空间安全体系的现实来看,维护空间主体间的外层空间、反导和核武系统的互动稳定尤为关键。

一是我国应通过各种渠道与美国沟通,应力争使美国认识到,谋求外层空间权力固然是美国的国家利益,但外层空间安全问题则是更现实、更亟待维护的利益,防(核/导弹)扩散更是与外层空间安全紧密相连的。确实,"实现人类和平相处的最关键条件是设计并建立某种可能机制以有效垄断和控制暴力的使用,至少通过合法性程序约束乃至减少暴力的使用"[②]。美国、俄罗斯虽然在核裁军方面达成了新的共识,但是,美、俄双方在进攻性战略武器与防御性战略武器挂

[①] 军事科学院军事战略研究部编著:《战略学》,军事科学出版社2013年版,第135页。

[②] 董青岭:《复合建构主义——进化冲突与进化合作》,时事出版社2012年版,第127页。

第三章 增强外层空间威慑能力 控制体系暴力

钩问题上的分歧至今没有解决。针对俄方将反导系统与核裁军挂钩的问题，美方尽管承认两者之间存在联系，但不想以法律形式强调这种联系。特别是，反导系统与核裁军挂钩曾是美、俄一再推迟签署新的核裁军条约的主要分歧。[1] 尤为值得注意的是，就在美、俄新的核裁军条约谈判即将完成的时刻，美国反而加强了它在欧洲的导弹防御系统的部署。[2] 2010年2月，在葡萄牙里斯本召开的第六届导弹防御国际会议上，美国明确提出将针对区域性的弹道导弹发展所产生的威胁而进一步强化其防御计划。[3] 由于美国的弹道导弹防御系统将直接削弱中、俄等大国的战略威慑力，俄罗斯空军前总司令就公开呼吁组建新的"空间防御体系"来应对挑战。显然，美国挑起的外层空间军备竞赛给全世界带来了新的紧迫感和不安全感。[4] 外层空间、导弹防御系统和核武器这三个议题密不可分。[5] 因为科技的突破使某一方发展针对进攻性核武器的导弹防御系统，并把相关系统部署在外层空间，其他国家为了反制而可能大量扩充进攻性核武器，或发展导弹防御系统，这必然会影响相关国家间的互动稳定关系。

美国以防止远程弹道导弹，特别是携带核弹头的远程弹道导弹威胁为借口大力发展所谓的弹道导弹防御系统。由于空间技术的特点，美国BMD严重破坏了外层空间军备竞赛的稳定性。

> 美国正在开发的国家导弹防御系统不仅无法抵御来自新兴导弹国家有限的弹道导弹攻击，而且它的部署还会增加来自俄罗斯

---

[1] 卢敬利：《俄美外长为签署核裁军条约铺路》，新华网，2010年3月20日，http：//news.xinhuanet.com/world/2010-03/20/content_13209670.htm。

[2] Frank A. Rose, "Challenges in Europe: Remarks at the 6th International Conference on Missile Defense," http：//www.state.gov/t/vci/rls/137991.htm.

[3] 李滨：《国际裁军实践中的外空非武器化问题分析》，《国际观察》2010年第5期。

[4] 杨俊欣：《令人担忧的空间军备竞赛》，中国公众科技网—国防与科技，http：//210.14.113.18/gate/big5/arm.cpst.net.cn/gfbk/2010_09/285755840.html，2010年9月29日。

[5] 丁树范：《中美关于太空、导弹防卫与核武政策争议之研究》，《中国大陆研究》2010年第53卷第1期。

和中国的核打击危险,并阻碍它们在远程弹道导弹及大规模杀伤性武器扩散控制方面进行国际合作。①

美国积极推进其导弹防御系统所带来的军备竞赛,将是全方位的军备竞赛,包括核武器及其运载工具的改进和升级。外层空间、导弹防御系统和核武器三个议题紧密相连,任何一方发展针对进攻性核武器的导弹防御系统,势必会影响相关国家间的互动稳定关系。② 防止外层空间军备竞赛,包括禁止外层空间武器和禁止损害战略稳定的反导武器系统是关键中的关键。正是这方面的严重事态阻止了核裁军进程,正在破坏防止核扩散的基础。③"随着《反导条约》变为废纸,发展导弹防御系统已不受约束,一国拥有的'盾'不断增加,势必刺激他国发展'矛'的热情。"④

二是我国应针对外层空间严重失衡的物质权力结构,联合俄罗斯等相关空间战略力量,形成维护外层空间战略安全方面的多元领导,抑制外层空间霸权威胁。由于外层空间环境安全的外在限制和内部空间主体间战略稳定性的形成,外层空间安全体系中的暴力使用得到有效约束和控制,有助于外空战略安全与合法权益的切实维护,这是一个非充分但必要的前提条件。"我们所依赖的外层空间正因为空间碎片变得越来越拥堵……空间能力的全球联系性和内部关联性,以及世界各国对外层空间依存度的不断提升,意味着外层空间中不负责任的行为将会为所有人带来恶果。"⑤ 国际社会有必要通力合作,共同减少外层空间中的垃圾,同时利用现有的资源建立起国际性的外层空间

---

① [美]安德鲁·M.赛斯勒等:《NMD与反制NMD》(原名:《反制措施》),卢胜利、米建军译,国防大学出版社2001年版,第5页。
② 丁树范:《中美关于太空、导弹防卫与核武政策争议之研究》,《中国大陆研究》2010年第53卷第1期。
③ 同上。
④ 黎弘:《复杂多元化的全球核安全环境》,《和平与发展》2010年第3期。
⑤ Frank A. Rose, "State's Rose on Security of Space Environment," June 10, 2014, Geneva. http://iipdigital.usembassy.gov/st/english/texttrans/2014/06/20140610301045.html?CP.rss=true#axzz36Tld8DuR.

安全警戒系统。① 基于此，国际社会应当重视空间环境安全问题。当前国际社会较为关注的外层空间环境安全问题主要集中在空间碎片和外层空间核动力源问题上，这两大问题已成为联合国和平利用外层空间委员会最近数年来讨论的固定议题。② 外层空间环境安全有利于外层空间和平利用的深化，如卫星通信、遥感以及外层空间旅游的发展等。③ "国际社会里的制度谈判如同其他社会环境中的制度谈判一样，充斥着集体行动的困境；这些困境能够并且也确实经常延缓或阻滞制度性安排协议的达成，而这些协议并非只是高尚情操的表述。"④ 要达成这种全体一致，政治领导就是一个不可回避的问题，成员越多，对强有力的政治领导的需要就越紧迫。⑤

但就目前情况看，由于技术水平上的巨大差距，美国在外层空间开发方面的优势正在不断加大，外层空间领域的国际权力结构严重失衡。在美国看来，空间力量对美国应对非传统安全问题、进行非对称性打击至关重要。例如，美国依赖卫星进行通信、收集情报、应对紧急情况、引导部队行进、进行精确打击，并有效地降低了伤亡率。⑥ 为此，美国不但拒绝承担推进外层空间军备控制的领导责任，甚至在配合自律方面，也与国际社会的期盼与意愿背道而驰，国际军备控制成长所需的权力分配结构认同很难达成。与此同时，美国不但不愿意承担外层空间国际安全合作的领导责任，反而为了追求自身的绝对安全，极力阻扰他国的国际合作。当中国与欧洲在天基对地观测项目、

---

① 毛黎：《卫星相撞事件：国际太空安全合作的转折点？》，《科技日报》2009年2月17日第2版。
② 李彬：《军备控制理论与分析》，国防工业出版社2006年版，第128页。
③ David Koplow, "International Safe Standards and the Weaponization of Space," *Space: The Next Generation-Conference Report*, 31 March-1 April 2008, Geneva: UNIDIR, p. 64.
④ [美] 萨莉·马丁、贝思·西蒙斯编：《国际制度》，黄仁伟、蔡鹏鸿等译，上海人民出版社2006年版，第8页。
⑤ Oran R. Young, "Regime Dynamics: The Rise and Fall of International Regimes," in Stephen krasner (ed.), *International Regimes*, Ithaca: Cornell University Press, 1983, pp. 100–101.
⑥ Robert G. Joseph, *Remarks on the President's National Space Policy-Assuring America's Vital Interests*, Remarks to Center for Space and Defense Forum, Jan. 11, 2007, URL.

发射探测卫星等方面进行合作时，美国以所谓存在卫星技术转让的可能性加以反对、干涉，使得中欧在"伽利略计划"上的合作成了空壳。①欧洲的"伽利略计划"包含了中国、巴西、印度、以色列等外国合作伙伴的参与，然而，美国为了防止中国在相关卫星技术领域取得突破，使其技术优势受到挑战，以存在军事技术转让为由进行干涉，使中欧关于"伽利略计划"的合作中断，"伽利略计划"因迟滞而失去市场先机，中国不得不独立进行"北斗"导航系统的研发。②由此可见，美国阻扰正是当前外层空间安全合作难以取得进展的最主要原因。由此，从现实来看，当前的政治领导很难成为有最大的空间大国——美国参加的集体领导，而只能是一种多元领导。"相比集体领导而言，多元领导是描述这种有差异的、采取主动行为进程的恰当词语。"③目前，能与美国在外层空间决一高低的国家只有俄罗斯。为维护外层空间的战略力量平衡，"中俄联手提案，对于促进国际社会凝聚在外层空间问题上的共识将会产生积极影响，得到世界大多数国家响应"④。在具体条件许可的情况下，中俄还可和欧盟或欧空局联手形成多元领导，反对外层空间霸权，维护战略稳定性。

三是我国应积极推动国际社会将防止外层空间武器化及外层空间军备竞赛纳入联合国集体安全机制，极力化解外层空间武器化和军备竞赛对外层空间安全与国际和平的紧迫威胁。弹道导弹防御系统容易导致将发展多弹头洲际导弹作为反制手段的军备竞赛。"美国建立导弹防御系统的目的是多重的，但这一系统率先在抵近俄罗斯和中国的战略地缘区部署，其指向昭然若揭，破坏了大国间业已存在的战略稳

---

① 赵海峰：《欧洲外空法律政策及其对中国与亚洲的影响》，《北京航空航天大学学报》2011 年第 1 期。
② James Andrew Lewis, "Galileo and GPS: From Competition to Cooperation," Center for Strategic and International Studies, June 2004, pp. 6 – 7.
③ [美] 罗伯特·基欧汉、约瑟夫·奈：《权力与相互依赖》，门洪华译，北京大学出版社 2002 年版，第 244 页。
④ 滕建群：《外空实力竞争与限制外空武器化》，《2009：国际军备控制与裁军报告》，世界知识出版社 2009 年版，第 138 页。

第三章　增强外层空间威慑能力　控制体系暴力

定态势。"① 美国借口要避免未来可能获得装有核、生、化武器的洲际导弹的新兴导弹国家的蓄意攻击、俄罗斯的意外、非授权或错误攻击、中国的攻击等，不断加速推进导弹防御系统的发展。2011 年 4 月 15 日，美军"宙斯盾"导弹防御系统首次借助远距离陆基雷达站搜集到的导弹轨迹数据，拦截射程超过 3000 千米的中程弹道导弹，堪称"迄今最具挑战性"的反导试验，验证了阶段性自适应法（Phased Adaptive Approach）的第一阶段效果，提高了标准 3 型（SM – 3）导弹和"宙斯盾"系统的作战半径和能力。② 美国大力发展导弹防御系统也引起了相关国家不得不进行非对称战略的反制。③ 为了反对美国政府大力推动的国家导弹防御系统，俄罗斯采取了一系列行动，积极运用最新技术试验洲际导弹——"白杨 – M"。"白杨 – M"（SS – 27）是三级固体推进剂洲际弹道导弹，在美、俄军控条约的制约下只携带一枚单核弹头，但该设计可以支持多弹头分导弹头。"白杨 – M"使用 PAD 作为一级火箭的推动装置，最小化点火时间以逃避卫星侦测，通过 GLONASS 接收器采用自动数字惯性导航，能够高空机动变轨，并采用低弹道飞行技术，可以有效防御反导系统的拦截，此外，"白杨 – M"能有效屏蔽辐射、电磁脉冲（EMP）和核爆炸冲击，并能承受激光打击，还能携带诱饵目标以最大化生存概率。该导弹可以 17400 千米/小时的速度攻击 11000 千米以内的任何目标，号称可以突破任何反导系统。④ 同时，俄军还采取一系列措施，努力提高空天侦察能力。……俄罗斯此番战略改革具有深远意义，它是俄罗斯应对 21 世纪"空间战"、确保国家战略安全，对美国部署

---

① 《美国导弹防御系统发展历程》，《人民日报》2007 年 8 月 9 日。
② Raytheon Completes SM – 3 Test Flight against Intermediate Range Ballistic Missile, Reuters, April 15, 2011, http://in.reuters.com/article/2011/04/15/idUS83628 + 15 – Apr – 2011 + PRN20110415.
③ 墨菲：《美试验高难度海上反导：拦截射程超 3000 公里导弹》，《法制晚报》2011 年 4 月 17 日。
④ Topol-M Intercontinental Ballistic Missile（ICBM），Russia, army-technology.com, http://www.army-technology.com/projects/topol-m-intercontinental-ballistic-missile-icbm/.

NMD 的重要反击。① 俄罗斯总统普京曾指出："如果没有航天部队或者空间军事力量的话，那么根本谈不上加强全球的战略稳定。"欧盟国家日益认识到，如果在军事上依赖美国，那么，"欧洲地区的事务由欧洲人解决"只能是一句空话，因此，欧盟确立了"独立自主"的外层空间安全战略。

在外层空间安全领域，充分发挥联合国这个兼具限制与建构功能的结构化施动者的作用，不仅有利于空间主体间的暴力使用得到集中性收拢和控制，而且随着联合国主导的外层空间安全合作进程的深入展开，联合国作为一种体系结构将建构成员国新的身份和利益，塑造并传播新的空间体系规范。加强联合国安理会对国际社会发展、部署、使用空间武器的监督与核查机制的建设，对于从根本上防止外层空间武器化及外层空间军备竞赛具有十分重要的意义。② 美国不但屡次否决外层空间军备控制倡议，而且积极在外层空间进行全方位的备战。③ 因此，防止外层空间武器化已是十分现实和紧迫的问题。我国不仅要呼吁美国放弃部署以反恐需要为借口的导弹防御系统，还要探索满足我国安全需要的替代性技术与机制，呼吁相关各方合作，完善外层空间物体发射登记制度、导弹和火箭发射预先通报制度、军事热线机制等，并通过发展高性能侦察监视卫星，确保其不受干扰地运行作为技术核查手段和建立信任的措施。④ 同时，我国应争取联合更多的国家推动联合国相关机构就未来国际法律文书的主要内容向联合国裁军谈判会议提出具体建议，积极与相关国家、国际组织共同研讨确保外层空间安全，防止外层空间军备竞赛的相关对策和措施。

---

① 赵秀兰、刘汉宗：《美、俄的太空战准备》，《现代防御技术》2004 年第 1 期。
② 李寿平：《外空的军事化利用及其法律规制》，《法商研究》2007 年第 3 期。
③ 滕建群：《外空实力竞争与限制外空武器化》，《2009：国际军备控制与裁军报告》，世界知识出版社 2009 年版，第 132 页。
④ 仪名海、马丽丽：《外空非军事化的意义》，《2009：国际军备控制与裁军报告》，世界知识出版社 2009 年版，第 152 页。

(三）促进外层空间国际军控的安全战略沟通与协调

外层空间军事设施所发挥的支援、保障作用能够极大地增强陆海空战场武器系统的效能，确立霸权国家压倒性的军事技术优势，而那些空间技术薄弱的国家将处于更加不利的地位。和平探索与利用外层空间，才是全人类最明智的选择。鉴于外层空间战对国家和国际安全都会构成很大威胁，而且需要克服技术、费用上的多重障碍，因此，寻求各种措施，提高战略稳定性，对于各个国家来说都是明智的选择。我国必须毫不气馁地致力于寻求多边外交和法律措施，尽快缔结禁止全球快速打击系统的国际条约，实现外层空间军备控制。

首先，我国应推动关于外层空间"和平利用"与"非军事化"界限讨论方面的战略沟通，使国际社会形成防止外层空间武器化和军备竞赛的共识。将"和平目的"理解为"非军事化"，严格限制外层空间一切军事性质的活动，有利于维护广大发展中国家的权益，维护国际公平与正义。但也应注意到，几乎所有的外层空间设施都可以直接或经改装后用于军事用途，因此，很难断定它们的发明、建造和使用是纯军事目的或纯民用目的。如果广泛地禁止一切具有军事应用前景的外层空间利用与探索活动，几乎就会扼杀外层空间探索与利用事业，同样不利于科技的进步和人类的共同利益。[①] 现有外层空间安全国际法框架对防止外层空间武器化和军备竞赛的作用有限，已引起国际社会的高度关注。中国、俄罗斯等多个国家主张，为保证《外层空间条约》的有效性，需要进一步完善它的内容，根据当前形势增加一些新的条款。

其次，我国应推动国际社会通过安全战略沟通来厘清外层空间武器化及军备竞赛与外层空间正向军事利用的边界，以促进外层空间国际军备控制走出目前踟蹰不前的困境。复合建构主义认为，只有事先合法地控制国家间暴力，各个国际关系行为体才有可能放下彼此之间

---

① 黄嘉:《外空伦理研究》，硕士学位论文，国防科学技术大学，2006年。

的成见进而产生合作意愿。① 世界各国竞相进入外层空间发展，纷纷从军事、经济以及信息的角度出发，寻求各自国家利益的拓展。但由于空间技术的双重安全功效，防止外层空间武器化和军备竞赛的军备控制与发挥空间技术在战略核查中的安全功效会出现相互冲突或矛盾的问题。坚持既旗帜鲜明地反对外层空间武器化和军备竞赛，又充分发挥外层空间正向军事利用对军控核查及国际安全的积极作用，确保大国间的战略稳定性，通过保持战略稳定性的机制来约束和控制外层空间安全体系暴力的使用。但由于空间技术往往具有鲜明的军民两用性，空间技术维护国际安全的功效与军事利用的特性并存，使得外层空间军备控制面临着外层空间军事利用与反对空间武器化、空间技术安全功效与反对外层空间军备竞赛的两难选择困境。外层空间军备控制的国际努力所面临的一个突出的现实两难困境就是对反卫星武器进行军控的条约将很有可能在执行过程中反过来起到保护那些有助于地球上军备竞赛的卫星的作用。针对此，我国应积极推动国际社会通过加强安全战略沟通，厘清外层空间武器化及军备竞赛与外层空间正向军事利用的合理边界。

再次，我国应推动国际社会通过安全战略沟通，加强外层空间军备控制的信息共享，以推进外层空间国际军控机制的渐进性建构。外层空间安全战略沟通能提供完全的信息从而减少不确定性。在"市场失灵"理论中，信息的不对称是最为重要的一种失灵现象。在外层空间这种因怀疑对方遵守军备控制条约的诚意而不能达成协议正是当前外层空间军备控制迟滞的重要原因之一。外层空间安全战略沟通恰恰能够提供一套行为标准来帮助各国政府评估他国的信誉，从而消除信息的不对称性。这种沟通也包括一些国际军控组织，它们不仅参与调停，而且平等地向所有成员提供一些公正的信息。这些都有助于消除不确定性，增大安全合作的机会。外层空间安全战略沟通还因其具有

---

① 董青岭：《复合建构主义——进化冲突与进化合作》，时事出版社2012年版，第183页。

第三章　增强外层空间威慑能力　控制体系暴力

规模性的特点而促使面临外层空间武器化和军备竞赛威胁的国家聚集到一起进行多边磋商和谈判，提高协商获益的效率，使行为主体在机制内比在机制外更容易达成一致。与此同时，它还能将军控领域的许多具体问题汇总起来，一并解决。这种方式比双边磋商或是就单一问题的磋商要有效得多，它可降低交易成本，使成员之间的合作机会增大。外层空间军备控制包括严格限制条约缔约国的外层空间行为，例如对卫星及其他外层空间或轨道飞行器的发射、机动进行规范，禁止对外层空间目标进行武力攻击、干扰或俘获等；限制缔约国的外层空间军事化能力，尤其是进攻能力，例如削减、禁止在外层空间进行的武器部署；由国家主动提供本国外层空间活动的信息，表明本国没有威胁其他国家的外层空间活动，由此消除其他国家的疑虑和担心。

最后，我国应针对外层空间作为全人类共同利益理念扩散加强的态势，协调好安全互动中宏—微观参量的关系，建构全新的治理观念，以此增进全人类的共同福利。空间技术的迅猛发展缩短了时间和距离，促成新的信息和通信技术的爆炸式发展，使人们能建立起更广泛的联系。在外层空间日益加强的相互依存中，"多元联系所造就的认识和观点趋同对政策的有效协调至关重要。换言之，即使冲突依旧存在，正式的规则难以确立，各社会之间关系的复杂性和联系多样化也有助于各国相互之间进行相当多的政策协调"。[1] 当各国进入外层空间开展探索与利用活动成为日益增多的人类社会实践的一部分时，外层空间相关主体的安全互动必然会引起整个国际体系中诸多参量的变化，形成多样参与外层空间安全的社会进程。[2] 由空间技术及其应用联系起来的个人、利益集团、政府机构、非政府组织等则构成了复杂增长的微观、宏—微观层面的多样化主体，而联合国及其相关机构作为全人类共同利益理念的倡导者和实践者，积极推动外层空间安

---

[1] [美] 罗伯特·基欧汉、约瑟夫·奈：《权力与相互依赖》，门洪华译，北京大学出版社 2002 年版，第 245 页。

[2] James N. Rosenau and Mary Durfee, *Thinking Theory Thoroughly: Coherent Approaches to an Incoherent World*, p. 34.

全，可视为这一领域宏观层面的主体，这些参与主体不同层次的交织作用对外层空间安全起着日益深刻和广泛的影响。这就要求人类在外层空间探索与利用中应协调好宏—微观参量的关系，即对外层空间安全的权威实现再定位，树立国家利益与全人类共同利益相协调的新观念，并最终在人类共同利益这一根本原则的指导下，建构全新的治理体系，以此增进全人类的共同福利。全球化的世界必然导致全球化的外层空间探索与利用事业。就现实而言，对传统的陆、海、空、电磁领域而言，外层空间系统已是不可或缺的嵌入性力量，是传统军事力量成为以几何级数扩充的力量倍增器。对此，我国应促使国际社会认识到外层空间系统复合相互依存的特征，只有维护外层空间威慑体系间的战略稳定性，才能真正确保外层空间资产的安全，才能保证外层空间的持久安宁和人类的长远和平。

第四章

提高外层空间信息支援能力
优化结构选择

复合建构主义认为，仅仅通过保持外层空间的战略稳定性使得体系暴力被有效控制并不足以保证空间安全合作，这只是一个必要条件而非充分条件。空间安全冲突或空间战固然起源于空间利益的争夺和暴力的不受限制，但任何物质利益的界定与争夺必然会同时受到某种观念因素的支配。"利益是由观念尤其是由政治身份所建构的。不同的政治认同会塑造不同的利益偏好。因此，仅仅防止外层空间武器化和军备竞赛而不试图去改变行为体的偏好特征，也许能够塑造暂时和平但不会缔造长期合作。"[①] 因此，通过外层空间信息支援这种属于空间军事利用但又不属于武器化的能力建设，既能加强地面常规军事行动的抗衡能力，又能促进外层空间这样的新战略空间的透明、信任加强，从而促进外层空间安全体系内成员间的相互认同，并使各外层空间主体不断接受和内化体系所一致认同的适当行为规范。外层空间信息支援是外层空间信息作战情报、通信、测绘、气象等专业职能部门利用各类航天器为外层空间战部队提供信息服务的行动。比如，利用成像侦察卫星为部队作战提供图像信息；利用各种预警卫星监视、跟踪敌方情况，并与侦察卫星相配合，为部队指挥决策和导弹的精确打击提供实时信息，等等。从目前来看，今后一段时间内外层空间作

---

① 董青岭：《复合建构主义——进化冲突与进化合作》，时事出版社 2012 年版，第 184 页。

战的主要样式，就是这种由外层空间信息系统为作战部队提供各种信息支援保障的"信息战"。在外层空间军事斗争中，除外层空间威慑外的实际军事行动，自1957年第一颗人造卫星上天至今，主要表现为外层空间信息支援。1991年海湾战争是外层空间信息支援从战略层面向战役和战术层面转变的分界点。2001年美国提出"空间控制"，外层空间信息支援进入"空间控制转型"的新阶段，"即侧重于空间优势，以维护己方力量增强能力并阻止对手在空间力量增强上取得任何进展"[1]。由此可知，外层空间系统运用于实际军事行动虽然目的和侧重点不同，但总体而言，均属于外层空间信息支援。一方面，提高外层空间信息支援能力使得外层空间军事利用广泛存在，特别是"空间"和"信息"的交融发展既给当前世界新军事变革带来了深刻影响，从而使国际安全领域形成相互牵制、相互抗衡的物质权力结构；另一方面，也有利于促进外层空间安全领域透明、信任的增进，从而为国家安全互动中增进政治认同提供了重要的技术支撑，因此，外层空间安全领域的复合结构选择呈现出良性耦合的机会。[2]

> 所谓的"结构选择"不是指单纯的物质力量约束，也不是指单纯的观念力量建构，而是指不同的观念结构（政治认同）与不同的物质结构（权力受控）之复合结构选择，行为体会基于特定权力关系与特定认同关系的流变，选择或适应不同的社会化方式，内化和遵循不同的体系规范，从而建构和加强不同的偏好取向。[3]

外层空间信息支援能力成长所推动的外层空间物质权力均衡结构

---

[1] [美]基思·波罗：《战区空间机构下一步发展：使空间控制专业化》，杨乐平、庞超伟编译：《战区空间力量集成——美军经验与设想》，国防科技大学出版社2013年版，第159页。

[2] 《太空军备竞赛实难遏止，世界经济将遭遇巨大影响》，《中国青年报》2007年2月1日，http://news.china.com/zh_cn/international。

[3] 董青岭：《复合建构主义——进化冲突与进化合作》，时事出版社2012年版，第131页。

与"空间"和"信息"交融发展的全新制权观念结构的良性耦合，为外层空间安全关系从进化冲突转向进化合作提供了难得的契机。

一 外层空间信息支援与制权观念的新变化

外层空间信息支援属于外层空间战略支援[①]的一种，是指通过天基侦察、预警、指挥、通信、导航系统，提供空间侦察、监视、预警、通信中继、导航、定位等信息支援和保障，增强国家安全互动的能力。严格地说，外层空间信息支援在国家安全互动中属于军事利用，但它不属于外层空间武器化的范畴，并不是近期外层空间军备控制的对象。外层空间信息支援"使人们具有一种观察能力。它是'上帝的眼睛'，使用这种眼力，可以看到并了解更多的信息，随后获得知识，知识是国家在世界舞台上保持相对优势的杠杆"[②]。"观念结构不仅指示和限制行为体的行为，同时也建构行为体本身及其利益。就此而言，建构主义的观念结构对国家间的身份确立和权力运行发挥着一种构成性影响（Constitutive Effects）。"[③] 外层空间的战略优势将显著地影响国家间的安全互动，外层空间信息支援在安全互动中广泛运用，使得国际安全领域的制权观念发生了巨大变化。由于夺取制信息权的安全功效明显上升，通过控制外层空间来控制信息流的安全理念正逐步取代单纯控制陆、海、空主权领域来谋求国家安全的观念。[④]

（一）外层空间信息支援成为安全互动的新方式

军事技术的变化往往会带来国际安全领域制权观念的变革。近代

[①] 外层空间战略支援主要包括外层空间信息支援和作战支援，主要是指向外层空间发射和部署军事装备、运送作战人员等。

[②] 徐海玉主编：《美军空天对抗理论与技术研究》（上册），哈尔滨工业大学出版社2002年版，第12页。

[③] 董青岭：《复合建构主义——进化冲突与进化合作》，时事出版社2012年版，第131页。

[④] 牛姗姗：《外空非军事化法律制度构建思考》，《江苏警官学院学报》2009年第24卷第6期。

航海技术的突飞猛进,致使制海权的观念取代了制陆权的观念,而航空技术的发展又使之出现了制空权的观念。海洋是工业时代世界贸易的生命线,是世界范围内自然资源和生产力配置的主要通道,也是大国炫耀实力和地位的重要战略舞台。与此相对应,外层空间已成为信息时代信息获取和传输的枢纽与生命线,是世界范围内夺取信息优势的主要领域,也是大国增强综合国力和不对称战略能力的制高点。从军事战略层次分析,外层空间系统利用独特的"高地"优势,可以全天时、全天候、全方位、近实时地获取各种战场信息,提供大范围、高精度的导航定位信息,实现大容量战场信息的实时分发,构成天地一体化战场综合信息系统的中枢和纽带,是形成一体化联合作战能力与优势的关键。冷战时期,美苏两国就以外层空间作为战略制高点,占据高度优势,而其运行轨道可覆盖地球表面的大部分范围,能够"合法"地经过或驻留在他国领土上空进行军事活动,开展了愈演愈烈的外层空间军备竞赛。[1]"外层空间早在1962年就已出现了军事实验活动,其后,又有偶尔出现的反卫星武器测试和弹道导弹防御试验。而且,在整个冷战时期,在美苏空间项目中大量的军事利用项目起着支配性的作用。"[2] 世界各国对于外层空间探索的最初推动都来自于国防部门,早期主要是军事侦察应用[3],同时作为"国家技术手段"应用于美苏战略武器军备控制的核查之中。在苏联的卫星中,军用卫星占到70%以上,分布于近至150千米的地球低轨道,远至36000千米的地球同步轨道上。它们集侦察、导弹预警、通信、导航、陆地海洋监视、军备控制核查、测量、气象预测等功能于一体,为国家安全决策

---

[1] 仅以目前在轨运行的近千颗各类卫星而言,其中用于军事目的的卫星便占有很大比例。美军对外层空间技术平台的依赖程度最高,约90%的军事通信、100%的导航定位、100%的气象信息、近90%的战略情报均来自其部署在外层空间的军事资源。一旦这些资源遭到损毁,美国的军事实力将下降80%。

[2] James Clay Moltz, The Politics of Space Security, Stanford University Press, Stanford, California, 2008, p. 22.

[3] 如冷战时美国用卫星侦察代替对苏联的U2侦察机,中东战争时直接应用卫星对埃及军队调动进行侦查等。

第四章 提高外层空间信息支援能力 优化结构选择

部门提供战略战术信息，并形成自己的军事空间系统。苏联获取的美国情报的70%来源于军用卫星。① 由远程预警雷达、精密测量雷达和光学观测设备组成的空间目标监视系统，用于探测跟踪卫星，分析处理和确定卫星的轨道以及质量、形状、功能和其他光学特征信息。②

外层空间拥有持续的全球视野，"空间系统因为处在最终高地，包围着整个地球，地表的每个角落尽收眼底，这是其他领域无可匹敌的。"③ 在信息时代，外层空间因其高、远特征，极易做到全球覆盖，因此，外层空间信息支援正在兼容、合并近距离无线蜂窝覆盖和海底光纤，将越来越多的社会群体融为一体。"拥有高地使真正意义上的全球互联成为可能。……全球互联指的是空间系统将信息在世界各地间进行传递的能力，卫星通信就是最典型的例子。"④ 航天时代紧随信息时代成为世人引以为豪的现实生活标记而日益深入人心。

在发展空间军事装备方面，自从第一颗人造地球卫星上天以来，美国已将数千颗各种用途的军用卫星送入了太空。这些卫星及由它们构成的空间网络作为美国军用信息系统的重要节点或枢纽，已在天基侦察监视、战略和战区预警、武器导航、作战指挥与控制、通信等方面为其部队的战略战术军事行动提供了强有力的支持。⑤

当地球表面相互连通的有线或无线技术已趋完善之际，"这些相对成熟的技术对于全球的军事力量而言却具有局限性和不安全性。卫星星座通过我们所熟知的太空将世界各国联系在一起形成一个全球范围的战场，体现出了信息时代所特有的魅力。信息科技通过空间系统对信息基

---

① 袁俊：《前苏联发展反卫星武器的回顾》，《现代防御技术》2000年第5期。
② 同上。
③ [美]布莱恩·弗莱迪克森：《全球性：引领空间力量理论创新之路》，杨乐平、彭望琼编译：《空间力量理论与战略研究文集》，国防科技大学出版社2013年版，第184页。
④ 同上。
⑤ 徐海玉主编：《美军空天对抗理论与技术研究》（上册），哈尔滨工业大学出版社2002年版，第1页。

· 127 ·

础设施薄弱甚至没有信息基础设施的国家（或地区）产生影响。航天与信息科技在军事领域内的结合衍生出了空间力量增强这一概念。"①

外层空间所谓制天权的争夺，"即通过占据优势或主导地位，或像夺取领土一样夺取控制，是个被误导的理念。各国在空间争夺的不是所有权，而是通行权，即保障自己的路径或给对手制造障碍。空间控制中通行的概念不仅包括通过发射从物理上进入空间，还包括电磁进入空间以满足地对天或天对天通信的需求"②。外层空间军事斗争对制权的争夺，主要是对空间通行权的争夺，在现实的技术条件下，最主要的是对制信息权的争夺。

> 将空间力量视为军事力量的一个工具，而军事力量又是为政治服务的工具。这样的空间力量理论强调的是空间与联合作战集成，航天部队是海、陆、空的从属性或支持性力量。空间战略本身不是目的，而是更广域的军事和国家战略的一部分。③

从这一观点出发，外层空间军事利用作为整个国家安全战略的重要组成部分，它是现代联合作战集成的关键，现实地讲，没有外层空间信息支援的有力支持，就没有真正意义上综合高效的联合作战。

> 目前，军用航天的目的主要是获取、生成和传输信息。军事航天力量可以提供许多全球信息服务，如通信、遥感、导航、授时、武器精确制导、天气预报和情报搜集等，这些服务大大支持了陆上、海上和空中军事作战。④

---

① ［加拿大］Wilson W. S. Wong, James Fergusson：《军事航天力量——相关问题导读》，尹志忠、方秀花、秦大国、侯妍译，国防工业出版社 2012 年版，第 47 页。
② ［美］斯科特·梅斯纳：《从海洋到空间：空间力量理论的思想渊源》，杨乐平、彭望琼编译：《空间力量理论与战略研究文集》，国防科技大学出版社 2013 年版，第 123 页。
③ 同上书，第 122 页。
④ 同上书，第 105 页。

第四章　提高外层空间信息支援能力　优化结构选择

外层空间信息支援系统的快速发展在推动现代战争向信息化发展的同时，也为安全互动新形态的出现提供了最有力的技术支撑，制权观念急遽变化。"在信息化战场上，多个在不同作战空间或领域具有相对独立作战能力的军兵种作战力量，按照统一的作战企图，以平等的关系，共同实施一种自主性较强的协同作战。"[①] 安全互动中所有攻防武器都要依靠信息来指挥和控制，因此谁取得了外层空间制信息权，谁就能取得战争的主动权。在信息化战争中，陆、海、空作战力量遂行的安全互动行动将越来越依赖于外层空间信息支援所提供的信息保障。现在美军95%的侦察情报、90%的军事通信、100%的导航定位和100%的气象信息均来自外层空间信息支援；俄军70%的战略情报和80%的军事通信依赖外层空间信息支援。正因为空间力量在争夺信息优势时具有突出作用，所以外层空间信息支援系统成为安全互动双方争夺的新焦点。[②]

在外层空间信息支援下的安全互动主要通过天基侦察、预警、指挥、通信、导航系统，提供信息支援和保障，增强地球上陆、海、空部队的作战能力[③]，以及军事外交中的优势和主动权。外层空间的各种侦察卫星、预警卫星、导航卫星和军用通信卫星等，作为现代国家安全互动过程中的耳目、神经，对空中、地面、海上甚至大洋深处的军事行动和各种场合、各种层次的外交活动产生着越来越大的影响。在20世纪90年代到21世纪初所进行的三场局部战争中，来自卫星的支援和对卫星的依赖显著增加。[④] 海湾战争是美国第一次较广泛地利用外层空间信息支援的作战，从此，美国引领的外层空间信息支援

[①] 张羽：《论联合战斗》，国防大学出版社2003年版，第26页。
[②] 胡晓峰：《太空信息战》，中国百科网—军事百科，http://www.chinabaike.com/article/96/401/2007/20070531120559.html。
[③] 熊小龙、李荣刚、由大德、张世燎：《夺取制太空权》，《飞航导弹》2005年第10期。
[④] 据不完全统计，在海湾战争期间，侦察卫星为美国和多国部队查明了伊拉克各个战略目标的位置，使其中的2000多个重点目标遭到打击。

安全互动逐步登上历史的舞台。① 外层空间信息支援系统第一次全面支援了作战行动，在战争中起到了至关重要的作用。非对称作战、精确打击、战场直播、密集导弹攻防……陆、海、空传统作战力量在外层空间信息支援系统的整合下结成了一个大的作战体系，完全改变了人类常规战争画面。② 美军在海湾战争中共投入各类卫星 100 多颗，这些卫星为联军部队提供了全面的侦察、监视、通信、预警、导航、气象等重要的作战保障（参见表 4-1）。由于掌握了制天权，在卫星的指引下，美军对伊拉克的军事目标实施了不间断的精确打击。美军在总结这场战争时认为："海湾战争证明，空间武器系统无论在战略行动还是在战术行动上，都已成为现代作战体系中不可缺少的一部分。"③

表 4-1　　　　美国在海湾战争中使用的各类军用卫星统计

种类	名称	数量/颗	种类	名称	数量/颗
成像侦察	"锁眼" KH-11	2	通信	DSCS-2	2
	"高级锁眼" KH-11	4		DSCS-3	4
	"长曲棍球"	1		Fltsatcom-5	3
导弹预警	DSP	2		Leasat-3	1
	"大酒瓶"	2		bvncom	4
	"漩涡"	1		卫星数据系统	14
电子侦察	"折叠椅"	1	气象	Block5D-2	3
				NOAA	多颗
			导航定位	GPS-2A	18
海洋监视	"白云"	12（4组）	测地	Landsat-4	2
				Landsat-5	2

资料来源：杨学军、张望新主编《优势来自空间——论空间战场与空间作战》，国防工业出版社 2006 年版，第 151 页。

---

① 李寿平：《外空的军事化利用及其法律规制》，《法商研究》2007 年第 3 期。
② 郑道光：《太空军事对抗与国家安全》，《军事学术》2002 年第 3 期。
③ 刘俊等：《美国吹响太空战号角 中国主张和平利用太空》，《国际先驱导报》2009 年 2 月 12 日。

（二）外层空间信息支援成为制信息权的新关键

外层空间作为人类社会活动拓展的宏观实体空间的最前沿，也是网络电磁虚拟空间的最佳连接点。空间技术已成为地球空间信息科学技术的核心组成部分，俗称"3S 技术"的对地遥感（Remote Sensing，RS）、地理信息系统（Geographic Information System，GIS）、定位和导航技术（Global Position System，GPS）等都与外层空间紧密相连，这些技术设施也是外层空间信息支援系统的核心构成要件。外层空间环境提供了通往地球表面任何地点的途径，是人类活动空间的制高点，支撑着地面、海上和航空空间的行动自由权。近年来，几场高技术局部战争的实践充分证明，外层空间是各种信息的策源地，夺取制外层空间权是赢得信息化战争胜利的前提条件。[1] 信息在未来战争中的地位日趋上升，获得信息以及对敌方信息系统的破坏成为交战双方争夺的焦点和决定胜负的关键。信息获取的手段正在更新和不断向外层空间延伸，外层空间的无国界及其在信息获取和传输上所具有的得天独厚的优势，势必会使其成为信息战的主战场。[2] 外层空间是国家信息系统的重要关键节点所在，几乎所有的作战系统离开天基信息平台的支撑都将瘫痪，对外层空间的控制有着特别重大的意义。[3] "幸运的是，太空武器在很大程度上受到了相关条约的控制，但是这也是一个需要持续关注的问题。在所有的其他领域，卫星已经非常显著地影响了军事行动。"[4] 当一国拥有绝对优势的空间信息能力时，就可对他国军事行为形成威慑作用。外层空间态势感知系统威慑功能的实

---

[1] 陈立群：《亚太北约化局势催促中国加快建构空天利益战略防御体系》，《战略与风险管理》2010 年第 6 期。

[2] 熊小龙、李荣刚、由大德、张世燎：《夺取制太空权》，《飞航导弹》2005 年第 10 期。

[3] 陈立群：《亚太北约化局势催促中国加快建构空天利益战略防御体系》，《战略与风险管理》2010 年第 6 期。

[4] ［美］甘斯勒：《21 世纪的国防工业》，黄朝峰、张允壮译，国防工业出版社 2013 年版，第 76 页。

质是信息优势威慑。"此时的太空威慑，就是利用太空资产的'千里眼、顺风耳'功能，及早了解对手的战略意图、军事行动等，向对手发出警告或实施精准打击，威慑各种威胁。"①

外层空间是争夺制信息权的关键，没有外层空间信息支援，就会丧失安全互动的主动权。对地观测、高精度定位服务和地理信息服务技术体系对于地面军事行动提供了重要的支援功能，它能使己方占据绝对的信息优势，将敌方置于盲目挨打的境地。"太空的优势在于，它远远高于陆地的最高点，是信息收集和快速分发的最佳位置。"②外层空间信息支援系统完成对安全信息的感知、传递、分发、处理、融合等，为陆、海、空作战行动，各种安全情报交流与合作，军事外交等提供必要的信息支援。外层空间信息支援系统主要担负信息获取、传输、处理等任务，具有陆基、海基、空基信息系统无法比拟的优势，可以不受领土与领空限制，具有全天候、全天时、全方位的作业能力。外层空间信息支援系统在军事侦察、通信、测绘、导航、定位、预警、监测和军事气象方面发挥了巨大作用。在海湾战争后的历次局部战争中，美国动用了大量卫星参与作战并发挥了重要作用。就军事侦察卫星而言，海湾战争期间有15%的军事目标由空间监视系统提供，到1998年空间系统可提供40%的目标，2000年提高到50%，2010年则达到98%。

单就外层空间信息支援对信息化战争的具体影响来看，主要表现为空天持续的情报侦察监视，为空袭作战提供可靠的目标识别和毁伤评估；卫星导航定位为空袭作战提供精确的目标定位和武器制导；空、天、地战场信息网一体化为空袭作战提供了有效的指挥控制；空间导弹预警为防空反导作战提供了有力的信息支持等。③以信息作战

---

① 何奇松：《脆弱的高边疆：后冷战时代美国太空威慑的战略困境》，《中国社会科学》2012年第4期。
② [加拿大] Wilson W. S. Wong, James Fergusson：《军事航天力量——相关问题导读》，尹志忠、方秀花、秦大国、侯妍译，国防工业出版社2012年版，第47页。
③ 耿艳栋、肖建军：《关于空天一体化的初步研究》，《装备指挥技术学院学报》2004年第6期。

为中心的卫星系统，可以使地球表面的陆、海、空部队得到强大的外层空间信息支援，从而使包括情报、预警、通信、导航、定位和数据处理等现代战争中决定胜负的军事信息作战行动达到一个全新的高度，军事空间系统因此已成为现阶段地球表面各种军事活动的信息神经中枢。[1] 目前全世界约有800多颗卫星活跃在包括近地、半同步与同步轨道上。[2] 这些卫星中相当一部分除用于军事侦查监测外，导航、通信也成为其主要的军事应用，并随着现代战争中 C^4ISR 系统对其的依赖逐渐上升而日益重要。[3] 到目前为止，各主要国家已经建立起了比较齐备的军用卫星信息支援体系。[4]

再从作为外层空间信息支援能力主要体现之一的外层空间目标与环境的监视与感知能力来看，作为外层空间安全的一个基础性组成部分，外层空间监视是指侦察和监测外层空间、确定外层空间所发生的重要活动和事件。即快速准确地发现、追踪和识别发射到外层空间的物体，近实时地了解和掌握外层空间的状况，提供轨道目标的位置和特性，监控敌方的外层空间控制征兆、警报信息和其他与外层空间有关的各种活动，告知适当实体和分发经许可的信息。通过对外层空间目标与环境的识别与感知，为己方自由地进出外层空间、阻止敌方的外层空间行为提供攻防支援；能够评估外层空间防御效果，支持外层空间指挥和控制。外层空间信息支援能力将为进入外层空间、外层空间设施攻防和外层空间设施攻击提供全面信息支持，包括对外层空间目标进行探测、识别和编目，对外层空间环境进行监测预报，以及整个外层空间安全体系的指挥、控制等。外层空间目标与环境的监视与

---

[1] 刘俊等：《美国吹响太空战号角 中国主张和平利用太空》，《国际先驱导报》2009年2月12日。

[2] 这里所引用的有关卫星数据来源于 UCS 的卫星数据库（更新于2006年3月17日）。

[3] 具有代表性的是美国，目前美国独自拥有79颗军用卫星，加上与其他国家合作拥有以及军—民两用卫星，总数超过了100多颗。远远超过紧随其后的俄罗斯、欧洲各国和中国的总和。

[4] 参见税世鹏《新世纪初军用卫星技术及市场发展评析》，《中国航天》2000年第3期。

感知能力的快速发展,使得外层空间主体间的透明和信任措施建立具备了坚实的物质基础,同时,相互知晓的现实也催生了合作共赢的安全理念。

(三) 制信息权争夺导致政治认同观念扩散

世界各国充分认识到外层空间信息支援的重要性,在安全互动准备中,围绕夺取制天权、制信息权开展了大量的工作。"从本质上说,空间是不受控制的,全面和永久制天权的概念是不可能实现的,也没有必要。"① 外层空间的制权争夺,从现实来说,是争夺制信息权。"认识的要点是空间和信息是密不可分的。二者虽然含义不同,但是只有一个而没有另一个是非常罕见的。事实是日常生活中使用了更多的空间信息。当这些实时或近实时的重要信息流增加时,对于通信和导航等军事任务来讲,天基资源的重要性变得更加重要。"② 美国在战略对手解体的情况下反而加速了军事航天力量的建设步伐。从海湾战争、科索沃战争到阿富汗反恐战争直至伊拉克战争,卫星系统在应付突发事件、夺取战场信息优势、直接支援部队作战、提高部队作战效能等方面所发挥的作用越来越大。"1999年3月北约对南联盟发起'联盟力量'行动期间,中将库克提醒美军和英军,美国部队使用的每一条信息几乎都来自太空或是通过空间传输的。空间及其相关的信息流是在作战中取得军事优势的关键因素。"③(参见表4-2)以美国为首的西方军事大国凭借占绝对优势的空间能力,牢牢控制了信息权,创造了一个单方面透明的安全互动环境,大大提高了远程精确打击的能力,使对手处于盲目挨打的被动地位。针对此,其他大国排除美国空间霸权威胁的必然选择,就是大力发展自身外层空间信息支援

---

① [美]斯科特·梅斯纳:《从海洋到空间:空间力量理论的思想渊源》,杨乐平、彭望琼编译:《空间力量理论与战略研究文集》,国防科技大学出版社2013年版,第122页。
② 徐海玉主编:《美军空天对抗理论与技术研究》(上册),哈尔滨工业大学出版社2002年版,第25页。
③ 同上书,第12页。

第四章 提高外层空间信息支援能力 优化结构选择

能力。世界各主要战略力量对制信息权的激烈争夺，必然导致外层空间信息支援能力的极速膨胀和发展。

表4-2　　　"联盟力量"中使用的卫星数量与类型统计

种类	名称	数量/颗
侦察	"高级锁眼"KH-11光电成像卫星	3
	"长曲棍球"雷达成像卫星	2
	"太阳神"1A光学成像卫星（法国）	1
	电子侦察卫星（"先进漩涡""大酒瓶""猎户座""水星"等）	数颗
	小型光电成像侦察卫星	3
	信号情报卫星	数颗
通信	国防通信卫星（DSCS-3）	5
	舰队通信卫星	1
	特高频后继通信卫星（UFO-9）	3
	"租赁卫星"	1
	跟踪与数据中继卫星	4
	"军事星"通信卫星（Milstar）	数颗
	"天网"4-A（英国）	1
	"北约"4	1
	"西拉库斯"通信卫星（法国）	1
气象	国防气象卫星（DMSP）	4
	NOAA-10/12/14/15气象卫星	4
	气象卫星（Meteosat）（欧洲）	2
导航	"导航星"全球定位系统（GPS）	24

资料来源：杨学军、张望新主编《优势来自空间——论空间战场与空间作战》，国防工业出版社2006年版，第156页。

外层空间信息支援能力和技术发展所带来的外层空间信息优势主要体现在以下三个方面：一是快速准确的侦察情报支援。空间大国的可见光成像侦察卫星可以达到0.1米的空间分辨率，SAR卫星可达到0.3—1米的空间分辨率，目标定位精度达到米级，而且正在积极研究"联合军种图像处理系统""安全互动融合系统"等,将大幅度提高侦察情报的快速反应能力。电子侦察卫星对目标定位精度由几十千米提高到1—4千米。导弹预警卫星对洲际导弹可提供15—30分钟预警时间,对中程导弹预警时间达到5分钟。测绘卫星可测制1∶10万—1∶2.4万比例尺地形图。二是高效安全的卫星通信保障。据有关报道,目前美国和俄罗斯的战略情报70%来自卫星侦察,军事通信2/3依靠卫星通信。在远程指挥与作战中,确保了驻世界各地武装力量近实时的指挥控制和管理。从战略意义上说,卫星通信是一种重要的基础设施;从战术意义上说,它是一种兵力倍增器;从信息战范畴上说,它是确立信息优势、主宰战斗空间的神经中枢。三是精确实时的导航定位能力。美国的"全球定位系统"(GPS)与俄罗斯的"格洛纳斯"(GLONASS)系统可以达到米级的定位精度,用户在任何地方只需要7秒种就可获知自己的精确位置,为舰艇、飞机和航天器以及远程精准打击武器提供了精确导航,提高了武器装备的作战效能。当各国在争夺制信息权过程中,竞相发展外层空间信息支援系统时,一方面会加大自身对他方的全面、准确、科学的认知,另一方面,跨越行为体的广角认知会模糊自我与他者的界限。当各主要空间行为体都能通过自身的外层空间信息支援系统透视他者,俯视全球之际,"自我很自然地将他者看作群体内成员并共享同样的文化规范、生活方式和习俗制度时,一切利益冲突都可以在大家所普遍接受的游戏规则下加以对话、商讨和妥协,此时规范说服与原则竞争便成为行为体社会化的主导模式,暴力使用对于争端解决不仅功效甚微,而且日趋遭受合法性质疑"①。

外层空间信息支援系统是一个典型的军民两用的空间技术体系,它的发展没有任何国际法的限制,因此,发展这类技术不但能带来直接的安全效益,而且可直接提高地球空间信息科学技术能力。

---

① 董青岭:《复合建构主义——进化冲突与进化合作》,时事出版社2012年版,第200页。

第四章 提高外层空间信息支援能力 优化结构选择

认清了战争的政治性，并认为战争应该由政治目标的性质来分类……空间战略应该遵守国际惯例，致力于对外层空间领域的和平使用。空间力量十分契合战争的有限性，因为空间资产一方面能影响和孤立敌军的行动，另一方面又能提升友方力量和支持本土防御行动。[①]

因此，有限度地进行外层空间军事利用，服务于安全互动中获胜的特定政治目标，现实地来说，既不属于当前国际军控约束的对象，又有相对成熟的技术基础的就是外层空间信息支援。大力发展、利用外层空间信息支援是进行有限战争的恰当而又不失谨慎的方式，也就是说，外层空间进攻性攻防对抗准备属于空间武器化，是军备控制约束的对象，作为一个理性的国家，外层空间军事利用主要是增强外层空间信息支援能力，并坚决反对外层空间进攻性攻防对抗准备。空间大国夺取制信息权必然导致外层空间信息优势的此消彼长。最后，导致经过外层空间这一近乎无限大的信息通道联络的世界终将呈现出全球融合的态势。外层空间信息支援系统的迅猛发展和广泛应用，大大增加了国家安全互动中信息传递的数量和速度。据报道，在海湾战争期间，美军从发现目标到实施打击的整个过程大约需要 3 天时间，而到科索沃战争中便缩短为 101 分钟，在阿富汗战争中则进一步缩短为 19 分钟。在伊拉克战争中，以卫星系统为核心的天、空、地信息一体化综合处理、传输与应用，进一步增强了美军目标识别与引导、战场监视与控制的能力，使美军从发现萨达姆可能藏身的建筑物到攻击该建筑物的时间总共不到 12 分钟（参见表 4 – 3）。美军全天时全天候的空间侦察监视能力，使战场对其单向"透明"，对方隐蔽作战企图、部署与行动将十分困难；美军越来越先进的外层空间信息传输与处理能力，使其更容易形成和发挥安全互动的整体效能，增强快速反

---

① ［美］斯科特·梅斯纳：《从海洋到空间：空间力量理论的思想渊源》，杨乐平、彭望琼编译：《空间力量理论与战略研究文集》，国防科技大学出版社 2013 年版，第 122 页。

应能力,并严重制约对方联合整体作战能力的发挥;美军外层空间导航定位能力,使其"非接触"精确打击与机动作战能力不断增强,使对方在战场上争取主动地位的难度增大。

因为强大的外层空间信息支援能力的军事利用并不属于武器化,在可预见的时空范围内,外层空间信息支援能力并不是军控的对象,所以,其他国家的万全之策就是大力发展自身的外层空间信息支援能力。

> 全世界都看到了全球协作在生产力、灵活性和速度上的效益。现在的企业不再像以前那样单打独斗,而是希望合作共赢。以前是个人计算机孤立运行,现在计算机都联成网络运行。商业社会不可能脱离全球化的背景而发展。①

以空间技术为核心组成部分和不可替代网络结点的信息化正从"e战略"向"u战略"快速发展,甚至出现了所谓的"IT红移"。空间技术推动和扩展的信息化浪潮正将人类社会推入一个前所未有的大融合阶段。空间技术本质上是一种促进全球融合的力量,当这种外层空间信息支援能力一旦发展到彼此洞悉对方时,因信息的沟通而导致的主体间距离的缩短,乃至身份疏离的模糊、消失,各空间主体的安全互动观念必然会发生转折性的变化,一种善待他国、合作安全的观念必然应运而生。这也就是说,外层空间信息系统的空前发展将改变各国以敌视态度看待彼此的政治思维,一种以睦邻友好、合作互助为特征的"我们感"在各空间国家之间油然而生。

> 所谓的"集体认同"就是自我与他者之间的一种积极认同关系,即自我在认知上把他者看作自我的延伸。认同跨越行为体的"知识"边界,将他者纳入自我的身份界定中,建立更为广泛的

---

① [加拿大] Wilson W. S. Wong, James Fergusson:《军事航天力量——相关问题导读》,尹志忠、方秀花、秦大国、侯妍译,国防工业出版社2012年版,第60页。

身份共同体、利益同心圆。这种跨越式的自我身份社会化的过程，其结果是属于群体的集体认同的出现。①

各主要国家的外层空间信息支援能力都发展起来后，一意孤行的霸权行径必将受到有力掣肘，安全互动中信息沟通使各国通过相互了解和观念交流，在国际安全层面产生一种政治上的认同，即合作安全。

表4-3　　　　伊拉克战争中美国使用卫星的情况一览

卫星种类	数量	作用
光学侦察与监视卫星 KH-12	3	装有可见光和红外遥感器，现役3颗，轨道高度248×992千米，轨道倾角97.9°，可在不同光照条件下对伊拉克地区进行重复观测。3颗卫星同时使用可实现立体成像。这些卫星可提供0.1米分辨率的图像，红外相机可实现夜间成像，对轰炸效果可进行更为精确的评估。卫星通过对其飞行轨迹东西两侧的成像，使7—10千米的观测幅宽有较大扩展
雷达成像侦察卫星 Lacrosse	3	3颗长曲棍球卫星，轨道高度680千米，分辨率1米。不论夜晚还是云雾天气，甚至可穿过树木，进行全天候战损评估。这种卫星可识别地面部队和移动式对空导弹系统
8X 卫星 EIS	1	也称增强型成像系统（EIS）。与以前卫星最大的不同是轨道的变化，观测幅宽增加到150×150千米，重访周期大大缩短
商业遥感卫星	2	主要使用了1颗伊科诺斯（Ikonos）卫星和1颗快鸟-2（Quick Bird）卫星，用于侦察和制图
NASA的地球观测卫星 EO-1	1	"地球观测-1"装有三台先进的陆地成像仪：先进的陆地成像仪、超谱成像仪和大气校正仪。先进的陆地成像仪共有10个波段，波长范围覆盖可见光、近红外与短波红外，其中有一个波段为全色波段，用于立体成图，多光谱波段空间分辨率为30米，全色波段为10米。超谱成像仪可以对220个谱段进行观测，空间分辨率为30米，超光谱成像仪每张图片可拍摄7.5×100千米的陆地面积
电子侦察卫星	12	包括猎户座（Orion）2颗，第四代水星（Mercury）2颗，军号（Trumpet）3颗以及5颗白云（NOSS）卫星。跟踪萨达姆的行踪，主要技术手段之一是电子窃听，电子侦察卫星是长期值守的主要窃听平台之一
导航定位卫星系统 GPS	29	其中5颗为备用星。它们为精确武器和飞机提供精确制导和导航，为地面的单兵、单武器平台提供导航支持

---

① 董青岭：《复合建构主义——进化冲突与进化合作》，时事出版社2012年版，第198页。

续表

卫星种类	数量	作用
气象卫星	8	包括极轨卫星[国防气象支持计划（DMSP）卫星和NOAA卫星]2颗和民用静止轨道卫星戈斯（Goes）6颗。由于伊拉克地区的沙漠气候条件，如果没有气象卫星对战场气候，尤其是沙尘暴的准确预报，整个军事行动都将难以展开
NASA试验气象卫星	2	NASA"水"（Aqua）卫星和"地"（Terra）卫星提供的数据，帮助美国军队预报了可能妨碍军事行动的沙尘暴。"水"卫星发射于2002年5月，其使命是对地球的海洋、大气、陆地、冰川流动、雪层和植被进行观测，这项任务为期6年。"地"卫星价值13亿美元，是第一颗以天为单位对全世界范围内地球上的大气、陆地、海洋、太阳辐射以及生物之间的相互影响进行观测的卫星。美国官方表示，伊拉克战争是这些卫星首次用于军事行动。军方表示这些气象卫星提供的信息对战争十分有用
国防支援计划（DSP）预警卫星	5	DSP星座有4颗工作星和1颗备用星。对来袭洲际弹道导弹提供25—30分钟的预警时间，对潜射弹道导弹提供10—15分钟的预警时间，对面对面短程导弹提供数分钟的预警时间。美国的地面系统经改进后，可同时接收和处理多颗卫星的信息，在敌方战术导弹发射几十秒内，将导弹发射时间、地点、袭击目标和到达目标的预计时间传送给战区司令部。爱国者反导导弹系统就是在DSP的支持下工作的
军事星（MIL-STAR）	6	为美国战略力量、空间预警系统以及作战部队部署提供全球低数据率覆盖。"军事星"是一笔巨大而昂贵的军事资产，为各军兵种的军用户提供了安全、抗干扰的卫星通信。例如，为了支持伊拉克战争开局的"斩首行动"，现有的"军事星"系统提供了足以处理4200多个电话的通信能力
跟踪与数据中继卫星（TDRS）	9	TDRS到目前一共发展了两代，第一代共7颗卫星，已经发射完毕，第二代共3颗卫星，现已发射了2颗；提供通信服务
国防卫星通信系统（DSCS）	6	4颗工作星，2颗备用星。国防通信卫星系统主要承担战略通信任务，主要为国防部各部门和作战部队之间提供高质量的保密通信和高速数据传输
其他通信卫星系统如铱星	80	铱星座由66颗工作星和14颗备用星组成。星座共使用6个轨道平面，每个平面11颗星，均起着电话网络节点的作用。14颗备用星处于随时可以替代任何失效卫星的轨道位置上。这样的星座确保全球每个地区在任何时候都至少有一颗卫星覆盖着
合计	167	

资料来源：杜元清、刘晓恩《太空系统在伊拉克战争中的应用》，《国际太空》2003年10月号。

二 外层空间信息支援与保持安全抗衡的能力

在航天时代，外层空间信息支援在国家安全互动中的效应和效能已

第四章　提高外层空间信息支援能力　优化结构选择

成为国家间权力的倍增器,它以多元化、复杂化、透明化、直接化的安全互动能力大大增强了国家维护自身安全、拓展国家利益的功效。

　　物质结构是国际关系得以存在和运行的客观基础,它提供了行为体进行交往互动和社会建构活动的物质平台。物质结构不仅限制了行为体行动的边界(Boundary of Action),而且还限制了行为体思考的范围(Boundary of Thinking)。[1]

国家间的权力也是"社会关系中某些因素的产物,这些因素塑造行为体控制自身命运的能力"[2]。外层空间信息支援成为主要国家间安全抗衡的关键,决定着国际安全领域的物质权力结构的总体态势。

　　外层空间信息支援保障是外层空间系统的基本功能,也是外层空间领域军事斗争的基本样式和核心。外层空间威慑、外层空间攻防作战等其他类型的外层空间军事斗争,基本上都围绕敌我双方的外层空间信息支援保障系统展开,并以确保外层空间系统支援、保障功能不受影响为主要目的。[3]

(一) 多元集成　强化安全互动力量

"在世界政治舞台上,体系结构约束国家的行为并决定国家行为的结果。想当赢家的国家必须遵循国际体系结构的要求。由于国家的第一利益是生存,它必须学会顺应国际体系的规律,依照国际体系结

---

[1] 董青岭:《复合建构主义——进化冲突与进化合作》,时事出版社2012年版,第131页。
[2] Michael Barnett and Raymond Duvall, "Power in International Politics," Cambridge University Press, *International Organization* 01/2005; 59 (01), p.45.
[3] 军事科学院军事战略研究部编著:《战略学》,军事科学出版社2013年版,第185—186页。

构的要求而行动。"① 这就是按照"权力—利益"理性博弈的原则，在现实国际体系结构中求得国家利益的最大化。国家安全环境决定国家安全需求，国家安全需求和战略意图决定包括空间信息科学技术创新和装备发展的国家安全能力建设要求。美国针对可能会面临的多种新的安全威胁，较大程度地调整了空间信息科学技术发展战略，大幅增加了在作为信息战手段的外层空间信息支援下的多元力量发展和集成，强调建设"核与非核打击手段（包括信息战手段）、被动与主动防御（特别是导弹防御）以及为生产和保持三合一战略报复力量的组成部分所需要的军火工业基础设施"②。在国家安全互动中，为排除外来安全威胁或侵略扩张，一个国家可能会扩大空间信息科学技术力量规模和层次，以增强本国安全抗衡能力。

在国际交往实践中，目前并没有可行的办法来计算到底多大装备规模足以保证国家利益，相关国家往往依摸着石头过河的思路来了解自身足够的合理装备规模。当一个国家处于紧张甚至对抗的国际关系中时，它可能倾向于极力扩大规模。对抗性的国际关系最容易刺激安全相关程度高的国家大力扩展空间信息科学技术装备规模。如在面对来自美国外层空间信息支援下安全方面的强大威胁压力时，伊朗2006年就决定大规模生产对处于雷达系统盲点中的目标实施超视距打击和电子战，③ 可用于破坏美国上下行链路中的关键设施。"空间系统不仅能够覆盖全球范围，还能够覆盖不同的组织层级。"在世界军事航天发展的历史过程中，"空间能力真正全面整合于作战行动并在作战中发挥重要作用还是始于1991年的海湾战争。正是通过这场战争，全世界见证了空间力量对一体化联合作战的巨大

---

① Waltz, *Theory of International Politics*, Reading, Mass.: Addison-Wesley, 1979, chapter 4, pp. 99–101.
② 美国国防部副部长道格·费思2002年2月14日在美国参议院军事委员会核态势评估听证会上的证词。
③ 《面对军事威胁备战忙 伊朗突击增加防空导弹装备》，中国网，2006年2月7日，http://www.china.com.cn/chinese/zhuanti/lran-n/1114579.htm。

贡献。"① 从此以后，空间系统运用于国家安全互动中主要表现为外层空间信息支援，从成像侦察、导弹预警、气象预报、军事通信到精确导航、商业多光谱成像、战术信息广播服务（TIBS），空间系统作为信息战不可或缺的核心组成部分，成为各力量要素整合集成的关键。"随着这些能力的出现和增强，空间系统成为战区作战人员最有力的信息来源和力量倍增器。"② 得益于信息技术革命，空间系统拥有了更加广泛的拥护者。"空间系统的军事应用早已无处不在，已经形成了将上至大规模的军团，下至单兵、水手和飞行员等各组织层级联系在一起的网络。"③

外层空间信息支援对安全互动影响的一个突出特征是维护安全行动在对抗性质方面发生了根本性的变化，即由人力密集型向技术密集型对抗转变。"由于空间系统数量及应用增加，并且加快向战役和战术应用转变，与空间相关的利益方也显著增多。"④ 这反映在安全互动力量的体制编制上，就是安全互动力量集成多元化，即安全互动力量综合使用的安全力量构成，形成集通信、侦察、导航、机动、防护、指挥等多种功能于一体。外层空间信息支援下安全互动力量的多元化性质是与生俱来的。因为外层空间信息支援系统所导致的高度综合集成，使各种不同性质的安全力量为了完成某个重大安全任务而紧密地联系在一起，相互之间前所未有的便捷信息沟通，确保了多元化集成力量的协调行动。"'持久自由'行动和'伊拉克自由'行动最引人注目的不是运用了新式大型空间系统，而是把现有系统与日常战斗的各个方面集成在了一起。集成的无缝程度很高，因此很多士兵

---

① 杨乐平、庞超伟编译：《战区空间力量集成——美军经验与设想》，国防科技大学出版社2013年版，第1页。
② ［美］布莱恩·K.利弗古德：《美军事航天应用发展历程》，杨乐平、庞超伟编：《战区空间力量集成——美军经验与设想》，国防科技大学出版社2013年版，第2页。
③ ［加拿大］Wilson W. S. Wong, James Fergusson：《军事航天力量——相关问题导读》，尹志忠、方秀花、秦大国、侯妍译，国防工业出版社2012年版，第48页。
④ ［美］布莱恩·K.利弗古德：《美军事航天应用发展历程》，杨乐平、庞超伟编译：《战区空间力量集成——美军经验与设想》，国防科技大学出版社2013年版，第5页。

表 4-4　　当前美国空间能力与空间集成一览

机构	用途	空间系统
美国国防部（DOD）	定位、导航和授时信息	全球定位系统（GPS）
	气象信息	国防气象卫星计划（DMSP）
	监视信息	国防支援计划卫星 天基红外系统（SBIRS）
	通信	国防卫星通信系统（DSCS）卫星 军事战略与战术中继系统（MILSTAR） 全球广播服务 超高频率后续（UFO）卫星 极地卫星通信
	空间对抗	空间态势感知（SSA）系统 防御性空间对抗（DCS）系统 进攻性空间对抗（OCS）系统
	集成空间能力的战斗力	战场搜救 战区导弹防御（TMD） 敌军态势感知
美国国家情报机构	侦察信息	图像情报 信号情报（SIGINT） 空中测量与通信情报
美国民用	天气信息	国家海洋和大气局（NOAA）地球同步轨道气象卫星 国家海洋和大气局极地气象卫星
	遥感信息	国家宇航局（NASA）陆地遥感卫星
商业	遥感信息	数字地球快鸟卫星 轨道成像公司轨道观测卫星（ORBIMAGEOrbView） 空间成像（IKONOS）卫星
	通信	国际电信通信卫星 国际海事通信卫星 欧洲远程通信卫星
盟友	通信	北约通信卫星
外国	定位、导航和授时信息	俄罗斯全球导航卫星系统
	天气信息	欧洲气象卫星
	遥感信息	印度遥感卫星系统 法国光学侦察卫星系统
	侦察	俄罗斯通信情报
	通信	英国天网通信卫星

资料来源：［美］泰勒·伊万斯《空间协调权：来自空间的信息服务》，杨乐平、庞超伟编译：《战区空间力量集成——美军经验与设想》，国防科技大学出版社 2013 年版，第 31—32 页。

甚至不知道自己的装备或敌人的装备都要依赖卫星。扩展现有系统的应用范围是空间技术的主要发展趋势。"[①] 当前美国空间能力与空间集成情况参见表4-4所示。

航天时代的安全互动行为主体具有典型的多元化特征，多元化的组成要求有效的集成与整合，各国近年来纷纷设立国家统一层面的国家安全委员会就有着这方面的考量。外层空间信息支援力量来源于各种空间能力的集成，因此，在安全互动过程中，需要权衡所有来自军队、国家和民间机构、商业公司、同盟伙伴、多国联盟组织以及其他独立国家的空间能力。要透彻地分析安全互动，已不能不考虑能够在外层空间信息支援情况下安全互动中的非一线作战力量，如综合保障的后勤力量、后方科学家、技术专家乃至国内军事爱好者、记者和其他各种团体发出的声音，被外层空间信息科技手段激活的非国家主体的利益集团、政治团体、日益强大的跨国公司等非民族非国家的行为主体等，都在安全互动过程中发挥着逐渐强大的作用。随着安全与经济的联系越来越紧密，某些跨国公司在安全互动中显示出前所未有的力量。所有这些都说明安全互动在向多元化甚至立体意义上的多元化发展，因为这些行为主体并不属于同一层面，有的相互交叉，也有的相互包容。安全互动多元化的特征使国际格局更趋复杂，并向多极化方向发展，单极独霸所受到的掣肘也越来越大。

（二）复杂协同 增强安全互动合力

外层空间信息支援对安全能力的提高不仅表现在将多元作战力量的效能进行集成整合上，而且能将所有安全要素在复杂互动中进行协同，增强安全互动的合力。外层空间拥有高地视野，使真正意义上的全球互联成为可能。"全球互联指的是空间系统将信息在世界各地间进行传递的能力，卫星通信就是最典型的例子。虽然单一

[①] [美] 布莱恩·K. 利弗古德：《美军事航天应用发展历程》，杨乐平、庞超伟编译：《战区空间力量集成——美军经验与设想》，国防科技大学出版社2013年版，第6页。

的卫星系统只能覆盖局部地区，但近地轨道上的卫星星座可以实现世界任何地方的点对点通信。"① 另外，这种互联并不只限于通信。GPS星座的优势就在于可为个人用户同时提供多个发射机给出的精确授时与导航信号。这种通信虽不是双向进行的，但互联可以在全球范围内确定精确的地理位置，这是区域导航系统无法做到的。GPS制导精确弹药，如联合直接攻击弹药（JDAM），已经成为作战中的核心装备。"以往的战斗需要计算动用多少战机才能摧毁一个目标，而现在新的焦点是计算一架战机能摧毁多少个目标。"② "天基反导系统的主要优势体现在助推段拦截能力上，同时，该系统的全球互联性还能提高对多点攻击的协同防御能力。"③ 在安全互动中，各种参与主体的剧增和相互关系的高度复杂化，使得各行为主体的相互关系的协同变得超级复杂，外层空间信息支援下全球互联的功能大大提高了复杂协同水平。

美国《国家军事战略》描述了一个横跨国际空间这一全球竞技场的复杂战场空间，并预测"对各军事机构和跨机构伙伴有特殊要求，需要在国内外实施更加细致的协调和协同"④。空间系统的复杂能力这一非直接作战力量作为作战力量的倍增器，已经成为现代军事行动必不可少的一部分。就拿联合作战来说，"其作战协同的好坏，不仅影响诸军兵种部（分）队能否最大限度地发挥整体合力，而且也直接关系着战斗的结局。"⑤ 国家间的安全互动发展到航天时代，呈现出力量多样、空间多维、手段多样、保障联勤和行动整体的特征。安全互动协同关系复杂化对于外层空间信息支援所起的高屋建瓴、提纲挈领的信息沟通、协调

---

① ［美］布莱恩·弗莱迪克森：《全球性：引领空间力量理论创新之路》，杨乐平、彭望琼编译：《空间力量理论与战略研究文集》，国防科技大学出版社2013年版，第184页。
② ［美］布莱恩·K.利弗古德：《美军事航天应用发展历程》，杨乐平、庞超伟编译：《战区空间力量集成——美军经验与设想》，国防科技大学出版社2013年版，第7页。
③ ［美］布莱恩·弗莱迪克森：《全球性：引领空间力量理论创新之路》，杨乐平、彭望琼编译：《空间力量理论与战略研究文集》，国防科技大学出版社2013年版，第185页。
④ ［美］泰勒·伊万斯：《空间协调权：来自空间的信息服务》，杨乐平、庞超伟编译：《战区空间力量集成——美军经验与设想》，国防科技大学出版社2013年版，第33页。
⑤ 张羽：《论联合战斗》，国防大学出版社2003年版，第99页。

第四章 提高外层空间信息支援能力 优化结构选择

作用依赖十分强烈。从某种意义上说，外层空间信息支援已成为安全互动中超级复杂系统的"神经中枢"。在安全互动的极端状态之一的联合作战中，"未来联合战斗作战空间越广，涉及的信息量就越大；战斗节奏越快，单位时间内的信息量就越多；战斗样式以及参战军兵种和武器装备品种越齐全，需要处理的信息内容就越复杂多样。"①

在不同阶段所需的信息量也可能不同。在军队部署和对抗发生前，需要大量基于空间的监视和侦察信息，以完成战场情报准备和战场预先感知。与敌方交火后，卫星通信和全球定位成为联合部队指挥官最重要的空间能力。在战役计划制定阶段，联合部队指挥官应预见到在冲突的各阶段和各领域所需的具体空间信息服务。②

现代军事行动随进程而对外层空间信息支援提出了不同的需求和侧重点。正是在这种情况下，外层空间信息支援系统更是安全互动能力的"倍增器"。

从发展的角度来看，只有建立功能完备、种类齐全的军用卫星体系，配套发展相应的地面应用系统，并加强多功能无人机、空中预警机、指挥控制飞机、对空预警雷达网等电子信息装备的研制，逐步实现卫星间的信息互联和星上处理，实现空天信息之间的互联互通，提高一体化的空天战场感知能力，才能为空天作战提供强大的信息支援保障。③

外层空间信息支援下安全互动协同关系的复杂化甚至可以达到多

---
① 张羽：《论联合战斗》，国防大学出版社2003年版，第109页。
② ［美］泰勒·伊万斯：《空间协调权：来自空间的信息服务》，杨乐平、庞超伟编译：《战区空间力量集成——美军经验与设想》，国防科技大学出版社2013年版，第35页。
③ 耿艳栋、肖建军：《关于空天一体化的初步研究》，《装备指挥技术学院学报》2004年第6期。

样化主体、多层次参与"一体化"的过程，从而产生高聚能的安全效应。在联合作战中，"安全互动协同是指参加联合战斗的各军兵种部（分）队，为遂行共同的战斗任务，按照统一计划进行的协调配合行动。它具体包括两层含义：一是从指挥控制的角度讲，是指联合战斗指挥员及其指挥协同机构对各参战力量的协调与控制；二是从作战本身讲，是指参加联合战斗的各军兵种部（分）队之间在战斗中达成配合与默契的互动行为。"[①] 安全互动协同呈现出协同主体多元，平等合作性强，协同关系复杂，主次转化不定，协同内容广泛，组织难度增大，协同手段多样，对抗更为激烈等特征。随着外层空间信息支援这样的新信息技术的发展，安全互动的复杂化不仅表现在系统构成上具有力量多元、空间多维、手段多样的复杂性特征，而且其目的也常常带有更高的战略意图和战略目的。

当代的安全互动也因此更加具有多层次交织、多维度融合的特征。"由于在作战中经常会用到来自民用、商业、国家和军事机构的空间能力，使用空间协调权（SCA）有助于集成各方力量。"[②] 多样化主体的多层次参与不仅是传统意义上的安全互动行为主体，而且越来越多地成为安全互动之"整体的部分"，诸行为主体之间相互依存程度日益提升。在国际安全领域，外层空间信息支援大大地改变了国家安全互动的方式，从一般安全互动升级到全维安全互动。这里所讲的全维安全互动是指与信息主导、多层参与、相互交织、综合较量、体系制胜的安全互动要求相适应，实现各种安全力量、安全单元、安全要素的有机融合，形成基于信息系统的政治、军事、外交等全维安全互动的方式和能力。

军事行动中的各种冲突可出现在稳定和平、不稳定和平、危机和战争状态下，程度依次升高。如果冲突升级，从和平时期的行动

---

① 张羽：《论联合战斗》，国防大学出版社2003年版，第99页。
② [美]泰勒·伊万斯：《空间协调权：来自空间的信息服务》，杨乐平、庞超伟编译：《战区空间力量集成——美军经验与设想》，国防科技大学出版社2013年版，第27页。

第四章 提高外层空间信息支援能力 优化结构选择

演变为预防性外交、危机反应行动和维和行动，这时可使用空间力量。这一过程将持续到冲突减弱，从强制和平变为维和、冲突后和平重建以及回到和平时期外交。在整个冲突过程中，可用到大多数空间信息服务。在作战的各阶段，军队都需要通信、预警、情报/监视/侦察、定位/导航/授时、环境和气象资料等信息服务。①

以外层空间信息支援为主的信息革命在现实安全互动空间复杂化之上，又叠加了一个在虚拟安全互动空间展开的更为迅猛的复杂化。

> 现代战争是一个复杂体系，它涉及外交、政治、社会、经济、信息和军事等层面，且耗资巨大，很少有国家能够长期支撑这样的战争。世界各国的经济和政治已紧密交织，互相牵制。更重要的是，派兵打仗需要国内外的政治支持。②

在外层空间信息支援上，传统地理位置上的前后方分界线已经逐步淡化，整个安全互动空间变成了一个陆、海、空、天的巨大空间，一个由网络电磁信息连接现实空间和虚拟空间的统一整体。在这个统一整体空间里，各种行为主体相互影响、紧密联系，形成一种"伙伴"式的合作关系，从陆、海、空、天和信息领域，在远、中、近距离上以不同角度同时指向安全目标。

> 信息时代战争形式的一个产物是，卫星通信实现了信息的远距离快速传输，这使远离战场的高层决策者对战场进行微观管理成为可能。实现这一目标所面临的挑战是必须将人与人的相互关

---

① [美]泰勒·伊万斯：《空间协调权：来自空间的信息服务》，杨乐平、庞超伟编译：《战区空间力量集成——美军经验与设想》，国防科技大学出版社2013年版，第34—35页。
② [美]托马斯·辛格尔：《新地平线：联盟空间作战》，杨乐平、庞超伟编译：《战区空间力量集成——美军经验与设想》，国防科技大学出版社2013年版，第196页。

系中等级最森严的一种形式——军事指挥链与信息时代紧密的互联性结合起来,信息技术的倡导者认为信息时代的互联性就是要铲平等级层次。①

平等和亲密的全维安全互动不但有利于增强安全互动的合力,更有利于融合观念的形成和扩散,一种在更大的政治共同体中寻求安全和秩序的共主观念就会油然而生。

(三) 相互透明 助长安全互动优势

在航天时代,具有外层空间信息支援能力是一种明显的战略优势。"一旦掌握了空间优势,空间信息服务将协助并促进整个冲突范围内的观察、判断、决策和行动。"② 外层空间信息支援能力有助于各种力量的自由行动。从国际关系的主题领域——战争与和平来看,它决定着每个国家在安全决策方面的偏好选择。20世纪50年代,作为两极对抗格局中"一极"的美国,曾一度处于对苏联所谓的"导弹差距"的恐惧之中,即认为苏联的战略导弹数量大大超过了美国。在外层空间信息支援下的安全互动中,信息是战斗力的基础,没有大量的信息,就不可能实施正确的决策和指挥,也就不能夺取安全较量的胜利。

全球空间能力能使联合部队的战斗更具灵活性。联合作战可以更有效地利用来自空间的信息,因而具有更好的协同性、同步性,能更彻底地实现预定目标。有了空间信息服务,就可以应用更多手段在更广的范围内作战。这些空间信息服务使联合部队指挥官能够在军事行动中充分施展所有作战才能。③

---

① [加拿大] Wilson W. S. Wong, James Fergusson:《军事航天力量——相关问题导读》,尹志忠、方秀花、秦大国、侯妍译,国防工业出版社2012年版,第61页。
② [美] 泰勒·伊万斯:《空间协调权:来自空间的信息服务》,杨乐平、庞超伟编译:《战区空间力量集成——美军经验与设想》,国防科技大学出版社2013年版,第37页。
③ 同上书,第40页。

为此，美国迅速加快了空间信息科学技术的研发速度，并对侦察手段进行升级换代。美国在发生 U-2 侦察飞机被苏联击落事件后，又加速了侦察卫星的研发。1961 年 7 月研发成功回收型侦察卫星——"萨莫斯-2"照相侦察卫星。外层空间信息支援使得具有这种能力的一方在战场上具有相互透明的作战空间，该军队不仅可以即时掌握对方的军力部署、指挥联络、后勤保障等所有现时信息，还可以即时了解那些曾经被对方伪装、保密的信息，甚至对方试图封锁的信息，可以了解对手的一举一动，也可以知晓相关其他国家的兵力动向，特别是加强盟军之间的通力合作能力。

外层空间信息支援下安全互动的相互透明化与直接化息息相关，并可导致军事决策民主化。外层空间信息支援能够支持全谱作战，可以为战区以及作战可能波及的范围提供多样透明的信息。外层空间信息支援下的安全互动行动、安全决策人员的言辞由于外层空间信息传播互联互通的特性，使之以相当高的透明度瞬间传遍全国，甚至全球，其他盟国因此可以相应地采取一些安全互动策应行动。美国认识到，要实现这一目标，就要提高战场感知能力，使美军参战部队能够信息共享，形成战场的单向透明。因此，美军大力发展外层空间基础设施的关键——"全球信息栅格"，力求建立一个全球互通互连、终端对终端的信息系统，让政策制定者、作战人员和支援人员根据需求收集、处理、储存、分发和管理信息。但随着美国以外其他国家空间技术的迅速发展，外层空间信息支援能力增强，因此，相关国家即使与美国的安全互动出现冲突升级，乃至进入战争的状态，由于双方的安全互动越来越依赖于其所把握的战场有效信息量，而且由于外层空间信息支援的弥散性，几乎每个单兵都有可能获得局部乃至整个战场的信息，这样就可以避免误操作的诸种弊端，使安全互动透明化。外层空间信息支援能够为战斗机座舱或军舰指挥塔提供近实时的信息，GPS 可提供 50 个位置精度强弱度（PDOP）的平均值，导引联合直接攻击弹药。外层空间信息支援下的相互透明化，将使各自安全决策者看清战争的暴虐，理智地选择是妥协、和解还是合作。虽然各国的外层空间信息支援条件尚不一样，还不能在同一程度上客观地观察同一战场的重大攻防对抗态势，但是，外层空间信息支援以及信息传播手段的改变，已经使得前沿部队能够较以往更为透明地获得那些未经过滤的战场真相。当然，应注意在外层空间信息支援下安全互动的同时，也要尽量避免对方有意释放的假目标信息，尽量搜集、甄别对方的隐藏信息。

在外层空间信息支援下的透明化还可以消除安全上的武器装备逆序或友军交火现象，提高精确火力打击、纵深密集火力突击、直前火力突击等综合火力打击能力。在外层空间信息支援条件下，信息与火力融合，"火力打击虽然就整个进攻战斗来说，仍是为近距离决定性交战创造条件，但是其依附地面交战的从属地位将发生改变，多种火力打击手段的综合运用将最终使其形成一个能够完成一定任务的独立战斗阶段，并对整个进攻战斗的进程和结局产生直接而重大的影响"[①]。战场作战单元不仅能从外层空间信息支援上得到大量安全互动信息，而且还可以通过外层空间信息支援几乎即时地报告自己前线快速变动中的信息，对军队安全互动决策的制定施加直接或间接的影响。在外层空间信息支援安全互动中，由于高远空间信息技术的支援，信息不透明被打破，作战部队和指挥机构的信息交流不再是单向的接受与发布的关系，而是对话式的，并可以互有选择。同时，外层空间信息支援上便捷的信息复制与传播也使更多的人参与其间，更多的内容进入安全互动战场，从而推动安全互动战场空间有利于大量民众的相互透明，而不是少数权力拥有者的专断决策。

（四）及时响应 提升安全互动效率

到目前为止，在军事斗争中外层空间是一个典型的信息支援领域，这种支援大大改变了安全互动的态势和效率。外层空间信息支援

---

① 张羽：《论联合战斗》，国防大学出版社2003年版，第157页。

第四章　提高外层空间信息支援能力　优化结构选择

促进了安全互动的直接化，从而成为安全互动节奏加快的直接动因。"空间力量对于军事行动的巨大贡献在于它有持续的能力加快决策周期。"[①] 例如，在外层空间信息支援的联合作战中，"以信息技术为基础的作战指挥控制系统广泛应用，不仅增大了战场信息获取的数量，而且也加快了战场信息收集、分析、处理、传递的速度，使各级战斗指挥员均能做到全面、准确、实时掌握战场信息，从而提高了兵力、火力的反应速度，加快了战斗的节奏"[②]。在外层空间信息支援下，较易综合运用各参战军兵种的远、中、近程火力直接破坏对方的战斗体系结构，从而为迅速决战创造条件。因为对敌方情况一目了然，安全互动可以迅雷不及掩耳之势，采取"点穴"式突击，以各种中远程火力对敌防御纵深内起核心和支柱作用的防御要点或重要目标，实施集中、准确、猛烈的毁灭性打击，以求速战速决的功效。

　　空间信息服务一体化增强了攻击链中每个步骤的能力。天基情报、监视和侦察为攻击链提供了高性能、多样化的视听手段。GPS 在所有阶段提供定位数据，并在交火时提供更高的精确度，控制附带损害的发生。卫星通信为集中指挥、分散控制的战术部队创造了条件。[③]

　　这样，通过外层空间信息支援可大大提高快速行动的能力。
外层空间信息支援能力不仅提高了现有武器的战斗力，它已经成为指导军事作战的一种新的方法论。从某种意义上而言，外层空间信息支援下的安全互动意味着利益争夺的空间将没有疆界，战争随时随地可能会打响。将新型安全互动形式的特点归纳为一点，即信息技术

[①] ［美］泰勒·伊万斯：《空间协调权：来自空间的信息服务》，杨乐平、庞超伟编译：《战区空间力量集成——美军经验与设想》，国防科技大学出版社 2013 年版，第 37—38 页。

[②] 张羽：《论联合战斗》，国防大学出版社 2003 年版，第 50 页。

[③] ［美］泰勒·伊万斯：《空间协调权：来自空间的信息服务》，杨乐平、庞超伟编译：《战区空间力量集成——美军经验与设想》，国防科技大学出版社 2013 年版，第 38 页。

是一个非军事武装的斗士。杀伤力强、响应快速、成本低廉的武器已得到了世界上众多国家的青睐。① 在外层空间信息支援的联合作战中，除直前火力突击外，外层空间信息支援也可大大提高指挥作战的效率。昔日只能通过专门的侦察部门和侦察兵传递的战场信息如今仅在瞬间就能传遍整个作战部队。军队首脑不出国门，坐在办公室里就可以通过外层空间多媒体信息支援，进行多媒体远程指挥和控制；驻战场前沿的一线指挥官可以借助外层空间信息支援系统向上级指挥部门及时汇报战况战果，并可迅速得到上级指挥部门的信息和指示，其间所需要的时间比原有侦察系统传递的时间要少得多。外层空间信息支援下的安全互动，使得机动与远程交战的联系更加紧密，并对实现战斗目的乃至满足战争需要起着至关重要的作用，机动寻机的非接触性作战将成为安全互动的重要方式。②

在外层空间信息支援的联合作战中，安全互动中的及时响应意味着信息传递将减少许多中间层次。任何安全互动中的及时响应都是建立在大量信息的基础上的。例如，安全决策者需要了解其他国家的安全互动目标及其追求目标可资利用的现有的、潜在的实力；弄清自己部队作战的目标与对方目标之间的冲突关节点与激烈程度，等等。河水在流动过程中，必然会或多或少地流失并承载不同程度的污染。同样，信息的传输经过许多中间层次，就信息本身的纯正性而言，也会逊色许多。如果中间层次包含了许多人为因素，那么流动中的信息有时甚至会被扭曲或者被颠倒黑白。③ 在外层空间信息支援条件下前线部队可以更直接地从处在遥远国内的最高决策指挥机构的命令和信息中，自主做出战场判断与行动决定。外层空间信息支援对安全互动效能所起的作用是空前的，因此它也成为国家安全互动中权力的倍增器。在航天时代，任何一个国家都不可能完全独立于国际社会之外而

---

① [加拿大] Wilson W. S. Wong, James Fergusson：《军事航天力量——相关问题导读》，尹志忠、方秀花、秦大国、侯妍译，国防工业出版社2012年版，第62页。
② 张羽：《论联合战斗》，国防大学出版社2003年版，第134页。
③ 蔡翠红：《试论网络对当代国际政治的影响》，《世界经济与政治》2001年第9期。

独善其身，外层空间信息支援下的信息化战争日益成为军事斗争的主要实现形式。外层空间信息支援下的及时响应，使得安全互动中信息流快速贯通，在避免过量失真的同时，更易促进沟通中矛盾的化解和共识的达成。

三　加强外层空间信息支援能力　增进政治认同

外层空间信息支援是一般安全互动升级到全维安全互动的核心要素。"物质结构与观念结构相互构成、相互影响，二者之间的关系很多时候是一体两面。一种物质结构的变化往往会带来人们思想观念上的变革；同时，一种观念结构取代另一种观念结构也会带来物质基础上的重大变化。"[1] 由此，我国在置身于全维安全互动时，必须审时度势，考虑到多样集成的安全活动方式、复杂多维的安全互动关系，做出到合作中寻求更为真实、更为持久安全的理性选择。抓住空间时代难得的历史契机，我国和平发展战略由参与性融合到主导性融合，不但会大大加快中华民族伟大复兴的步伐，而且必将推进和谐世界构建的节律。

（一）夯实外层空间信息支援下和平发展的能力保障

全维安全互动依托的是空间信息系统，它以信息和决策为主导，通过信息网络把多层次、多样化安全力量的指挥控制系统和力量平台，连接成一个具有一体化能力的、完整的体系，共享各类安全信息、共同感知安全态势、准确协调安全行动、同步遂行综合性的安全任务，从而把信息优势转化为行动优势，由最有效的安全力量、对最高价值的安全目标、释放最具实际效果的巨大能量，实现安全互动效能的最大化。

---

[1] 董青岭：《复合建构主义——进化冲突与进化合作》，时事出版社2012年版，第131页。

空间信息系统建设一直是世界各国空间力量建设的重点。目前在轨运行的各类军用卫星，几乎全部用于实施外层空间信息支援。外层空间信息支援是当前及今后相当长一个时期各国空间力量运用的主要方式。[1]

与世界航天强国相比，我国的外层空间信息支援系统还不完善，作为军事能力"倍增器"的作用发挥得还不充分，与打赢信息化战争的要求还有明显差距。我国在太空领域的军事斗争，要突出外层空间信息支援保障这一重点，通过完善发展外层空间信息支援系统带动我国太空能力的整体发展，以太空信息支援效能的显著提升为我国空间军事斗争赢得主动地位。[2]

一是加强外层空间侦察预警和通信系统建设。加强我国军民融合式航天事业进一步加速发展，尤其打造、编织越来越绵密、越来越高效的地球空间信息系统既是维护我国合法权益的内在要求，更是维护外层空间战略安全的紧迫任务。航天信息支援下的空中打击，充分显示出"发现即摧毁"的全维安全互动威力；航天力量及其信息系统，当之无愧地成了全维安全互动的"脊梁"。[3] 在具体的外层空间军事能力发展上，应使我国的外层空间军事力量发展围绕着建立完全自主的外层空间对地球表面，包括陆地、海洋、天空和电磁空间军事行动进行信息支援的军事航天系统这一重点，形成有效的外层空间侦察、监视、预警、通信等外层空间军事能力，使我国的外层空间军事系统能够为我国陆、海、空和电磁空间的作战行动提供强大的信息支援。我国应加速以军民两用卫星通信广播、卫星遥

---

[1] 军事科学院军事战略研究部编著：《战略学》，军事科学出版社2013年版，第181页。
[2] 同上书，第186页。
[3] 王万春、陈雄：《挺起动于九天之上的体系作战"脊梁"》，《解放军报》2011年11月24日。

第四章 提高外层空间信息支援能力 优化结构选择

感应用为核心的卫星应用产业发展，建立完整的卫星运营服务、地面设备与用户终端制造、系统集成及信息综合服务产业链，促使卫星应用产业为国家安全和经济社会发展更好地服务。由这些军民两用卫星支撑的外层空间信息支援系统，能为我国全维安全互动提供及时准确的侦察、监视、预警、通信、气象、测地等作战信息和通信服务。我国应建立早期预警系统，利用各种高技术和传统的侦察、监视手段，对地基系统范围内的陆、海、空、天实施全面警戒，及早查明敌方采取的攻击行动，有针对性地采取应对措施；应周密组织伪装防护，加大对先进的隐形技术的研究和开发。我国应实施广泛的机动，推进军用电子信息设备向小型化方向发展，军事航天器应日趋微、小型化；要加大研究各种先进的隐形技术来降低航天器的被探测性，从而提高航天器的生存能力。我国应开发、采用加固的技术和材料，对航天器的表面和易受激光与粒子束照射的部分进行保护。我国应加快分散部署由多颗微、小航天器组网，以星座方式执行作战任务，从而确保整个星座连续、稳定、正常地运行。我国应开发、利用军事航天器的机动变轨能力；应提高运行轨道高度，有效地增强航天器的防御能力；增强军事航天器自主系统的功能设计，从而增强其生存能力。

二是推进外层空间"北斗"导航定位系统建设。我国研发"北斗"导航定位系统是经过了美国的 GPS 不能依赖，俄罗斯的 GLONASS 不给自主权，曾一度被迫转向欧洲的"伽利略"导航定位系统。但后来通过与欧盟多年的艰苦谈判，美国最终还是迫使欧盟同意将"伽利略"系统纳入美国导航战的轨道，并严防"伽利略"系统的敏感技术、产品和有关安全保障的政府服务转移到第三方国家，这使得我们不得不研发自主的导航定位系统。[1] 针对现役的外层空间信息支援系统所存在的弱点，我国应加大"北斗"卫星系统完善的力度，提高卫星导航应用的基础保障能力，大力促进卫星导航终端设备

---

[1] 赵德喜：《我国军事航天力量发展战略研究》，博士学位论文，国防大学，2007 年。

的产业化，推进卫星导航运营关联产业的发展，加快建立以"北斗"卫星导航系统为核心的卫星导航产业体制。

卫星导航定位是卫星应用领域发展最为迅速的产业领域，具有极大的发展空间。……（我国）要以规模化发展为核心，充分发挥市场的作用，以综合大型应用系统建设为重点，突破兼容系统导航卫星关键技术，建设跨行业、跨领域的卫星导航通信服务平台、高精度广域差分系统服务平台、地图与地理信息在线服务平台。要加快若干北斗1号商业应用工程的建设，积极推进北斗2号导航卫星系统的研制，加速我国自主的全球卫星导航外层空间系统建设和终端产品的产业化，建立北斗导航卫星的民用机制，加速国产卫星导航定位系统的产业发展进程。大力拓展其应用领域，推动卫星导航在民用航空、远洋和内陆航运、陆地导航等涉及的特种车辆跟踪、监视和导引系统、汽车防盗报警系统、火车防撞和调度管理系统、个性化手持终端电子设备的大规模应用和产业化。加速卫星导航设备的产业化和标准化，规模化发展电子地图、卫星导航定位关键处理芯片和软件、终端设备等，提高系统级装备的集成能力，提高用户系统的性价比等。[1]

我国"北斗"卫星导航定位系统集卫星定位、短信报文、高精度授时于一体，不仅解决了"我在哪儿"的定位问题和"你在哪儿"的感知问题，还能高效快捷地实现"我"和"你"之间的信息传递。这一特有功能是"北斗"系统在实践中用得最多最好、最受欢迎的创新优势。"北斗"卫星导航定位系统运行已成功地应用于水利水电、海洋渔业、交通运输、气象测报、国土测绘、减灾救灾和公共安全等领域，牵引推动了电子、通信、机械制造、地理信息等相关产业

---

[1] 张晓强：《我国航天产业发展的战略重点与几点考虑》，《中国工程科学》2006年第8期。

和信息服务业的发展。特别是在汶川抗震救灾中,"北斗"卫星导航定位系统全力保障救灾部队行动,经受住了考验,显示了威力。①

  2020年建成由静止轨道卫星和非静止轨道卫星组成的卫星导航系统以及相应的地面站和用户终端。打通卫星制造、发射服务、地面系统研制、运营服务和应用的航天产业链。……促进航天先进技术的市场转化,并形成若干具有重大市场影响力的民用产品,实施我国北斗二代导航定位系统民用市场开发与产业化专项研究,加强航天产业链下游的外层空间应用领域的产业发展。②

  我国应加大力度部署、完善"北斗"卫星导航系统,确保我国在遭遇外敌入侵时的精确反击能力出现质的飞跃。将"北斗"系统与导弹系统相互匹配,形成中国特色的反导防御系统。加大力度部署、完善"北斗"卫星导航系统,确保我国的精确制导能力出现质的飞跃。将"北斗"系统与导弹系统相互匹配,形成中国特色的反导防御系统。我国应加速提高卫星军事导航应用的基础保障能力,大力促进卫星导航终端设备的产业化,推进卫星军事导航终端设备的列装和使用。与此同时,我国"北斗"导航系统发展还应充分注意预留兼容接口的问题,因为它作为地球外层空间信息科学技术的有机组成部分,应该看到,卫星导航系统及其应用产业正在从单一的卫星定位系统时代转向多星座共存兼容的全球导航卫星系统(GNSS)的新时代。我国"北斗"导航系统如能与国际上其他卫星导航系统兼容扩能,将会发挥卫星定位、导航、授时的功能,并与移动通信和互联网等信息载体融合,导致信息融合化和产业一体化,从而实现应用规模化和服务大众化。

---

① 《"北斗"二代系统进入攻坚阶段 今年将发射多星》,《解放军报》2009年1月2日。
② 孙来燕:《中国航天的发展战略和重点领域》,《中国工程科学》2006年第10期。

三是推进外层空间信息网络系统保障建设。在"陆、海、空、天、电"之中,"天"无疑是最高的一"维";航天力量以其毋庸置疑的高位优势、速度优势和功能优势,正在成为世界军事的最新制高点。① 全维安全互动能力的基础是外层空间信息支援系统,其物质依托是信息技术及其物化的信息化装备;其作用机理是信息力、打击力、机动力、保障力的高度聚合和精确释放;其制胜关键是信息优势的全程获取和整体功能的发挥;其表现形式是要素融合、效能倍增的整体作战能力。② 因此,提高我国全维安全互动能力的关键是加强外层空间信息支援能力,这种能力的改善严重依赖我国外层空间信息网络系统保障建设。如美国联邦通信委员会顾问彼得·考黑所说:"新的信息基础设施的建设提供了全球生产与政府的条件和期限,如同当初道路建设对罗马帝国那样。"③ 我国应加快数字地球科学平台与地球系统模拟网络平台建设。通过提高数字地球科学平台的能力,健全空对地信息支援系统,增强网络信息服务能力。我国应增强通信链路抗干扰能力,研发、采用抗干扰能力强的通信方式,如数字通信、激光通信等;发展、利用扩频技术和跳频技术,提高通信抗干扰能力;采用自适应技术,从而避开干扰;发展信息加密技术,对进入通信信道的各种信息预置加密处理;研发、利用航天器间的通信交联来拓展航天器的通信联通性。同时,加大开发对敌通信干扰系统中的侦察引导设备,以实施反干扰,使其无法指示目标和校正干扰,从而降低敌干扰效果。为了保障我国外层空间信息网络系统的全球联通性,应将我国军用和民用通信卫星与海底光缆和光纤网相连,保证这样一个一体化网络系统能为全维安全互动提供所需要的带宽和频率的多样性。我国应尽快启动"临近外层空间"飞行器的研发;应加快建设新一

---

① 王万春、陈雄:《挺起动于九天之上的体系作战"脊梁"》,《解放军报》2011年11月24日。
② 姬亚夫:《探索体系作战能力生长的新路径》,《解放军报》2010年2月11日。
③ [美]麦克尔·哈特、[意]安东尼奥·奈格里:《帝国——全球化的政治秩序》,杨建国、范一亭译,江苏人民出版社2003年版,第283页。

代综合大型卫星对地遥感观测系统，完成北京、喀什、三亚三个卫星遥感接受站网并且实现联网。

（二）倡导外层空间信息支援下包容普惠和谐的安全观念

21世纪，随着国际关系严重战略失衡格局的加剧，美国为了实现其全球战略，急于在外层空间寻求绝对优势和绝对霸权，进而退出《反导条约》。美国不断推进外层空间军事化，加强人造地球卫星支持以地球（包括陆地、海洋和大气层）为基地的武器系统和地面部队的效能，尤其是全维安全互动的信息支援功能。[①] 全维安全互动是在地球空间信息系统的支撑下，各种安全要素、安全单元、安全系统融合成一个有机整体，共同感知国际安全态势、实时共享安全互动信息、准确协调国家间安全行动、同步遂行综合安全任务、适时进行精确评控，由最为有效的作战力量，对最具价值的作战目标释放出最为精确的作战效能。[②]

一是外层空间信息支援有利于各种安全要素、安全单元、安全系统融合成一个有机整体。外层空间信息支援的全维安全互动的实质是通过地球空间信息系统的互联互通和信息资源共享，推动机械化条件下安全互动能力向适应信息化条件下安全互动的信息能力转型，强调提高全维安全互动能力，其实质是提高一体化安全互动能力。[③] 归纳来说，外层空间信息支援的全维安全互动是国家间安全互动的"升级版"。全维安全互动与一般安全互动相比，具有安全互动空间的多维性、安全互动力量的多元性、安全互动行动的整体性、安全互动指挥的统一性等鲜明特征。这些特征对加强外层空间信息支援的强烈要求，也使外层空间信息支援的安全功效更为突出和重要。只有通过地球空间信息系统把各种安全力量、互动平台以网络的形式连接成一个

[①] 贺其治：《外空法》，法律出版社1992年版，第295页。
[②] 魏小猛：《作战体系与体系作战的异同》，《国防报》2010年5月6日。
[③] 刘立峰：《厘清体系作战的基本内涵——从训练层面解读形成基于信息系统体系作战能力》，《解放军报》2011年1月27日。

有机的整体，才能实现联合指挥、联合行动。① 外层空间信息支援的全维安全互动能力，可以贯注于一体化安全互动中。因此，外层空间信息支援的全维安全互动能力，在一定意义上是支撑一体化安全互动的基础；而一体化安全互动则必须依托外层空间信息支援的全维安全互动能力。

二是外层空间信息支援有利于共同感知国际安全态势、实时共享安全互动信息。信息化条件下作战的一些基本法则，如"快吃慢""分胜散""柔克刚"等，都是从全维安全互动角度推导出来的。② 信息化条件下的作战体系主要包括侦察预警、指挥控制、火力打击、网电对抗、综合保障等子系统，这一体系所涉及的可变因素数量巨大、关系极为复杂。只有在外层空间信息系统支援下才能将各类子系统集成在一起，它不仅是作战体系的重要构成部分，而且是各系统有机连接的公共信息平台，对各作战系统有效运转起着基础性的支撑作用。③ 天、空、地一体化信息网络使分散的各空间系统连接成网，在天、空、地之间形成具有多节点的信息运作能力的三维立体结构，采用天基信息处理、分发技术，以最短时间和路线，完成对地球表面各种形式的攻防作战的有关目标信息、环境信息、态势信息、情报信息、指挥信息、测控信息、打击效果信息以及其他综合信息的获取、处理、分发和应用。天、空、地一体化信息网络的主要组成部分有信息获取系统、天基信息处理系统、天基信息分发系统、天基信息基准系统、地面信息应用终端、地面网络控制系统。

三是外层空间信息支援有利于准确协调国家各安全力量的行动、同步遂行综合安全任务。相对于地基而言，天基系统对地球表面的陆、海、空的军事形势侦察、监视方面具有其固有的优越性，因此天

---

① 管黎峰：《提升体系作战能力的强力引擎——深度审视作战体系中的信息系统》，《解放军报》2010年2月4日。

② 朱小宁、谭道博：《我军专家学者思考体系作战：实践难度远超理论》，《解放军报》2011年1月20日。

③ 管黎峰：《提升体系作战能力的强力引擎——深度审视作战体系中的信息系统》，《解放军报》2010年2月4日。

对地目标监视技术、天对地环境监测技术将是空间军事形势侦察、监视技术未来发展的重点。天基信息平台是指位于空间的用于获取、处理、分发与应用信息的航天器，主要包括光学侦察、电子侦察、雷达侦察、海洋侦察、测绘、重力场测量、气象、海洋监视等多种侦察卫星，预警卫星、通信卫星、导航卫星、气象卫星和数据中继卫星等航天器。天基信息平台是天、空、地一体化信息网络的重要组成部分，它使分散的天、空、地信息系统组成具有多节点信息运作能力的立体网。基于天基信息平台，可以最短时间和路线完成对地球表面各种对抗作战综合信息的获取、处理、分发与应用。天基信息平台的研究主要涵盖卫星技术、航天器测试技术和天基信息应用技术等。卫星技术是指通信、侦察、导航等技术；航天测试技术是指在航天武器装备研制中获取定性、定量参数并进行处理和评估的技术，通过研究航天武器装备系统的综合测试与试验体系，覆盖测试盲点，整合系统资源，形成标准化和模块化的测试和试验平台，建立虚拟测试和试验环境；天基信息应用技术主要指卫星信息的实用化研究。以 GPS 为代表的卫星导航系统可以为空中的飞机、海中的军舰、地上的车辆乃至单个人员提供全球、全天候、实时、高精度导航服务。同时卫星导航系统还应用于测绘、地球动力学研究、地震监测等领域。卫星导航系统不但可以提供定位信息、时间信息，而且可以提供速度信息、姿态信息，成为一种全能的导航敏感器。

（三）推进外层空间信息支援下全球融合的进化走向

"近年来，由卫星链路构成的天基综合信息网，与地面通信网一起联合组成全球无缝覆盖的海陆空立体通信网已成为重要发展趋势，将使全球范围任意地点实时获取多种信息，并实现信息的高速传输，从而大大拓展航天产业的应用领域。"[①] 外层空间信息支援下全维安

[①] 张晓强：《我国航天产业发展的战略重点与几点考虑》，《中国工程科学》2006 年第 8 期。

全互动的优势主要表现为：通过各安全单元、安全要素之间的协同、互补，形成新的全维安全互动能力；通过决策信息的高度共享达成决策优势，并转化为行动优势；通过各安全主体的自适应和自同步，保证整个安全体系在受到攻击后仍然保持稳定，避免能力骤降或体系崩溃；通过动态组合具有特定功能的任务共同体，提高灵活、快速的应变能力。[①]

一是形成全新体系作战能力升级安全优势。目前，一些主要大国为了提高自身全维安全互动能力，不断改进和完善自己的外层空间信息支援系统，表现为有效载荷能力更加强大、卫星自主运行能力和安全性不断提高、信息处理和分发速度不断加快等。我国应精心计划、考虑周详地发展非对称武器的战略，比如网络战、反空间能力、非常复杂的弹道和巡航导弹项目以及水下作战能力。为此，我国要全面制订国家空间发展计划，既要保证满足民用航天科技的发展，又要考虑将某些卫星、火箭运载工具和地面支持系统用于军事目的。我国发展军事航天事业要以满足国家安全需要为基本目的，选择对国民经济和社会发展有重大影响的项目，集中力量，重点攻关，在关键领域取得突破。我国非对称作战准备应发展卫星回收和跟踪技术、卫星小型化技术、卫星地面控制、卫星保护技术、卫星通信、定向飞行、精确高度控制等。我国应研发各种类型的卫星，其中包括图像侦察、电子情报侦察卫星；执行绘图、导航和通信等任务的小型或微型卫星；以及反卫星武器，均可兼顾军用、民用和军民两用。我国应搞好空间防御建设的技术储备，把研制空间往返飞行器和空间站提上议程，这一点是非常重要的，是迫在眉睫的国家安全需求，是军事航天发展所面临的重任。空间站是俯瞰全球最理想的基地，故可以作为空间指挥中心，也可以实验部署和使用空间武器，并作为空间武器及军事航天器的维修及回收中心。我国应使我方已具备的地地导弹、防空导弹、海防导弹能综合配套，形成合成打击力，使国防的钢铁长城更加坚固。我国

---

① 姬亚夫：《探索体系作战能力生长的新路径》，《解放军报》2010年2月11日。

应加紧实施军民两用的国家重大专项工程,加快开展具有一定应用规模的短期有人照料、长期在轨自主飞行的空间实验室的研制,开展载人航天工程的后续工作。继续推进实现绕月探测,突破月球探测基本技术,研制和发射我国下一代"嫦娥系列"月球探测卫星,深入进行月球科学探测和月球资源的探测研究;开展月球探测工程的后期工作。我国军事航天应在嫦娥登月工程、神舟载人航天工程的带动下,向实用化、系统化、规模化方向发展。我国应尽快完成开发航空航天、战略防御、深层反击、空间激光、电子信息及非常规材料六项空间技术。在空间防御装备方面,在指挥基地方面,加快筹建海南文昌空间基地,投入运作后可成为防御性空间应战的指挥中心。在军队编制方面,应加大训练空间人的数量和质量,为将来执行空间任务做准备。

二是提高全维安全互动能力,强化安全功效。21世纪以来,以外层空间信息支援能力快速发展为标志的各种影响外层空间安全权力的要素发生了明显的变化,从而使得国际政治权力争夺的重心有向外层空间领域转移的明显趋势。因此,"既要留心权力结构是如何影响国际规范格局变动的,同时也反向关注特定规范结构是如何影响特定权力结构的,也就是说,其终极目标在于解释和理解国际体系的变迁问题。"[①] 当前世界各国在不同层面几乎都感觉到了外层空间权力关系变动不居的态势,导致国际政治向外层空间拓展,现实来看,外层空间信息支援正在成为维护国家安全与国际和平的核心要素。外层空间领域的权力往往体现为诸多要素的系统组合,其中外层空间信息支援能力无疑是最为现实最为关键的要素之一。除美、俄、欧等空间强势力量外,日本、印度、以色列等国也纷纷加快外层空间信息支援能力的发展步伐,外层空间国际政治权力争夺硝烟四起。外层空间信息

---

① 巴尔金关于"现实建构主义"的详细阐述可参见 J. Samuel Barkin, "Realist Constructivism," pp. 325 – 342。另外,有关巴尔金"现实建构主义"的回应文章可参考:"Bridging the Gap: Toward A Realist-Constructivist Dialogue," *International Studies Review*, Vol. 6, No. 6, 2004, pp. 337 – 341; Brent Steele, "Liberal-Idealism: A Constructivist Critique," *International Studies Review*, Vol. 9, No. 1, 2007, pp. 23 – 52;秦亚青、亚历山大·温特:《建构主义的发展空间》,《世界经济与政治》2005年第1期。

支援的全维安全互动离不开外层空间信息支援力量的有效支撑。俄罗斯、欧空局等已开始进行某些尝试。我国应在军民融合式发展过程中，实现卫星系统由单星、星座逐步向网络化的方向发展。我国应充分利用空间技术鲜明的军民两用性，推动卫星系统从单星应用模式向单星和星座两种应用模式发展。我国应克服当今使用的各种卫星系统"烟囱"式分立结构，互通互联性差，彼此的信息不能及时共享和综合利用的缺点，充分发挥我国有限空间信息资源的综合应用效能。我国在大力推动卫星系统朝网络化方向发展的过程中，应有意识地将部署在不同轨道、执行不同任务的航天器及其相应的地面系统连接起来，并与陆、海、空中的相关系统一起，组成一体化的指挥、控制、通信、计算机、情报、监视与侦察（C^4ISR）体系，实现信息的快速获取、融合和分发，从整体上提高卫星系统的综合应用效益，并增强其生存能力。与此同时，我国在国际层面应积极推进外层空间国际安全合作，响应和推动有利于增进国家间信任的联合国框架下的和平卫星（PAXSAT）体系建设。和平卫星体系是加拿大在20世纪80年代中期提出的一个核查概念，分为PAXSAT A和PAXSAT B两部分，分别指利用外层空间设施和利用地面设施对地球轨道中的设施进行功能核查，以落实外层空间军备控制的相关规定和协议。PAXSAT至少需要四颗卫星，包括两颗低轨卫星，一颗中轨卫星及一颗地球同步卫星，另外还需要诸多配套的地面控制和接收设备。PAXSAT作为外层空间国际军控的核查技术支撑设施，一旦建成，国际社会可以依赖这套设备来相互监督是否普遍履约，增进互信和合作。

三是推动外层空间权力均衡进化安全合作。近期几场信息化条件下的局部战争表明，没有空中优势，就不会有地面和海上的优势；没有信息优势，就不会有空中优势；而没有外层空间优势，就不会有信息优势。因此，有着一定空间实力的国家都不约而同地把国际政治权力争夺的重要领域瞄准外层空间，以收事半功倍之效。[①] "外层空间

---

① 戴旭：《太空：战争最后的高地》，《当代军事文摘》2007年第3期。

第四章 提高外层空间信息支援能力 优化结构选择

信息支援系统和能力发展，应瞄准世界航天军事强国，力争与最强对手站在同一层面上，保证不被落下太多，这样才有与强国进行太空军事博弈、斗争的基础和条件。"① 外层空间信息支援能力发展使国际政治中的权力争夺有向外层空间转移的趋势，因此，外层空间的安全问题日益凸显，并上升为国际安全议程的主导因素之一。复合建构主义认为：

> 在国际关系的实际运行中，行为体所追求之物及实现目标之方式并不是一成不变的，有时行为体会区为身份的转变而放弃先前的偏好取而代之以建立新的偏好。如果偏好影响甚至决定行为的话，那么，行为体偏好的转变很有可能预示着国际关系运行状态的转变（由冲突而合作或是由合作而冲突）。②

从一定意义上讲，外层空间信息支援能力发展是外层空间安全合作与斗争之源。③ 亨利·基辛格指出："全球化已经把经济和技术力量扩散于世界各地，而经济和技术的复杂性正处于超越当代政治控制能力的危险之中。……经济全球化所取得的每一个成功都会在社会内部和不同社会之间产生脱节和紧张状态。"④ 外层空间信息支援能力发展本身就是双刃剑，它所引致的诸多新的安全问题是对人类发展的新挑战。外层空间信息支援能力发展导致国际政治权力争夺向外层空间转移，权力转移又导致外层空间治理问题地位的上升，而外层空间权力均衡最终决定着外层空间协调与合作的前途。"今天的后现代化或信息化则标志着人类活动的一种新模式。……这种转换让我们首先

---

① 军事科学院军事战略研究部编著：《战略学》，军事科学出版社2013年版，第188页。
② 董青岭：《复合建构主义——进化冲突与进化合作》，时事出版社2012年版，第112页。
③ Stanley Hoffmann, "World Governance," *Daedalus*, Winter 2003, pp. 27–35.
④ Henry Kissinger, *Does America Need a Foreign Policy?*, New York: Simon & Schuster, 2001, pp. 24, 31.

看到了这种转变,但我们需要更仔细地看清楚关于人类与人性自身的理念上的变化。"① 在外层空间信息支援能力大力建设的同时,力争形成一种全新的合作安全观念,既正当其时,又刻不容缓。因此,我国一方面应大力倡导平等、互信、合作、共赢的新安全观,联合主张和平开发与利用外层空间的力量,积极推动联合国主导的防止外层空间武器化和军备竞赛的国际努力;另一方面,应从国家安全和发展的战略层面谋画好我国航天事业的发展,不断增强我国和平探索与利用外层空间的能力,从而促进空间权力趋向均衡,实现外层空间安全由进化冲突走向进化合作。

---

① [美]麦克尔·哈特、[意]安东尼奥·奈格里:《帝国——全球化的政治秩序》,杨建国、范一亭译,江苏人民出版社2003年版,第275页。

第五章

力促外层空间攻防对比
态势的和平转向

"空间攻防作战,是敌对双方主要在外层空间进行的直接的军事对抗活动。空间战以军事航天力量为主要作战力量,以敌对双方直接攻防为基本表现形式,以夺取和保持在一定时间内对一定范围外层空间的控制权为基本目的,是对抗最激烈、强度最高的空间领域军事斗争形式。"[①] 而外层空间攻防对抗准备是指"以外层空间为主要战场,以航天部队为主要作战力量,以夺取制天权为目的,以军用航天器为主要目标而进行的空间作战准备行动"[②]。外层空间攻防对抗准备作为外层空间安全互动的一种特殊形式,其中防御性的准备具有自卫性质,属于军事利用的范畴,而进攻性的准备则属于军事化登峰造极阶段,属于外层空间武器化,是外层空间军备控制所要限制、禁止的对象。外层空间防御性对抗准备主要包括空间态势感知、空间隐身和机动、损害限制等,进攻性对抗准备主要包括动能打击、电子战以及其他毁伤性攻击等。"空间武器化的概念范畴(比外层空间攻防对抗准备)要小得多,仅包括上述概念的进攻性部分,以及未来的在轨攻击能力。"[③]

---

① 军事科学院军事战略研究部编著:《战略学》,军事科学出版社2013年版,第182页。
② 卢昱编著:《空间信息对抗》,国防工业出版社2009年版,第62页。
③ [加拿大] Wilson W. S. Wong, James Fergusson:《军事航天力量——相关问题导读》,尹志忠、方秀花、秦大国、侯妍译,国防工业出版社2012年版,第67页。

外层空间武器是"位于外层空间、基于任何物理原理,经过专门制造或改造,用来消灭、损害或干扰位于外层空间、地球表面或大气层物体的正常功能,以及用来消灭人口和对人类生存至关重要的生物圈组成部分或对其造成损害的任何装置"[①]。在外层空间军事利用尚未被全面、彻底禁止的前提下,外层空间进攻性的对抗准备是各种军事对抗活动极其危险的高级阶段,反对这种空间武器化是外层空间军备控制的首要任务。美国空军科学咨询委员会公开提出:"美国如果要继续维持超级大国的地位,就不仅必须通过天基信息系统展示全球态势感知能力,而且必须直接从空间用动能或定向能武器向地球表面或空中目标投射能量。"[②] 作为结构现实主义分支的攻防理论(Offense-defense Theory)从攻防能力对比这种结构性的因素来探讨战争与和平的关系,[③]其核心概念是攻防对比(Offence-defense Balance),即为获得胜利所需要投资或者成本的比率。[④] 以攻防理论为视角,分析当前外层空间安全博弈的根本内涵和美国外层空间武器化战略的核心特征,指出其进攻占优的攻防对抗准备的武器化性质和对国际安全的现实危害,不难看出,切实维护好我国外层空间战略安全和合法权益必须旗帜鲜明地反对外层空间武器化和军备竞赛,同时,从外层空间安全形势出发,必须千方百计地联合一切可以联合的力量,利用一切可以利用的因素,努力遏止美国外层空间攻防对抗准备中控制空间企图的潜在威胁,极力转变外层空间攻防对比态势,促进外层空间安全互动进程的优化转向。

---

① 联合国裁军谈判会议:《中华人民共和国与俄罗斯联邦工作文件:关于防止外空武器化法律文书的定义问题(CD/1779)》,2006年5月26日,http://www.fmprc.gov.cn/chn/gxh/zlb/zcwj/t309188.htm。

② [美]布莱恩·弗莱迪克森:《全球性:引领空间力量理论创新之路》,杨乐平、彭望琼编译:《空间力量理论与战略研究文集》,国防科技大学出版社2013年版,第190页。

③ 李彬:《军备控制理论与分析》,国防工业出版社2006年版,第89—112页。

④ Glaser and Kaufmann, "What Is the Offense Defense Balance and Can We Measure It?" *International Security*, Vol. 22, No. 4 (Spring 1998), pp. 46–50.

一　外层空间攻防对比弱纳什均衡的前因后果

复合建构主义认为："如果体系暴力无法得到有效控制，同时体系中又缺乏一个'良性'规范的制定者或倡导者来驯化行为体，那么，体系冲突几乎是难以避免且是不断进化的。"[1] 外层空间安全领域，体系暴力在冷战中后期，曾一度因美苏空间实力抗衡大致的战略稳定性而得到一定程度的收敛和控制，这主要表现为和平开发与利用空间原则的确立和以外层空间条约为代表的系列条约的出现。这些"良性"规范的制定，进一步约束了依附于核威慑战略的空间攻防对抗准备，具有明显的历史功效。但冷战后，随着外层空间物质权力结构的失衡与美国试图通过绝对优势维护绝对霸权企图的耦合，外层空间战略安全再度成为当今世界军事领域日益凸显的热点问题，也是维护国家安全现实而紧迫的重大任务。这时更需注意到，空间攻防对抗准备既要考虑空间安全装备基础对攻防决策的作用，又要考虑环境因素对攻防对抗的影响，既要考虑空间攻防力量的体制编制在攻防选择中的功能，又要考虑民用、商用航天系统在攻防对抗中的动员与运用。攻防理论表明："攻防平衡对战争的影响，进攻性武器能够与防御性武器区别开来，是前者而非后者诱导战争，应该销毁。"[2]

（一）核威慑战略中外层空间攻防对抗准备的缘起

鉴于外层空间在国家安全、经济中的重要地位，世界各主要国家都在大力发展外层空间力量，以争夺一席之地。"几乎所有早期的国家安全太空能力都是为了支持核威慑和核作战任务而发展的，所以太空先发制人稳定性不可避免地与超级大国之间的危机稳定性

---

[1] 董青岭：《复合建构主义——进化冲突与进化合作》，时事出版社2012年版，第151页。
[2] Jack S. Levy, "The Offensive Defensive Balance of Military Technology: A Theoretical Analysis," *International Studies Quarterly*, Vol. 38, No. 2 (June 1984), p. 220.

有关。"① 20世纪50年代中期，美国与苏联在火箭和卫星发展项目上展开了竞赛，美国空军曾经认为，太空轨道计划的实施可以让美国在太空领域获得与之前在陆地领域一样的优势。② 受到苏联首次发射人造地球卫星的刺激，美国政府开始制定自己的空间活动原则。最初，美国将空间计划分为两类：一类是"服务于和平目的"的民用计划；另一类是用以"加强国家安全"的空间系统和能力计划。由于两类计划分由不同部门执行，美国成立了由总统领导的政策协调组织——国家航空航天委员会，其核心任务是协调军用计划和民用计划之间的关系。此后，苏联曾向外层空间发送了多个空间站，并发射了100多艘载人飞船，卫星数量也一度达到220多颗，创造了辉煌的航天历史。

冷战时期，美国和苏联发射各类卫星，诸如侦察卫星、导弹预警卫星、通信卫星等，对对方三位一体核力量的动向进行监视、预警、拦截，并保证一旦出现核危机，这些太空资产能为本国核力量提供指挥与控制，确保维持第二次核打击能力。此时的太空威慑重点是借助太空资产与能力，保障核威慑的效果，因而成为核威慑的重要组成部分。③

在此期间，美国和苏联的冷战日益升级，双方对外层空间军事利用都服务于各自的核威慑战略，两国争先恐后地发展侦察卫星、监视卫星作为国家技术手段，对对方的核试验和核设施进行严密监控。在核对峙过程中，随着弹道导弹技术的升级，为了增加自身核武器、核

---

① [美]福里斯特·E. 摩根：《太空威慑和先发制人》，白堃、艾咪娜译，航空工业出版社2012年版，第7页。
② [美]亚当·L. 格鲁：《有人与无人控制太空系统》，[美]雅各布·尼菲德：《太空中的美国空军：1945年至21世纪》，美国空军历史基金会讨论会，马里兰州安德鲁斯空军基地，1995年9月21日至22日，华盛顿特区：空军历史与博物馆规划，1998年，第70—71页；[美]科迪斯·皮波尔：《高空边疆：美国空军和太空军事规划》，华盛顿特区：空军历史与博物馆规划，1997年，第16—22页。
③ 何奇松：《脆弱的高边疆：后冷战时代美国太空威慑的战略困境》，《中国社会科学》2012年第4期。

第五章　力促外层空间攻防对比态势的和平转向

设施的生存能力，双方又各自加紧发展预警系统，使其天基系统走向综合化。侦察、监视卫星有利于核军备控制的核查，预警卫星则为防卫方提供了报复打击所必需的回旋时间。正如罗伯特·吉尔平所指出的："攻防平衡影响到现状改变的代价，代价越高，发动战争的可能性就越少。"[①] 这也就是说，空间技术的发展在核威慑战略中有助于防御占优势，从而实际上减少了爆发核战争的可能性。

为了减少对方外层空间军事利用所带来的安全压力，在外层空间攻防对抗准备方面，当时美苏两国均开始进行反卫星武器的研制，试图利用反卫星武器干扰或摧毁各类卫星或使之失效。反卫星武器包括各种复杂的作战系统：地基和空基反卫星作战通常采用的是反卫星导弹或动能武器。天基反卫星作战，通常有共轨式和非共轨式两种方法，前者主要使用反卫星卫星（外层空间雷），后者主要使用设置在各种航天平台上的定向能武器、动能武器或反卫星导弹。卫星等天基系统是外层空间攻防对抗准备的关键。因此，反卫星作战具有重大意义。[②] 用运载火箭把带有爆破装置的卫星发射至与目标所在轨道基本相同的轨道上，然后利用卫星上雷达或红外寻的器探测、跟踪目标，依靠小型火箭发动机进行机动变轨去接近并摧毁目标。无论哪种形式的反卫星装置都是一种典型的进攻性武器，"有利于进攻而不是防御的军事技术的革新会刺激体系中大国或帝国的扩张，加强其在国际体系中的地位"[③]。

在美国和苏联争霸日酣的过程中，双方争先恐后地发展可随时投入实战的反卫星武器，以增强自身在外层空间攻防对抗准备中的筹码。苏联着力发展的是反卫星卫星（空间雷），将反卫星卫星部署于要攻击卫星的轨道上，装有常规炸药或其他杀伤或破坏手段的装置，可在必要时利用无线电遥控的方式快速接近目标。当与卫星遭遇时，由引信起爆战

[①] Robert Gilpin, *War and Change in World Politics*, New York: Cambridge University Press, 1981, pp. 62 – 63.

[②] 蔡风震、田安平等：《空天一体作战学》，解放军出版社 2006 年版，第 203—232 页。

[③] Robert Gilpin, *War and Change in World Politics*, New York: Cambridge University Press, 1981, p. 61.

斗部或释放金属颗粒与碎片摧毁目标卫星或其他航天器。苏联于1963年开始研究共轨式截击卫星，在1982年的演习中摧毁了模拟的美国侦察卫星，表明当时苏联已拥有可供实战使用的截击卫星。反卫星导弹攻击是可以从地面、空中或外层空间发射，摧毁卫星及其他航天器的导弹，这种导弹能自动发现和跟踪目标，通过引爆导弹核弹头或导弹常规弹头而将目标击毁，也可利用导弹弹头直接撞击目标。1981年，苏联宇航员曾驾驶"礼炮"号空间站对靶星实施过导弹攻击。1985年9月13日，美军利用F-15飞机在12千米高度发射的"空射微型自导引飞行器"（ALMHV），成功击毁了一颗经过太平洋上空，轨道高度512千米的废弃卫星，"这说明美国已经潜在地具备了直接上升式动能反卫星武器的作战能力"①。在此后的冷战时期，美苏外层空间作战力量逐步形成（参见图5-1），相互间构成了均衡对抗的态势。

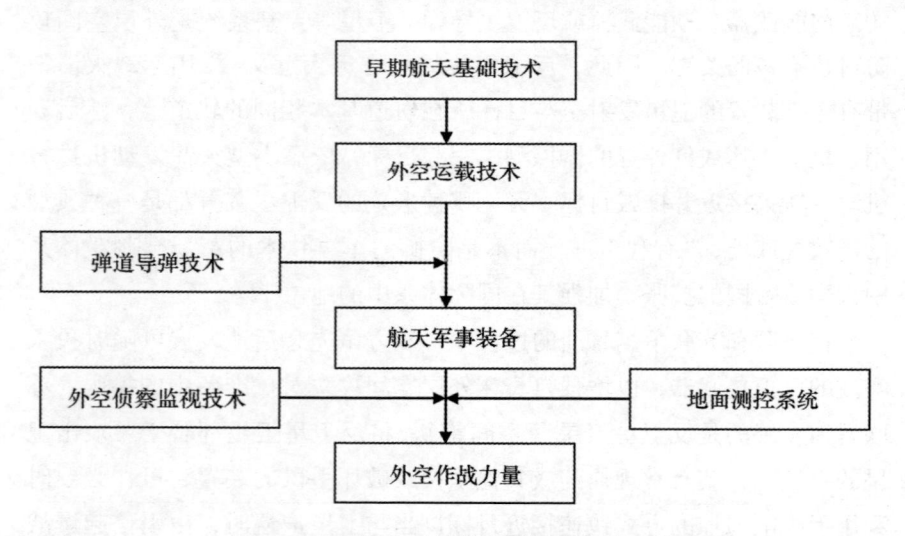

图5-1 外层空间作战力量形成过程示意

资料来源：杨学军、张望新主编：《优势来自空间——论空间战场与空间作战》，国防工业出版社2006年版，第48页。

---

① ［加拿大］Wilson W. S. Wong, James Fergusson：《军事航天力量——相关问题导读》，尹志忠、方秀花、秦大国、侯妍译，国防工业出版社2012年版，第100页。

第五章　力促外层空间攻防对比态势的和平转向

冷战期间维持全球安全与战略稳定的基石是美、苏两个超级大国确保相互摧毁的核威慑战略，其核心是通过核威慑来达到遏制和制止战争的目的。随着空间技术，尤其是极富进攻性的反卫星技术的发展，美、苏双方逐步认识到，首先发动进攻的优势随着进攻优势的增加而增加，这就会引起先发制人的进攻或者突发事件的增多，从而使得危机逐步升级；在战争爆发可能性非常大的情况下，军备竞赛十分激烈，从而增加了战争的危险。[1] 因此，虽然美、苏两个超级大国都将外层空间作为军备竞赛的重要战场，但是由于攻防平衡的考虑，双方外层空间军事发展一直受到相互警惕的限制。由于外层空间军事对抗会诱发核战争所带来的严重破坏性和两败俱伤的可怕后果，这不仅使得双方重新思考空间对抗是否明智，而且促使双方同意禁止高空核试验，禁止将大规模杀伤性武器引入外层空间。

"在当时，'铁幕'两侧的政治领导人和安全分析人士越来越多地意识到，战略武器和可生存二次打击能力的增长让超级大国任何一方发动攻击都会遭受难以承受的损失，一种相对稳定的战略环境出现了。"[2] 1963年，联合国通过了《禁止在大气层、外层空间和水下进行核武器试验条约》，包括美、苏在内的117个国家签署了该条约。1967年，美国、英国和苏联签署了促进空间和平利用，禁止将大规模杀伤性武器引入外层空间的《外层空间条约》（《关于各国探索和利用包括月球和其他天体的外层空间活动所应遵守原则的条约》）。《外层空间条约》于1967年10月10日无限期有效，目前已有96个国家批准加入。该条约对确保空间安全，防止空间武器化提出了一系列国际法原则和规定。这些外层空间条约和有关文件既是指导各国外层空间活动的依据，也是外层空间安全国际法框架的主要组成部分，至今，仍然是维护外层空间安全的基本依据。

---

[1] Robert Jervis, "Cooperation under the Security Dilemma," *World Politics*, Vol. 30, No. 2 (Jan 1978), pp. 186–194.

[2] [美] 福里斯特·E. 摩根：《太空威慑和先发制人》，白堃、艾咪娜译，航空工业出版社2012年版，第7页。

（二）外层空间攻防弱纳什均衡与《反导条约》

20世纪六七十年代，美国和苏联采用的是以核武器攻击核武器的反弹道导弹技术。到20世纪70年代初，双方都认识到，基于这个技术并不能建立有意义的、保护国土的导弹防御系统。根据最近攻防理论学者提出的一些更加精确的方法来理解攻防平衡，其中最为人所接受的是由李维提出，由格拉泽和考夫曼完善的比率方法，即为获得胜利所需要投资或者成本的比率，也就是进攻方占领领土所需要的成本与防御方所部署的防御设施的成本比率。假设防御方在军事资产上的投资为 X，那么进攻方需要投入多大的成本 Y 才能获得夺取目标所需要的力量？攻防平衡就是 Y 与 X 的比率，如果比率越大，那么越有利于防御；反之，就越有利于进攻。[①] 很显然，任何一方试图发展反导防御系统来拦截对方载有核弹头的洲际导弹，其综合成本是很高的，尤其在当时反导防御技术还不是十分成熟的情况下，则更是如此。而另外一方只要花相对很小的代价来提升自己的导弹技术，尤其是多弹头的洲际导弹，就可使对方防不胜防。所以，这个时候，双方在反导防御系统上的军备竞赛极不利于增加战略稳定性。

但是，双方都担心对方的技术突破有可能损害自己的安全利益。因此，在反导防御系统发展的博弈方面，双方最好的选择是都不发展反弹道导弹。实际情况是，美国和苏联于1972年签署了《限制反弹道导弹系统条约》（即《反导条约》）（Anni-Ballistic Missile Treaty, ABM Treaty），限制双方发展全国性的战略导弹防御系统，双方承诺不研制、试验和部署天基反弹道导弹武器系统。在此后一段时间里，美苏两国在这个领域大体相安无事。当技术基础还远远不够成熟的时候，发展军备并不是必然能够获取安全利益的。与此同时，相关的国家都认识到：

[①] Glaser and Kaufmann, "What is the Offense Defense Balance and Can We Measure It?" *International Security*, Vol. 22, No. 4 (Spring 1998), pp. 46–50.

第五章 力促外层空间攻防对比态势的和平转向

反导系统的发展态势又促进了弹道导弹突防技术的升级换代。弹道导弹与反导系统是一对矛与盾，有矛必有盾，盾坚矛更利。弹道导弹是主动进攻的利矛，而反导系统只是被动防御手段；反导系统通常只能对付已经服役使用的某几种型号弹道导弹，而难以有效拦截采用新式突防技术的新型弹道导弹。弹道导弹占有主动之利，同时可采取数量规模和技术优势进行综合突防，反导系统充其量只是"虚幻的盾牌"。①

因此，发展反导系统并不能真正增加自己国家的安全。同时，随着双方外层空间技术及其应用的增加，确保自身空间资产的安全也是双方安全决策必须慎加考虑的问题。"太空系统对地面作战能力提供重要支持，并给潜在对手造成极大威胁。同时，卫星对拥有攻击能力的敌人没有什么防御能力。因此，太空与核领域一样，在出现战争可能的情况下，双方都会趋于首先发动进攻。"② 但是，双方可能都担心对方发展这种装备会出现意外突破从而威胁自己的安全。在一次性博弈中，双方都实行军备控制是一个纳什均衡。这表明，在这种情况下，双方容易实现军备控制。同时，也要注意到，其中任何一方在对方采用均衡策略时，自己一方的收益不会随自己的策略而变化。因此，双方都实行军备控制是一个弱纳什均衡，其均衡结果很容易受双方收益函数微小变化的影响。也就是说，如果博弈双方感觉到，由于技术发展，军备对安全的作用有所加强，那么，双方的军备控制关系就容易被打破。增强这个平衡稳定性的方法之一是加重对军备发展的惩罚，即对军备发展做出强硬反应，使其发展军备的收益变小。③

在《反导条约》的约束下，美国外层空间攻防对抗准备经历了一

---

① 葛立德：《弹道导弹的战略作用》，《瞭望新闻周刊》2012年9月3日。
② [美]福里斯特·E.摩根：《太空威慑和先发制人》，白堃、艾咪娜译，航空工业出版社2012年版，第2页。
③ 李彬：《军备控制理论与分析》，国防工业出版社2006年版，第63—65页。

个逐步演变的过程，反映了美国在不同时期的科技、经济、军事和安全战略以及国际局势对经济和技术的影响。尤其是在涉及"国家安全"方面，从强调一般的军事情报活动不受妨碍，到强调追求国家安全目标不能受到影响；从强调支持其自卫权，到暗含的空间军事打击，外层空间攻防对抗准备的军事性和进攻性逐步增强。"因为需要搜集大量苏联内陆地区的战略情报，以防不利于空中侦察，所以艾森豪威尔政府努力让国际社会接受'太空自由利用'的规则，可以让侦察卫星飞越目标地区。"[①] "随着时间的发展，这种稳定性和条约限制甚至让一些美国分析人士一度相信太空领域是一个免战避难所。"[②] 但好景不长，因为这个博弈的均衡是弱纳什均衡，如果任意一方对导弹防御技术可行性的认识有所改变，其平衡就容易被破坏。也就是说，单纯地限制导弹防御的策略是不容易维持的。1975年10月，苏联曾五次用氟化氢激光器照射两颗飞越西伯利亚上空的美国用于监视洲际导弹发射井的早期预警卫星，使其失效达4小时。[③] 1977年1月，美国福特总统下令开始新型美国反卫星系统的研发工作，以应对苏联的压力。[④] 在《限制反弹道导弹系统条约》签署之后，从1983年开始，美国多次准备突破该条约的限制。1983年，当时的美国总统里根提出战略防御倡议（Strategic Defense Initiative，SDI），俗称"星球大战计划"，[⑤] 计划发展基于定向能和动能技术的、多层拦截的、在地面和外层空间部署的弹道导弹防御系统。"双方都在试验反

---

① ［美］沃尔特·A. 马可多加尔：《太空与陆地：一部太空时代的政治史》，马里兰州巴尔的摩：约翰斯·霍普金斯大学出版社1997年版，第115—118页；［美］伯纳德·A. 夏维尔：《太空军事活动：回忆与观察》，1998年，第14页。

② 历史性回顾和有关防务问题的争论，见［美］大卫·W. 格尔《安全天空：军事战略与太空禁武区》，亚拉巴马州麦克斯韦尔空军基地：空军大学出版社1999年版，第185—245页。

③ 蔡风震、田安平等：《空天一体作战学》，解放军出版社2006年版，第203—232页。

④ ［美］保罗·B. 塔尔斯：《太空军事化：美国政策，1945—1984》，纽约州伊萨卡：科内尔大学出版社1985年版，第179页；又见第345号国家安全决议备忘录《美国反卫星能力》，1997年1月18日。

⑤ 李彬：《军备控制理论与分析》，国防工业出版社2006年版，第89—112页。

卫星武器系统并寻找更多方法来支持常规军事行动，太空更加明显地成为冲突焦点。太空系统的作用不再仅仅局限于国家情报、侦察及核指挥与控制任务，它们为常规部队也提供了越来越多的支持。"[1]

外层空间除作为引领国家经济发展的强劲增长点外，还是战争"食物链"中的最高端。没有空中优势，就不会有地面和海上的优势；没有信息优势，就不会有空中优势；而没有外层空间优势就不会有信息优势。制外层空间权成为制空权、制海权、制信息权的前提。在老布什总统任内，战略防御倡议转变为针对有限攻击的全球保护系统（Global Protection against Limited Strikes，GPALS）。GPALS的核心是天基动能拦截系统，包括数百枚在地球轨道上运行的拦截器，它们被称作"斑斓的卵石"（Brilliant pebbles）。[2] 增加博弈结果稳定性的方法是改变博弈的收益函数，例如，把《限制反弹道导弹系统条约》与其他军控条约挂钩，使得破坏该条约的收益非常小。这样，由于缔约国顾虑违约会受到惩罚而使得《限制反弹道导弹系统条约》得以维持。2000年4月，俄罗斯杜马在批准《进一步削减战略武器》（START II）的时候，把它与《限制反弹道导弹系统条约》挂钩，其目的是加重维护《限制反弹道导弹系统条约》的筹码，[3] 试图阻止出现美国单方面退出《限制反弹道导弹系统条约》，肆无忌惮地发展反导系统的危险局面。

（三）外层空间力量失衡与攻防对抗准备的企图

冷战结束后，外层空间美苏抗衡的权力结构发生了根本性的变化。苏联在外层空间的势力突然消失，俄罗斯又难以为继，美国趁势扩张，成为在外层空间占有压倒性优势的唯一超级大国。1991年苏联解体后，俄罗斯航天经费"捉襟见肘"，无法展开大量的航天发射

---

[1] [美]福里斯特·E.摩根：《太空威慑和先发制人》，白堃、艾咪娜译，航空工业出版社2012年版，第11页。
[2] 李彬：《军备控制理论与分析》，国防工业出版社2006年版，第89—112页。
[3] 同上书，第63—65页。

活动并维持庞大的卫星群,在其后的10多年里,俄罗斯卫星数量下降了一半,其航天业已经辉煌不再。从20世纪90年代后期起,俄罗斯外层空间军事的各项潜能几乎降到了最低点。2001年,俄罗斯卫星定位系统"格洛纳斯"在轨卫星由1995年的24颗减至8颗;各种航天器由186颗减至94—97颗。俄罗斯的航天投入仅位列世界第六,落后于美国和印度。即使如此,俄罗斯"纽带网"发表评论指出:"众所周知,目前能利用本国力量开发外层空间的国家要比拥有核武器的国家少得多,准确地说,只有俄罗斯和中国有能力与美国在外层空间领域进行竞争。中国人才刚刚进入外层空间,想登上其他星球还要走相当漫长曲折的道路,因此唯一能够成为美国现实伙伴和竞争对手的在相当长的时间内只有俄罗斯。很显然,美国是要限制俄罗斯开发外层空间","美国在外层空间中的优势无人可敌,即便是俄罗斯也是甘拜下风"。目前美国和俄罗斯拥有间谍卫星的数量是12比1,而美国对航天领域的拨款比俄罗斯高出30倍。与此同时,日本、欧盟、印度等也纷纷加大涉足外层空间的步伐,外层空间领域的权力结构出现了单极向多极发展的趋势。但现实地看,美国占压倒性优势的地位异常突出。

美国作为在外层空间拥有绝对优势的国家,其外层空间攻防对抗准备尤为引人关注。1992年,白宫成立由副总统丹·奎尔牵头的特别小组,对美外层空间攻防对抗准备进行了全面评估,提出了加强空间活动的建议。美国一再表示要修改《限制反弹道导弹系统条约》,最后甚至退出了该条约。1996年克林顿政府的"国家空间政策"出台,在国家安全方面继承了里根政府时期国家空间的一些内容,提出了通过空间计划加强美国安全的八个途径,包括支持自卫;遏制、预警、防御进攻;确保空间利用不被阻挠;必要时打击敌人利用空间系统和服务;加强美军盟军的行动;满足平时和战时情报需求;支持各部门的决策需求等。基于摧毁型反卫星作战与高层反导作战的相似性,且卫星轨道的相对固定,具有高层反弹道导弹能力的国家一般都具有反卫星能力。不过,这时美国政府出台的国家空间政策还不得不

第五章 力促外层空间攻防对比态势的和平转向

对国际条约表示一定的尊重，称"在符合国际条约义务的前提下，美国将开发、使用和维持空间控制的能力，以确保进出空间的自由，根据指令，消除敌人这样的自由"，为了降低外界的担心，该政策特别补充道，这种能力可以通过外交、法律和军事措施得到加强，强调排除敌人使用空间系统和服务。期间，美国外层空间攻防对抗准备将反卫星作战隐藏于反弹道导弹作战准备之中。在克林顿第一任期内，导弹防御的主要方向一度转为战区导弹防御（Theater Missile Defense，TMD）。在克林顿第二任期内，全国导弹防御的分量日益增加。战区导弹防御计划所宣称的目的是保护美国的盟国和美国的海外军事基地免受射程小于3500千米的战区导弹的袭击，保护的范围大大小于美国国土面积；全国导弹防御所宣称的目的是保护美国整个国土免受洲际弹道导弹的攻击。[1] 美国作为唯一的超级大国，部署外层空间武器无须担心来自战略对手的反应。1997年10月，美国在新墨西哥州白沙导弹靶场，成功地进行了一次激光照射卫星的试验，两束中红外波段的高能激光先后击中了一颗即将报废的MSFII-3气象卫星，实验使得该卫星不能正常工作，表明其激光反卫星武器已经具备实战能力。1998年，美国参议院委派后任国防部长的拉姆斯菲尔德牵头组成调查委员会，就美国空间体系的国家安全管理和组织展开评估，其后形成的"拉姆斯菲尔德委员会报告"认为，美国面临的弹道导弹威胁是广泛的，比最初猜测得更为成熟、发展更为迅速，并且它会在很少甚至没有预警的情形下出现。报告最后还警告说："我们不想在某一日清晨醒来时发现已遭遇'空间珍珠港'。"

由于技术水平上的巨大差距，美国在外层空间开发方面的优势不断加大，外层空间领域的国际权力结构出现严重失衡的态势。美国是世界上唯一拥有航天飞机和唯一进行过载人登陆月球的国家。截至2013年8月，全球共有1084颗卫星在轨运行，其中美国拥有461颗[2]，

---

[1] 李彬：《军备控制理论与分析》，国防工业出版社2006年版，第89—112页。
[2] 张晓祺：《中国首次发布〈空间态势评估报告〉向公众全面展示人类太空活动"家底"》，中国军网，2014年4月17日。

· 181 ·

将近占了世界卫星总数的一半。至于外层空间武器研究方面，美国更是遥遥领先于其他国家。根据美国时任空军航天司令部司令兰斯·洛德提交给美国国会的报告，美国当时正在开发的外层空间武器有五六种之多。美国有着完备的外层空间攻防对抗准备的组织、领导机构、理论体系、兵力编制、武器系统以及外层空间攻防对抗准备的培训基地，有着庞大的航天工业和雄厚的人才储备，其规模远远超过世界各国的总和。2000年10月，美国空军航天司令部成立第527空间进攻中队，由其在空间作战演习中模拟敌对国家的空间进攻能力与战术。2001年1月，美国空军成立第76空间控制中队；2003年4月，美国空军成立了614空间中队，旨在保护美国的通信卫星、气象卫星、导航卫星、导弹预警卫星以及地面站免遭来自敌方的任何攻击。美国的危机感比谁都强烈，外层空间攻防对抗准备演习已进行了好几次。美空军于2001年、2003年、2005年、2007年、2009年、2010年、2012年连续进行了多次"施里弗"空间战模拟演习，检验空间系统在未来军事行动中的作用，模拟验证未来空间作战概念，并且在其他大规模联合作战演习中增加空间作战的内容。美国走在空间军事利用的最前沿，它拥有最先进的进入和利用外层空间的技术，拥有最多最先进的军用航天器。从一定意义上说，美国空间技术利用状况决定着外层空间武器化的状况。冷战后美国空间系统能力建设已经不仅着眼于威慑，更着眼于实战。

  根据攻防理论，攻防平衡有主观的（想象中的）平衡与客观的（真正的）平衡之分。对于攻防理论来说，两者的作用是不同的，主观的平衡主要用来解释特定时间里特定国家的外交政策，比如美国不顾国际社会的强烈反对，执意发动第二次海湾战争，很显然是受想象中进攻优势的鼓励。[①] 而客观的平衡主要用来解释国家之间广泛的行为模式、作为错觉理论的基础以及外交政策的指导基础，最为明显的例子是美国安全决策者越来越倾向于认为美国在外层空间进攻占优势

---

① 李志刚：《攻防理论及其评价》，《国际论坛》2004年第6期。

第五章 力促外层空间攻防对比态势的和平转向

能确保美国的绝对安全,从而使得外层空间安全形势日益严峻。[①] 随着美国独霸全球野心的膨胀,加上"9·11"事件后对自身安全的忧虑,美国开始加快空间技术的研发,希望在军事上构建起一个绝对安全的屏障。在新保守主义思潮主导下,从2000年起美国开始实行"先发制人"的军事政策并在国际事务中向单边主义大幅靠拢。美国外层空间攻防对抗准备战略的核心就是夺取未来军事竞争的制高点。美国发动的几场局部战争表明,外层空间能力与军事有着密切的关系,外层空间在军事上的作用日益明显。美国能够在近期几场局部战争中快速取得军事胜利,其中一个重要原因就是美国的外层空间卫星为美军许多重要武器系统提供了资讯和通信支援。在海湾战争中,美国动用100余颗卫星;在科索沃战争中,美国及盟国动用70余颗卫星;阿富汗战争和伊拉克战争中,美国也动用了50余颗卫星。正是因为有了这些卫星及其支撑下的 C^4ISR(指挥、控制、通信、计算机、情报、监视、侦察)系统,美国才实现了天空相互透明和实施远距离精确打击的能力,取得了不对称的优势。同时战争也使美国对信息化战争和外层空间能力的认识进一步提高。美国于2001年出台的《四年防务评估》报告指出:"外层空间攻防对抗准备和信息战能力已成为军事能力的中坚。夺取空间控制权——利用空间和不让敌人利用空间——将成为未来军事竞争的一个重要目标。"

在世界各国中,美国拥有最强的军事技术,但未来战争是信息化战争,打赢信息化战争的关键是拥有"制天权"。尽管世界各国间的军事竞争从来没有停止过,空间技术也在为战争服务,但是还没有一个国家明确宣布将外层空间作为战场。美国认为,当前正在进行的军事革命为延长美国的军事优势期提供了机遇,而军事革命的核心就是信息战能力和外层空间攻防对抗准备能力。因此,美国要抓住这一机遇,利用美国雄厚的基础研究能力,保持和发展信息技术和空间技术

[①] Robert Jervis, "Cooperation under the Security Dilemma," *World Politics*, Vol. 30, No. 2 (Jan., 1978), pp. 190 – 191.

这两个优势，大力推进适应未来战争形态需要的外层空间攻防对抗准备。小布什执政时期的美国就不再强调战区导弹防御与全国导弹防御的区别，也不局限于只部署地面发射的拦截器，尽管事实上当时试验部署的只有地面发射的拦截器。① 美国希望通过在外层空间部署武器系统，进一步提高美军的作战能力，拉大与其他国家在军事上的差距，从而建立一支不受任何挑战，具备攻防兼备能力的军事力量，使美军能够遂行各种作战任务，对付各种各样的战争。

二 美国作为进攻方的定向攻防对比的变化

正如复合建构主义所认为的："国际关系的复合结构——物质与观念的复合形态——不仅为国家和其他政治行为体之间的交往互动提供了舞台和背景，而且还建构了行为体彼此之间的认知方式、限定了行为体对社会化内容和方式的选择。"② 21世纪初，由于技术水平上的巨大差距，美国在外层空间开发方面的优势不断加大，外层空间国际权力结构出现严重失衡的态势。美国是世界上唯一拥有航天飞机和唯一进行过载人登陆月球的国家。美国有着完备的外层空间攻防对抗准备的组织、领导机构、理论体系、兵力编制、武器系统以及外层空间攻防对抗准备的培训基地，有着庞大的航天工业和雄厚的人才储备，其规模远远超过世界各国的总和。但它的危机感比谁都强烈，外层空间攻防对抗准备演习已进行了好几次。虽然出于政治、科技、经济、外交等多种因素的考虑，美国一直未公开表明要部署外层空间武器，并一直延续至今，但危险的情况是曾经一度导致美国采取克制态度的那些资金、技术、政治和国际条件正在消失。物质因素和观念因素的耦合，使得美国作为在外层空间拥有绝对优势的国家，在外层空间攻防对抗准备方面越走越远。

---

① 李彬：《军备控制理论与分析》，国防工业出版社2006年版，第89—112页。
② 董青岭：《复合建构主义——进化冲突与进化合作》，时事出版社2012年版，第151—152页。

（一）外层空间攻防对抗中控制空间企图的潜在威胁

美国外层空间攻防对抗准备的战略构想。根据攻防理论，攻防平衡有主观的（想象中的）平衡与客观的（真正的）平衡之分。对于攻防理论来说，这两者的作用是不同的，主观的平衡主要用来解释特定时间、特定国家的外交政策，比如美国不顾国际社会的强烈反对，执意发动第二次海湾战争，很显然是受想象中进攻优势的鼓励。[1] 而客观的平衡主要用来解释国家之间广泛的行为模式、错觉理论的基础以及外交政策的指导基础，最为明显的例子是美国安全决策者越来越倾向于认为，美国在外层空间进攻占优势能确保美国的绝对安全，从而使得外层空间安全形势日益严峻。[2] 21 世纪，美国相继出台了《外层空间经营与组织倡议》（2001）、《美国国家安全战略报告》（2002）、《联合外层空间战略纲要》（2003）、《弹道导弹防御国家政策》（2003）、《2020 年远景规划》（2003）、《美国空军转型飞行计划（TFP）》（2003）、《制外层空间权》（2004）、《外层空间对抗作战》（2004）、《战略总体规划》（2004）、《美国国家军事战略》（2004）、《美国国家外层空间政策》（2006）、《美国国家安全战略》（2006）、《空间作战》（2006）、《战略攻击》（2007）、《美国国防战略》（2008）、《美国国家外层空间政策》（2010）、《美国国家安全战略报告》（2010）、《四年防务评估》（2010）、《国家安全空间战略》（2011）等一系列与外层空间攻防对抗准备密切相关的文件。这些文件阐述了美国外层空间攻防对抗准备的目标和规划，主导着美国 21 世纪外层空间攻防对抗准备的发展趋向。从下面对所选取的几个美国外层空间对抗准备标志性文件的相关分析中，不难发现美国外层空间攻防对抗准备的基本思路和措施。

1.《外层空间经营和组织倡议》（2001）：2001 年 5 月 8 日，时任美国国防部长拉姆斯菲尔德宣布《外层空间经营和组织倡议》，要求美

---

[1] 李志刚：《攻防理论及其评价》，《国际论坛》2004 年第 6 期。
[2] Robert Jervis, "Cooperation under the Security Dilemma," World Politics, Vol. 30, No. 2, January 1978, pp. 190 – 191.

国军方为了避免"在某一日清晨醒来时发现已遭遇'空间珍珠港'",应就快捷与连续、防御与进攻的外层空间行动进行组织、训练与装备上的准备。[①] 为此,美军应大力推进外层空间控制战略,谋求在增强外层空间态势感知能力的基础上,积极提高防御性和进攻性外层空间对抗能力,建设更加完善的外层空间攻防对抗体系。[②] 美国外层空间攻防战略的基础在于其对外层空间防御脆弱性的感知。正如某位学者所指出的那样:"美国对外层空间资产的依赖程度远远超过其他所有国家,而外层空间资产与生俱来的一个特点就是对攻击具有脆弱性,即外层空间资产的自身防御存在很大的弱点。"[③] 根据攻防理论的基本观点,"一个国家在拥有或认为自身拥有强大进攻和薄弱防御能力的时期,往往会发动和进行更多的战争"[④]。为此,美国进一步抢占先机,加快发展其外层空间优势,企图为未来的外层空间争霸打下强势基础。

2.《美国国家安全战略报告》(2002):"9·11"事件改变了美国对其安全形势的看法,认为其不仅面临着来自世界上地区强国的威胁,而且还面临着恐怖主义袭击和核、生、化、外层空间和导弹扩散等不对称威胁。2001年12月,美国单方面退出《限制反弹道导弹系统条约》,突破了外层空间武器化的最后一道法律屏障,使得其外层空间攻防对抗准备朝着攻势占优的危险方向发展。2002年《美国国家安全战略报告》明确提出了"先发制人"的打击战略原则。在战略手段上,加快以军事转型为重点的国家安全体制的全面转型。美国将以导弹防御系统为纽带在亚太地区形成一个以美国为主导的"多边防务"网络:部署陆基拦截导弹、海基拦截导弹、"爱国者"PAC-3

---

① United States Department of Defense, "Secretary Rumsfeld Announces Major National Security Space Management and Organizational Initiative," *News Release*, No. 201-01, May 8, 2001, http://www.defenselink.mil/news/May2001/b05082001_bt201-01.html.

② 王友利、伍赣湘:《美国空间对抗体系及典型装备发展研究》,黎弘主编:《2012:国际军备控制与裁军》,世界知识出版社2012年版,第102页。

③ 何奇松:《脆弱的高边疆:后冷战时代美国外空威慑的战略困境》,《中国社会科学》2012年第4期。

④ 邹明皓、李彬:《美国军事转型对国际安全的影响——攻防理论的视角》,《国际政治科学》2005年第3期。

型导弹防御系统以及陆基、海基和天基传感器。同时，计划在阿拉斯加州中部部署100枚拦截导弹，在阿留申群岛的一个荒岛上建立新的雷达站。在2010年前向近地轨道发射24颗卫星，用以对导弹发射情况进行昼夜监视。2015年前将在北达科他州部署150枚拦截导弹。美国希望通过这些导弹防御拦截系统，实现对本土的防御和实现对恐怖主义以及"无赖"国家"先发制人"的打击，达到建立一个以美国为主导的单极世界的目的。

3.《美国国家外层空间政策》（2006）：在阿富汗战争和伊拉克战争的过程中，美国对外层空间的利用和依赖，让美国更加深刻地感受到外层空间优势所带来的好处，更加坚定了美国进行外层空间攻防对抗准备的决心。2006年，时任美国总统的小布什正式签署一项新外层空间政策，与以往相关政策相比，该文件突出强调美国享有绝对自由的行动权；拒绝就任何可能会限制其进入或使用外层空间的协议进行协商、谈判，反对与这一原则相违背的任何形式的外层空间协议或规定；如有必要，美国有权力不让任何"敌视美国利益"的国家或个人进入外层空间。这一政策文件精神体现了美国不容他人"染指"外层空间，追求外层空间霸主地位的意图。[①] 数月之后，美国批准了新版《空间作战》文件，进一步界定了外层空间攻防对抗准备的协作机构、联合部队空天组织指挥官履行职责的任务、外层空间作战部队的使命等内容。这一系列外层空间战略规划给美国加快外层空间攻防对抗准备"开启了一道更大的门缝"，而且"充满了单边主义的口吻"。

4.《空间作战》（2006）：美国批准了新版《空间作战》文件，界定了外层空间攻防对抗准备的协作机构、联合部队空天组织指挥官履行空间作战指挥的任务、空间作战部队的使命等内容。美军方领导人暗示，无论愿意与否，他们都已经被拖入了一场攫取空间优势的斗争中。因此，应建立"在所有未来冲突中及和平时期占据空间优势"的观念，并贯穿于美军所做的一切工作当中。为了巩固美国军事航天优

[①] 徐能武：《外空国际关系研究》，中国社会科学出版社2010年版，第38页。

势地位，允许"先发制人"地攻击他国卫星或地面指挥站，剥夺对手外层空间对抗的能力；同时，美国还提出了防御与攻击相结合的"反制空间"战略，进一步加强了确保外层空间优势的创新研究和试验，加快了新一代空间技术与平台的研发，决心构建绝对安全的外层空间屏障。

5.《国家安全空间战略》（2011）：美国在依赖外层空间优势所获取的利益巨大的同时，也面临着外层空间战略环境急剧变化的巨大挑战：首先，外层空间日益变得拥挤。外层空间运转的卫星越来越多，外层空间轨道的碎片也越来越多，以及因卫星增多而导致的轨道间隔越来越小，卫星相撞和干扰的可能性越来越大。其次，外层空间日益充满对抗。离开了外层空间系统，美军几乎不能打仗，或者其战力将极大地减损。最后，外层空间日益具有竞争性。[①] 针对上述问题，《国家安全空间战略》明确了美国外层空间安全的战略目标：一是强化外层空间的安全与稳定；二是维持并增强外层空间系统给美国国家安全所提供的战略优势；三是加强为美国提供国家安全保障的外层空间工业的发展。为实现上述三大战略目标，《国家安全空间战略》在概要中为美国外层空间安全战略提出了五大方针：其一，确保各行为体负责任、和平、安全地使用外层空间。其二，提高美国外层空间能力。其三，与负责任的国家、国际组织、商业公司结成伙伴关系。其四，预防与威慑对支持美国国家安全的外层空间资产与基础设施的侵犯。其五，准备挫败攻击，并在退化的环境中行动。综上所述，美国通过一系列重要文件，确立了控制外层空间，推动外层空间武器化的较为完整的政策体系，[②] 构成了美国外层空间攻防对抗全方位准备的基本框架。

在这些文件思路和要点的指导下，美国大力推进外层空间攻防对

[①] 程群、何奇松：《美国国家安全太空战略评析》，《现代国际关系》2011年第3期。
[②] 美国这些文件提出了控制空间、全球作战、力量集成和全球合作等作战思想，既勾画了包括美国进入外层空间和在轨作战在内的空间能力建设蓝图，也提出了包括欺骗、阻断、拒止、削弱、摧毁在内的针对外空系统和卫星进行进攻性和防御性外层空间对抗的作战样式。

第五章 力促外层空间攻防对比态势的和平转向

抗准备的装备保障，特别令人担心的是美国加速开发和部署的进攻性外层空间武器装备。根据美国外层空间攻防对抗准备计划和纲要，美军外层空间攻防对抗准备部队的武器主要包括反导武器系统、反卫星武器系统、空天飞机、轨道轰炸机和外层空间战斗机、载人飞船和外层空间站，以及作战保障系统等。[①] 预计到2025年，美军各种天基、反导、激光武器、反卫星武器及空天飞机和轨道轰炸机等将全部登台亮相。美国为了谋求军事主导权，正在悄无声息地进行着外层空间攻防对抗的全方位准备。美军公布了一份规划中的外层空间武器名单，其中既包括反卫星武器，又包括对陆攻击武器，这在外层空间攻防对抗准备中尚属首次。其中主要包括：空基发射的反卫星导弹，而小的空基发射的导弹能拦截低地球轨道的卫星；反卫星通信系统，计划中提出通过这种系统可以杀伤敌方的天基通信和早期预警卫星；反侦察和反观测系统，目前主要是建立地方空基侦察和观测系统；地基激光，即指从地面打击低地球轨道卫星，形成具有防御性和攻击性的外层空间控制能力；超高速动力棒，计划中要求美国空军具备能在几分钟内部署、加强、保持和重新部署的天基力量，具有从外层空间打击地面任何目标的能力。为了满足这些要求，计划强调未来美国空军需要整合各种发射和操作系统，包括空军发射系统、天气因素和待命（48小时内）系统，能使负载迅速进入各类轨道。美国外层空间攻防对抗的全方位准备强调提供支持导弹预警系统的"外层空间能力"，发展"多层面和整体的导弹防卫能力"。

为确立外层空间霸权，美军积极开展绝密外层空间攻防对抗准备项目的研究，其中有五大外层空间攻防对抗准备项目引人注目。（1）航天母舰。它是一种巨大的宇宙飞船，可以在离地面3.6万千米的外层空间与地球同步飞行。它率领着一支由4架航天飞机、2艘外层空间拖船、1个轨道燃料库和1个外层空间补给站组成的巡天舰队。航

[①] 谭显裕：《21世纪美军外空战发展的武器装备研究》，《航天电子对抗》2004年第1期。

天飞机可以在航天母舰上面起降，舰上配备了火箭、导弹、原子弹头、激光炮和定向能武器。到2032年，美国天军将至少有3艘核动力航天母舰部署在外层空间同步轨道上。（2）自杀式卫星武器。这类卫星可自主跟踪目标卫星，平时可对外层空间目标执行侦察等任务，将资料送回地面或保存；在接受作战任务后，可以依靠自身的打击装置对确定目标进行攻击，或者对其展开自杀式攻击。（3）"上帝之杖"武器。它包括在距地球1000多千米的外层空间中运行的一对卫星，其中一颗作为通信和瞄准的平台，一颗装载钨、钛或铀金属的圆柱体。这些圆柱体重量达100千克，安装了小型助推火箭。在接到来自地面的命令15分钟内，"上帝之杖"可以完成从瞄准到发射的全过程。其打击威力相当于一枚小型核武器，能毫不费力地摧毁大型建筑群和几百米深的地下掩体，同时还能攻击外层空间中其他国家的航天器。（4）"天基魔镜"激光武器。"天基魔镜"能捕捉最微弱的星光，能把激光导向外层空间。有了"天基魔镜"的辅助，美国的激光就能射到世界任何角落，并可直接攻击卫星、导弹等地面、天空或外层空间中的目标。（5）天基电波武器。美国空军计划在卫星上安装无线电发射器，让它们发射高能量无线电波来摧毁敌方的各类电子器材，以及各级指挥和控制系统。天基电波武器有较宽的波束，较大的照射和杀伤范围，轻的时候如同以手拍肩，重的时候足以把人烧焦。

（二）外层空间攻防对抗全方位准备中的攻防对抗升级

进入21世纪以来，美国开发与部署的各类外层空间武器装备均以进攻性为根本指向（参见表5-1），致使外层空间攻防对比日益趋向进攻占优的负面结构。从攻防理论的视角，最为关注的是"攻防平衡对战争的影响，进攻性武器能够与防御性武器区别开来，是前者而非后者诱导战争，应该销毁"。[①]

[①] Jack S. Levy, "The Offensive Defensive Balance of Military Technology: A Theoretical Analysis," *International Studies Quarterly*, Vol. 38, No. 2, June 1984, p. 220.

表5－1　　美国典型的空间进攻武器装备

类型	计划名称	技术类型	发展动态
硬杀伤摧毁方案	地基动能拦截器	动能反卫星武器	完成关键技术研究，但未开展飞行试验。研究重点向"可逆杀伤"方向发展
	地基中段导弹防御系统	动能反卫星武器	具备接近实战的反卫星能力，可拦截部分中低轨道卫星
	海基中段导弹防御系统	动能反卫星武器	可拦截400—500千米高度的卫星，2008年曾拦截失控间谍卫星USA193
	空基反卫星导弹	动能反卫星武器	计划中止
	地基激光武器	定向能反卫星武器	已具备一定的实战能力
	空基激光器	定向能反卫星武器	计划处于停滞状态
	天基激光器	定向能反卫星武器	计划处于停滞状态
信息对抗技术装备	卫星通信对抗系统	信息对抗干扰	已经投入实战部署
	地基侦察监视对抗系统	信息对抗干扰	系统论证发展阶段
新型自主操作轨道飞行器	X－37B	可重复使用轨道机动飞行器	已开展两次飞行试验，截至2012年2月1日，第二架X－37B验证机仍在轨运行
	实验卫星计划（XSS）	自主接近交会小卫星	XSS－10、XSS－11试验已经完成，XSS－12计划即将开展
	微卫星技术实验计划（MiTex）	自主接近交会小卫星	2008年底到2009年初开始对出现故障的美国DSP－23卫星进行追踪、逼近和监测操作
	轨道快车计划	近地轨道自主在轨服务	2007年3—7月，"轨道快车"计划的两颗卫星成功验证了近地轨道自主在轨服务技术，验证了对合作目标的捕获能力
	通用轨道修正航天器计划	地球同步轨道自主在轨服务，将实现对非合作目标的捕获	目前重点研究立体测绘成像技术、多自由度空间操作机器人技术

资料来源：王友利、伍赣湘《美国空间对抗体系及典型装备发展研究》，黎弘主编：《2012：国际军备控制与裁军》，世界知识出版社2012年版，第112页。

首先，自退出《反导条约》以来，美国固执地坚持其反导防御立场，声称反导系统是其全面反恐举措的一个有效组成部分。然而，美国反导防御系统诱发对手升级突防能力，迫使对方的攻防对比向进攻占优的方向变化。一方面，美国反导防御系统对国际安全的危害是直接冲击核安全领域的战略稳定性,诱发进攻性战略武器朝纵向扩散。对方只要花相对很小的代价来提升自己的导弹技术,尤其是多弹头的洲际导弹,就可使防御方防不胜防。所以,这个时候,双方在反导防御系统上的军备竞赛极不利于增加战略稳定性。因此,发展反导系统并不能真正增加自己国家的安全。

反导系统的发展态势又促进了弹道导弹突防技术的升级换代。弹道导弹与反导系统是一对矛与盾,有矛必有盾,盾坚矛更利。弹道导弹是主动进攻的利矛,而反导系统只是被动防御手段;反导系统通常只能对付已经服役使用的某几种型号弹道导弹,而难以有效拦截采用新式突防技术的新型弹道导弹。弹道导弹占有主动之利,同时可采取数量规模和技术优势进行综合突防,反导系统充其量只是"虚幻的盾牌"。[1]

另一方面,美国动能反导系统直接提升反卫与防卫进攻能力,也推动了自身攻防对比向进攻占优的方向变化。美国外层空间攻防对抗的全方位准备强调提供支持导弹预警系统的"外层空间能力",发展"多层面和整体的导弹防卫能力"。例如,美军在海湾战争和伊拉克战争中,摧毁的弹道导弹发射装置远比其拦截弹道导弹的效果好。2004年7月,美国军方在阿拉斯加州的格里利堡部署了一枚长约17米的陆基拦截导弹,标志着美国开始实际部署国家导弹防御系统。这个原理就是将导弹装在部分"杀手卫星"上,伺机对敌方的卫星发动外层空间攻击。美国已经开始在本土、欧洲和亚太加紧部署反导系统,因此可以肯定地说,美国用导弹打卫星的能力已经完全成熟。

重要的是,美国的陆基系统和海基"战区系统"是设计以碰撞(动能杀伤)的方式拦截通过外层空间的目标,也就是众所周

---

[1] 葛立德:《弹道导弹的战略作用》,《瞭望新闻周刊》2012年9月3日。

第五章 力促外层空间攻防对比态势的和平转向

知的中段弹头。因此，它们也具备打击低轨卫星的能力。换句话说，导弹防御系统具有两个职能——"反导"和"反卫"。①

美国舰载"宙斯盾"战区导弹防御系统的工作原理与陆基拦截器一样。该型拦截器发射如果当反卫星武器使用的话，能轻松击中距地球表面400—500千米轨道上运行的卫星。2008年2月，美国从其"伊利湖"号巡洋舰上发射RIM–161"标准–3"型导弹，击落了失控的USA–193卫星，证明其海基反导防御系统完全具备反卫的能力。"'标准–3'型导弹并不是一个专用的反卫星武器，这一事实证明了导弹防御任务与反卫星任务的相似之处。"② 此外，美国的天基导弹防御系统就更有打卫星的能力了。美军加紧在外层空间部署部分反导设备，包括在近地球轨道部署"天基反导系统"。部署天基系统可以提供不受地理位置、战略警报和批准部署基地等条件限制的导弹防御设施，还可能在弹道导弹飞行中段将其拦截。同时，美国积极在中欧部署导弹防御设施，随后将扩展导弹防御计划，包括部署海基导弹，在外层空间部署导弹追踪系统。

其次，美国不断增强外层空间打击能力，使其能够先发制人地使用外层空间武器进行打击。美国借口自身空间设施的脆弱性，试图攻击其臆想的可能对自身卫星和地面辅助设施进行袭击的敌对国家或恐怖组织。美国宣称："我们保留自卫的权力，防止敌对攻击和干扰外层空间资产。"美国政府认为，不能保证所有国家都和平利用外层空间，许多国家正在发展或取得对抗、攻击和打败美国外层空间系统的能力。同时，美国的电信、运输、供电、供水、天然气和石油储备、紧急救援、银行和金融业、政府等行业高度依赖卫星传输的数据。为了维护美国外层空间资产安全和相关利益，允许"先发制人"地攻击他国卫星或地面指挥站，剥夺对手外层空间对抗的能力。美国空军

---

① ［加拿大］Wilson W. S. Wong, James Fergusson：《军事航天力量——相关问题导读》，尹志忠、方秀花、秦大国、侯妍译，国防工业出版社2012年版，第9页。

② 同上书，第94页。

公布的《空间攻防对抗准备》更是重申了由拉姆斯菲尔德奠定的美国外层空间攻防对抗准备原则。在必要的情况下，美军要利用外层空间系统对敌手发动先发制人的打击。[1] 众所周知，无论哪种形式的反卫星装置都是一种典型的进攻性武器，"有利于进攻而不是防御的军事技术的革新会刺激体系中大国或帝国的扩张，加强其在国际体系中的地位"[2]。美军方强烈拒绝参加禁止反卫星系统谈判，而热衷于反卫星战，因为它认为，不管是在军事还是民间的应用上，低轨道卫星可能是目前最不可或缺的通信设备。而美国具有反卫星作战的能力，对任何潜在竞争对手都是最致命的威胁。而一旦参加反卫星系统谈判并签署条约，无疑会束缚其手脚。美国发展反卫星能力明显推动了攻防对比向进攻占优转化。

最后，美国更积极地开发新概念外层空间武器装备系统，增强进攻性外层空间的军事存在。美国空军提出，到2025年要在外层空间部署外层空间攻防对抗准备机动部队，保卫美国的航天器。美国加快研制自主操作轨道飞行器这样一种典型的进攻性外层空间对抗装备，在一定意义上代表其未来外层空间攻防对抗准备的发展趋势。2007年3月8日，美国军方发射的"轨道快车"小型卫星，名义上是以外层空间防御目的而开发的一种外层空间维修技术验证卫星，但显而易见其军事价值是对那些在外层空间交战中受损的高价值航天器进行抢修，在无须冒什么风险的前提下，可提升美军外层空间攻防对抗准备体系的生存力和作战实力。伸出手臂抓卫星也可摧毁敌方目标，因此，此次试验最令人关注的还是美军独一无二的"外层空间掳星"技术。另外，"轨道快车"作为小型卫星，可以放在改装后的弹道导弹头部或者是空射火箭头部发射。这些发射工具本身就是军用装备，发射准备周期很短，可靠性高，成本低廉，

---

[1] Paul Mann, "Bush Team Rethinks Strategic Doctrine," *Aviation Weekly & Space Technology*, Vol. 154, No. 4, January 22, 2001, p. 26.

[2] Robert Gilpin, *War and Change in World Politics*, New York: Cambridge University Press, 1981, p. 61.

第五章　力促外层空间攻防对比态势的和平转向

能够满足实际作战需要，可随时大量向外层空间部署武器。美国加快研制自主操作轨道飞行器这样一种典型的进攻性空间对抗装备，在一定意义上代表了其未来外层空间攻防对抗准备的发展趋势。"轨道快车"的设计思路，符合军事小卫星战时迅速根据需要进行部署的要求。"轨道快车"卫星技术一旦成熟，美军在外层空间将同时具备攻防两手。不仅能够打击对方的航天器，还具有使己方航天器不被对方所伤的能力。当外层空间攻防技术均成熟后，美军将再次在外层空间占据绝对优势。

加强进攻性外层空间军事存在的另一个重点项目是能摧毁地球任意区域目标的全球快速打击系统（C‐PGS）。美国为了制衡其他空间技术强国，加强攻防兼备的外层空间项目，研制新一代外层空间武器。其《提高外层空间自信力计划》得到大量拨款后，美军大力开发能摧毁地球任意区域目标的全球快速打击系统（C‐PGS）。这种新型外层空间武器的典型，如"猎鹰"计划，由海军三叉戟战略弹道导弹改装，其射程达1.6万千米，每次发射耗资500万美元。该导弹将一个侦察弹头送入轨道空间，使用液氧煤油发动机进行空间机动，从而对目标区域实施快速侦察，然后释放常规弹头进行精确打击。该导弹能在2小时内打击地球任意区域目标，侦察弹头在执行任务后使用降落伞在太平洋区域着陆，经过维修后可再次使用。正如攻防理论所指出的："提高机动性的革新一般有利于进攻，从而导致进攻者能够在短时间内取得决定性的胜利。"[1] 美国发展全球快速打击系统直接增强了外层空间攻防对抗准备中挑衅行为出现的概率。美国发展全球快速打击系统直接增强了外层空间攻防对抗准备中挑衅行为出现的概率。美军发展全球快速打击计划所面临的最现实、最受质疑的问题，就是可能由于"核误判"而引发意外核战争，许多分析家担心俄罗斯等国家可能会将全球快速打击武器误判为战略核武器。[2] 美国

---

[1] 李志刚：《攻防理论及其评价》，《国际论坛》2004年第6期。
[2] 方勇：《美国推进快速全球打击计划》，《新时代国防》2010年第8期。

防部于2011—2016财年投入20亿美元用于全球快速打击系统研发项目，其中2011—2012财年共投入5.4亿美元。目前，美国已成功进行了两次X-37B空天飞机（轨道武器[①]的一种）的飞行试验。2012年12月11日，X-37B开始第三次秘密飞行试验。美国全球快速打击系统的快速打击能力进一步诱使其安全决策者认为，最好先下手为强，全副武装地抢占外层空间。反过来，他国应对美国的全球快速打击系统的手段之一是打其弱点的非对称性和平反制战略。美国全球快速打击系统更易诱发破坏其电子系统的第一次打击，降低外层空间的危机稳定性，因此，爆发外层空间冲突和战争的风险也将随之大幅增加。

美国国会2008年的4600亿美元军费预算中包括了"外层空间围墙"计划，从美国加利福尼亚州到佐治亚州建设雷达网，监控外层空间发射、卫星轨道活动和重返大气层航天器；装备新型卫星传感设备，可以提早发现并记录外层空间威胁。美国还拨款保护本国军用卫星免受"敌国"外层空间武器的袭击，同时要保证其攻击敌方卫星的作战能力。美国一方面拨款保护本国军用卫星免受"敌国"外层空间武器袭击，另一方面还要加强其攻击敌方卫星的作战能力。2007年，美国使用大推力的"德尔塔 II"型火箭发射五颗军用卫星进外层空间，该火箭的推力已可媲美登月用的"土星五号"。美国当前正极力推动新型运载工具的开发。美军计划研制3000吨级的巨型空间站，作为外层空间攻防对抗准备和反制其他国家的基地。美国外层空间攻防对抗无论在战略思想还是装备研发上都表现出鲜明的进攻性特征，从而致使外层空间攻防对比向进攻占优转变。美国的外层空间军事部署使得美国在外层空间安全领域形成对他国的明显优势，这一方面极易诱发美方为了单方面的利益而轻率地发动先发制人的第一次打击；另一方面，一旦有国家觉得自己被对手甩在后面，为防止在未来冲突

[①] 国内有关学者曾将轨道武器定义为：由运载工具发射到各种外空轨道上对外空或地球上的目标进行攻击的武器，包括天基平台和飞船、外空飞机或空天飞机等。

中陷入被动，也会想到先发制人，在形势恶化之前发动攻击。两者相加，在竞赛中占据上风的一方，会有先发制人的念头，趁对方还未赶上自己时实施打击，同样，处于下风的一方为以防不测，也会有先发制人的念头，趁对方还未准备防范时实施打击。① 这种进攻占优的攻防态势深刻地影响着外层空间安全的博弈模式，导致外层空间军事化进一步扩散。

（三）外层空间武器化使攻防对比向进攻占优转变

美国自认为，它对外层空间的依赖比任何国家都大，因此美国"必须有能力"保护其外层空间资产以防敌对攻击。同时"要进攻性地使用外层空间资源"。美国空军在其公布的《外层空间攻防对抗准备》文件中，更是重申了由拉姆斯菲尔德在6年前奠定的美国外层空间攻防对抗准备原则。加快空间系统的现代化，加强情报搜集能力，利用外层空间实力慑止"潜在对手威胁或使用大规模杀伤性武器打击我们军队和我们的本土，以及我们盟国的军队与国土"，在必要的情况下，美军要利用空间系统对敌手发动先发制人的打击。② 美国空军提出，到2025年，要在外层空间部署外层空间攻防对抗战斗机部队，以保卫美国的航天器。美国空军部长詹姆斯·罗奇说，任何国家（包括美国的盟国在内）都对美国军事占领外层空间的计划不具有"否决权"。按照美国军方的说法，美国将成为唯一一个军事控制外层空间的国家。美国军方强烈拒绝参加反卫星战谈判，而热衷于反卫星战，因为它认为，不管是在军事还是在民用上，低轨道卫星可能是目前最不可或缺的通信设备。而美国具有反卫星作战的能力，这对任何潜在竞争对手而言都是最致命的威胁。而一旦参加反卫星战谈判并签署条约，无疑会束缚其手脚。

---

① ［美］特蕾莎·希钦斯（Theresa Hitchens）：《外空大战离我们还有多远?》，郭凯声译，《环球科学》2008年第4期。
② Paul Mann, "Bush Team Rethinks Strategic Doctrine," *Aviation Weekly & Space Technology*, January 22, 2001, p. 26.

美国固执地坚持其反导防御立场，声称反导系统是其全面反恐举措的一个有效组成部分。然而，美国的相关言论的可信程度微乎其微，美国计划在苏联的前卫星国部署部分反导导弹，而相关计划针对俄罗斯的成分非常大。对美国或其他国家开始在外层空间部署武器，俄罗斯军事专家指出，俄将采取回应措施。如果某些国家执意要将外层空间军事化，俄罗斯也将研制外层空间武器，用以摧毁潜在对手的同类装备。面对其他国家反对外层空间武器化和军备竞赛的呼声，美国为了保持外层空间的"超霸"地位，蓄谋准备多年的外层空间武器化正从计划变为现实。美国正在建立的内外层空间融为一体，防空防天反导反卫多位一体的空天防御体系代表了外层空间攻防对抗准备的发展趋势。美国外层空间武器化使攻防对比向进攻占优的方向变化表现为主动对敌空间系统目标实施突击，消灭敌外层空间攻防作战力量于地面、空中、外层空间的作战行动准备和模拟演习。例如，美军在海湾战争和伊拉克战争中，摧毁弹道导弹发射装置远比其拦截弹道导弹的效果好。

根据美国外层空间攻防对抗准备计划和纲要，美军反卫星武器系统主要是地基激光武器、机载和天基激光反导反卫武器、微波武器、粒子束武器等对卫星等航天器实施的"软"杀伤。[①]"软"杀伤反卫星作战，也叫干扰型反卫星作战，其作战方法与通常的电子对抗相类似，就是利用电磁波来干扰敌方卫星的工作，使之失去作战能力，从而达到己方作战目的的作战方式。据透露，五角大楼的外层空间攻防对抗准备整体计划包括多个方面，其中"反空间系统"将对美国卫星面临的威胁、美国可能发动的外层空间攻击行动以及外层空间袭击者提出警告。美国二代反卫星通信系统项目的目标是"研发能根据美国战略司令部的要求中断敌方卫星通信信号的能力"。五角大楼还为"快速确认侦察和报告系统"增加经费，这项系统的功能是"能对美

[①] 谭显裕：《21世纪美军外层外空攻防对抗准备发展的武器装备研究》，《航天电子对抗》2004年第1期。

国外层空间系统面临的攻击威胁、敌方威胁确定以及分类提供情报",美军打算将现有的指挥与控制系统与空间攻防对抗准备系统整合,使天地作战系统一体化变成现实。

按照美国外层空间武器化计划,美国一共部署了20个陆基导弹拦截器,拦截器由三级火箭推进器和"击杀装置"组成。"击杀装置"是要在地球大气层外对来袭导弹实施拦截,它可自动跟踪目标,并通过直接撞击将对方摧毁。导弹拦截器可携"击杀装置"在6000千米的高空对卫星实施攻击。美国舰载"宙斯盾"战区导弹防御系统的工作原理与陆基拦截器一样。该型拦截器发射如果当反卫星武器使用的话,能轻松击中在距地球表面400—500千米轨道上运行的卫星。美国的天基导弹防御系统就更有打卫星的能力了。这个原理就是将导弹装在部分"杀手卫星"上,伺机对敌方的卫星发动外层空间攻击。美国已经开始在本土、欧洲和亚太加紧部署反导系统,因此可以肯定地说,美国用导弹打卫星的能力已经完全成熟。与此同时,美军还加紧部署 TacSat-5 卫星,其空军对该型卫星寄予三大希望——通信、空间情报预警和空间作战。美军加紧在外层空间部署部分反导设备,包括在近地球轨道部署"天基反导系统"。部署天基系统可以提供不受地理位置、战略警报和批准部署基地等条件限制的导弹防御设施,还可能在弹道导弹飞行中段将其拦截。同时,美国积极在中欧部署导弹防御设施,随后将扩展导弹防御计划,包括部署海基导弹,在外层空间部署导弹追踪系统。另外,美国政府计划在阿拉斯加和加利福尼亚部署44枚陆基反弹道导弹,升级"阿拉斯加"号、"加利福尼亚"号和英国的预警雷达,将海基X波段雷达整合进该系统,在18艘"宙斯盾"弹道导弹防御巡洋舰上部署132枚标准型SM-3导弹。

(四)定向攻防优势的追求导致外层空间军备竞赛

美国外层空间攻防对抗准备中加快部署空间武器,从而引发外层空间军备竞赛,极不利于世界的和平与稳定。在联合国裁军谈判会议上，美国始终以现有外层空间条约已经足够，以及外层空间不存在军备竞赛为由，拒绝就防止外层空间武器化和军备竞赛问题展开谈判和讨论。2005年10月，联合国各成员国就禁止在外层空间部署武器的提案进行表决，只有美国投了反对票。2011年2月出台的美国《国家安全空间战略》在提出加强国际合作，支持建立新的空间行为准则的同时，强调美国将"进一步增强空间态势感知能力，增加透明度并促进空间信息共享"；针对空间对抗，"美国将提高侦察对手攻击的能力、加强空间系统的恢复能力，一旦威慑失效，保留还击的权利"[①]。俄罗斯总统普京指出，"有些国家正试图放手在外层空间部署武器……"并进一步批评说："一些国家采取非法及单边行动，企图漠视国际伙伴的合法利益而无理地一意孤行。"在美国外层空间攻防对抗准备的刺激下，新的外层空间争夺"多米诺骨牌效应"正在显现，继美国之后，欧洲与俄罗斯也先后公布了外层空间攻防对抗准备计划，而这些计划无一例外地都涂上了浓厚的军事应用色彩。在外层空间安全互动中，"一方面体系的物质性权力日益不受控制，另一方面先前盛行于体系中的和平文化进一步衰落而尚武文化则强势崛起，一旦这两个方面被历史耦合在一起，竞争性社会便会驱动体系进程朝向进化冲突演进"[②]。

为了重振昔日航天大国的雄风，俄罗斯在2006—2015年的10年内对航天领域的投入达到创纪录的4868亿卢布，用于保证载人航天探索，增加卫星发射数量等。此外，还通过吸引1300亿卢布的私人投资来发展本国航天工业。俄罗斯空间部队司令弗拉基米尔将军向媒体公布了俄罗斯外层空间军事复兴的计划。俄罗斯将加强军事航天力量的建设，不断提高外层空间兵力兵器的作战能力，并赋予外层空间部队发射各种军用航天器和打击敌方外层空间武器系统的任务。同时

---

① 转引自王友利、伍赣湘《美国空间对抗体系及典型装备发展研究》，黎弘主编：《2012：国际军备控制与裁军》，世界知识出版社2012年版，第106页。

② 董青岭：《复合建构主义——进化冲突与进化合作》，时事出版社2012年版，第164页。

俄罗斯将继续研发"格洛纳斯"（GLONASS）全球卫星定位系统星座。根据俄罗斯航天10年计划，反卫星武器是俄罗斯重点发展的对象。目前，俄罗斯在继承苏联反卫星技术的基础上，主要研制两大类反卫星武器——共轨式反卫星武器和激光与粒子束反卫星武器。目前俄罗斯已建成15个快速反低轨道卫星系统发射台。俄共轨式反卫星拦截器的作战发射区域为1500×1000千米，作战高度为150—2000千米，作战反应时间为90分钟；制导方式采用雷达寻的或红外寻的，圆概率偏差（CEP）≤1千米；接近目标的相对速度为40—400米/秒，拦截目标卫星的时间为1小时左右（第一圈轨道内拦截）到3.8小时（第二圈轨道内拦截）。

在激光与粒子束反卫星武器方面，俄罗斯计划部署平台有地基、空基（机载）和天基，其中地基反卫星激光器研制进展较大。地基反卫星激光器摧毁卫星需要的能量比摧毁导弹的要低，且不需要天基反射镜，故更适用于反卫星作战。在粒子束反卫星武器研究方面，俄罗斯的粒子束武器正处于由实验探索阶段向实用系统发展的阶段。此外，俄罗斯还设计了反未来军用卫星的其他外层空间攻防对抗准备手段：一是把空间雷（杀手卫星）部署在敌卫星的轨道附近，作战时，通过接收地面指令，用常规引爆方法使卫星夭折。二是先行在大气层上方爆炸核装置，产生强烈红外辐射，使敌反卫星导弹的探测、预警和传感器等系统失灵，同时破坏对方的空间C^3系统。三是在敌天基激光反射镜轨道上设置反向运动卫星，向反射镜投放大量的钢球。由于钢球的相对速度可达16千米/秒，即使是1克重的钢球，也可穿透12毫米厚的铝板。四是在敌方地基激光器上方的大气层投放由大片吸光材料形成的云层，让激光束发散。俄罗斯规划了未来20—30年建造空天防御的主要领域及阶段，计划要求俄罗斯空天防御系统各部分在对抗不同类型及种类的空天打击时，既相对独立又保持合作。

随着美国在中东欧地区部署反导系统的活动逐渐展开，俄罗斯从攻防两方面下手，不仅要挑战美国反弹道导弹系统的能力，而且要全面削弱美国的战略威慑力。其中主攻的为"白杨-M"导弹，主守的为S-400"凯旋"反导系统。俄罗斯战略导弹部队在未来两三年内将装备"白杨-M"的分导式多弹头型，加强"白杨-M"战略导弹攻击力。任何一种拦截系统要想在"白杨-M"高速而飘忽不定的飞行中拦截它都是非常困难的。俄罗斯政府军事委员会也通过了S-400导弹列装和研发第五代一体化反导防空导弹系统的决议。俄罗斯正从攻防两方面下手，应对美国日益逼近的威胁。S-400的性能远远超出了美国的"爱国者"最新改进型。S-400融多层次防空反导于一体的作战能力为俄罗斯要地防空和点防御提供了坚实的盾牌，也将使美国的威慑大打折扣。

美国欲独霸外层空间的攻防对抗准备也引来其盟国的不满。欧盟各国及加拿大等国都已公开表示反对美国在外层空间建立军事优势。美国盟国的担忧主要集中在两个方面：一是担心华盛顿不愿参加有意义的对话，拒绝商讨如何采取合作措施以确保未来外层空间安全。二是害怕美国外层空间攻防对抗准备会削弱已经建立起来的反对部署ASAT和天基武器的共识。的确，其盟国的相关官员多次指出，美国在外层空间，特别是外层空间军事方面缺乏外交，一直令他们不满和无奈。从广义上讲，美国外层空间攻防对抗准备也许会导致国际社会采取更加一致的行动来制定外交措施，以限制美国在外层空间的行为，或者至少会争取从政治上阻碍及进一步孤立华盛顿。有些国家选择利用联合国和平利用外层空间委员会来"大声疾呼"，指责美国外层空间政策违反法律准则，以期委托其法律小组委员会对之进行调查。加拿大也正领头推动裁军会议成立非正式的"讨论"小组来讨论PAROS，这个努力已经获得了广泛的支持。加拿大保守派领导的联合政府，对美国有关外层空间武器的作为故意采取较低调的处理方式，而反对外层空间武器是加拿大外交政策一贯坚持的原则。加拿大正在改变对待美国的方式，从公开坚定拥护到批评其立场，再到加强幕后努力以影响其决策。加拿大外交官声称，加拿大政府仍然强烈反对外层空间武器化，并将继续努力维护和开拓以国际合作为基础的外层空间安全、和平的局面。

同时，欧盟正试图达成共识，制订出自己的外层空间攻防对抗准备计划。这种努力背后的问题之一是在包括外层空间军事领域方面欧盟需要建立何种程度的战略自治。美国外层空间攻防对抗准备计划加深了欧盟长期以来的看法，致使他们认为美国是个靠不住甚至是不愿意合作的伙伴。由此，欧盟的想法也许将进一步倾向于自主，并使俄罗斯的合作倡议看起来更具吸引力。作为欧盟的主导国之一，法国历来都把开发空间技术作为国家重点发展战略之一。近年来，随着法国空间预算的逐年增加，多项军事空间计划陆续出台，涉及军事侦察、军用通信以及导航、遥感等许多方面。法国成功发射"锡拉库斯"－3B军用通信卫星，就是为发展独立的军事航天能力而迈出的重要一步。正如法国总统所言，该卫星成功上天，不仅有助于加强法国的军事卫星通信系统，同时还可提升法国和欧盟的军事行动能力。2006年12月19日，德国租用俄罗斯的"宇宙"－3M火箭，成功地将其5颗SAR-Lupe合成孔径雷达卫星中的第一颗送入外层空间，填补了欧洲在雷达成像侦察卫星领域的空白。SAR-Lupe卫星是目前世界上最小、最先进的雷达成像侦察卫星，可以在任何气象条件下对地表进行分辨率小于1米的拍照。难怪美国媒体惊呼："当美国还在给自己的外层空间雷达下定义时，德国的卫星系统很快将开始向欧洲的军事指挥官们发送高分辨率雷达图片。"但是，这并不意味着欧盟可以马上拥有和美国一样的外层空间军事力量，除了技术储备和科研经费相对于美国均显匮乏外，欧盟内部的意见不一致也为其实现外层空间攻防对抗准备战略目标增添了不少障碍。

三 力促外层空间攻防对比态势"向善"演进

确实，外层空间安全领域"在刀兵入库、马放南山之前，行为体之间因具有伤害彼此的能力，是不会完全放弃对他者的成见和戒备心理的，也就是说，在暴力无法得到合法控制和有效管理之前，安全困境是始终存在于各个行为体之间的,此时要在自我和他者之间建立聚合性认同是困难的"[1]。当前,美国外层空间攻防对抗准备中进攻占优的危险局面,必然会导致军备竞赛的不断加剧,此时,通过国际社会的共同努力,收束和防止外层空间武器化和军备竞赛显得尤为重要和迫切。面对超级大国谋求"外层空间霸权"的企图,我国应积极参与推动国际社会建立和平、合作、和谐开发外层空间的国际机制和法律框架,坚决反对外层空间霸权,抑制外层空间武器化和军备竞赛,强化和平开发与利用外层空间的能力,合作推进人类对浩瀚宇宙的探索。

(一) 转变攻防对比态势 化解战略困境

面对外层空间攻防对抗准备所引发的危险,国际社会愈来愈重视防止外层空间武器化和外层空间军备竞赛问题。为了确保外层空间用于和平目的,国际社会于20世纪六七十年代达成了一系列旨在控制外层空间军备竞赛的国际条约,如《外层空间条约》《月球协定》《部分禁止核试验条约》等,其中1967年通过的《外层空间条约》被誉为和平利用外层空间的法律基石。日内瓦裁军谈判会议自1982年以来一直将防止外层空间军备竞赛作为议程之一,1985—1994年连续10年设立防止外层空间军备竞赛特设委员会。联合国专门成立了和平利用外层空间委员会,联合国大会每年均通过"防止外层空间军备竞赛"方面的决议,强调日内瓦裁军谈判会议在谈判防止外层空间军备竞赛多边协议方面负有优先责任。妥善应对外层空间安全领域可能出现的威胁和挑战,推动外层空间安全机制的顺利、健康成长,努力缔造一个和平、公正、民主、繁荣的新世纪,是国际社会面临的共同而紧迫的任务。为实现这一目标,我国应大力倡导"树立以互信、互利、平等、协作为核心的新安全观。世界是一个大家庭,和则

---

[1] 董青岭:《复合建构主义——进化冲突与进化合作》,时事出版社2012年版,第154页。

第五章 力促外层空间攻防对比态势的和平转向

共赢，合则同安。各国在安全上应相互信任，通过互利合作维护地区和国际安全。要摒弃以军事实力谋求安全优势的思维模式，以协商化解矛盾，以合作谋求稳定"[1]。

但在过去的几十年中，谋求研发和部署外层空间武器系统的努力在一些国家从未停止过，只是受特定的历史条件限制而未能成为现实。目前，世界上一些军事大国纷纷为组建天军、建立外层空间军事基地、争夺"制天权"做着积极的准备。随着科技的不断成熟，外层空间面临武器化的危险。这种趋势的发展不仅会阻碍外层空间的和平利用，还会引发外层空间的军备竞赛，进而对国际安全格局造成严重的消极影响。由此可见，防止各国在外层空间活动的武器化已是十分现实和紧迫的问题了。美国外层空间攻防对抗准备中定向攻防对比的变化趋势，也暴露出现有国际制约机制的不足。不可否认，现有防止外层空间军备竞赛的国际条约曾起到了一定的积极作用，但由于当时政治、军事和技术条件的限制，过去的条约也存在着严重的缺陷或漏洞，不足以防止外层空间军备竞赛。例如，《外层空间条约》由于不禁止在外层空间部署非大规模毁伤性武器，也没有禁止发展、生产和使用外层空间武器，使其对防止外层空间军备竞赛的作用受到限制，也为日后外层空间武器化留下了隐患，而美国正是利用了这一点。美国大力研发可用作进攻性空间武器的航天器，如 X-37B、轨道快车等，以及部署弹道导弹防御系统，正推动着外层空间国际关系朝危险的方向发展，这个问题已引起国际社会的高度关注。"这是一种典型的由'朋友式身份建构'向'敌人式身份建构'的倒退，进而导致温特所提到但却未曾予以解释的一个国际关系反常现象，即'康德文化'向'霍布斯文化'的倒退是如何发生并得以加强的？"[2]

---

[1] 《中国代表团团长胡小笛大使在第60届联大一委一般性辩论中的发言》（2005年10月4日，纽约），中国军控与裁军协会编：《2006：国际军备控制与裁军报告》，世界知识出版社2006年版，第310页。

[2] 董青岭：《复合建构主义——进化冲突与进化合作》，时事出版社2012年版，第161页。

当前在外层空间开发中已经取得优势的国家不肯谦让；后来者却拼命想挤进去占有一席之地。在此情况下，如果美国一意孤行地武装外层空间，必将导致类似于核恐怖平衡的外层空间冷战，从而对整个世界的和平与发展带来负面影响。

事实上，不断提升美国的空间力量应用（空间作战）能力，将会引发其他国家效仿，很可能会威胁到现已比较成熟的空间力量增强的能力。另一方面，空间力量增强的成就也将刺激其他国家研究对抗的方式。但更为危险的是涉及空间力量应用（空间作战？）的技术会不断四处蔓延。①

正反两方面的教训，足以让人们在外层空间的开发热中多一些冷静。从某种意义上说，外层空间开发不仅是对人类的智慧和科学技术的挑战，也是对未来世界和平的考验。美国虽然拥有外层空间优势，但并不拥有空间技术的垄断权。例如，美国国会强烈反对奥巴马政府倾向于接受《外层空间活动行为准则》，"美国不希望用国际规范约束本国的太空活动，到头来损失最大的还是美国，因为如果潜在对手对美国太空资产进行破坏、攻击等活动，美国就没有法律依据对潜在对手实施报复，即使能够确定攻击的来源与性质"②。越来越多的国家进入外层空间，是无法阻挡的潮流。未来如果爆发外层空间战争，将不会出现绝对的胜利者。各国现有的数万亿美元的外层空间资产，很有可能将瞬间化为空间垃圾，人类探索宇宙的宏伟计划，将成为永远的梦想。作为外层空间第一大国的美国，应该率先带领世界回归理性。世界各国应考虑如何在共存共赢的目标牵引下，探求人类通过开发和利用外层空间来维护世界和平、促进世界发展的途径。为此，我

---

① ［加拿大］Wilson W. S. Wong, James Fergusson：《军事航天力量——相关问题导读》，尹志忠、方秀花、秦大国、侯妍译，国防工业出版社2012年版，第116页。
② 何奇松：《脆弱的高边疆：后冷战时代美国太空威慑的战略困境》，《中国社会科学》2012年第4期。

国应从空间技术发展和国家安全互动现状出发,加快促进外层空间领域国际安全机制的建构,以抑制外层空间武器化的危险,确保人类对外层空间的充分和平开发与利用。

冷战后各国外层空间战略的调整和加强、外层空间领域技术进步的军民两用性日益模糊、"星球大战"二代、"国家导弹防御系统"（NMD）、"战区导弹防御系统"（TMD）、"近地外层空间"的军事使用、新概念武器、外层空间攻防对抗准备力量酝酿、外层空间攻防对抗准备理论以及战争形态预估、各国主管机构的创建等,均强化了抑制外层空间武器化所需的安全机制培育的紧迫性。可以说是"如箭在弦,势在必发"。"此时,通过某个中心行为体自上而下的教化作用或行为体之间的相互学习,来促进某种和平与合作性规范的传播以达致驯化权力政治之目的,方是可取之策。"[①] 因此,我国应大力呼吁国际社会推动联合国主导的外层空间军备控制谈判,尽快制定防止空间武器化和军备竞赛的法律文书,强调这一问题是国际社会面临的共同任务。中国、俄罗斯等多个国家主张,为保证《外层空间条约》的有效性,需要进一步完善它的内容,根据当前形势增加一些新的条款。

（二）促进防御占优 引导和平开发转向

21世纪将是空间技术主导的世纪,空间技术武器化将位列世界诸军武器之首,将导致新型的战争形态,从根本上改变地球上传统的作战理念,表现出高度浓缩化、高度离心化、高度信息化和高度智能化,未来战争将会围绕制天权的争夺而展开。谁拥有外层空间优势,谁就拥有海、陆、空作战的绝对优势,这无疑是改变力量对比、获取未来战略主动和外交主动的一条有效捷径。美国外层空间攻防对抗准备反映了外层空间已日益成为美国经济、国家和国土安全的重要组成部分,也迫使其他国家必须奋起直追。国际社会近期难在外层空间军

[①] 董青岭:《复合建构主义——进化冲突与进化合作》,时事出版社2012年版,第154页。

事利用方面达成协议，其他国家想与美国在外层空间安全领域展开一场对话是非常困难的，从攻防理论视域来看，其根本原因在于，"美国的军事优势地位本身说明了攻防平衡严重朝美国方面倾斜，因而导致了'美国的霸权在进攻'的局面"①。如果这一问题无法得到解决的话，那么，世界各国想在军事利用外层空间方面达成协议的前景就很黯淡。攻防理论认为：

> 如果相关国家的军事力量是以防御性为主的，那么，安全困境就不严重，战争爆发的可能性就很小。因此，可以通过军备控制来调整各国军事力量的属性，使其更具有防御性，这样就能避免军备竞赛，减少战争。②

美国当权的鹰派决策者强硬地拒绝国际社会关于抑制外层空间武器化谈判，并利用空间技术军民两用的特点，以"模糊性"手法推进外层空间武器化，大力发展进攻性空间武器。

2002年6月，中俄等国联合提出了"防止在外层空间部署武器、对外层空间物体使用或威胁使用武力国际法律文书要点"的工作文件，以后又根据各国的意见起草了"关于外层空间法律文书的核查问题"和"现有国际法律文书与防止外层空间武器化问题"两份非正式文件，但由于美国始终不愿将这个问题列入联合国裁军会议的议程，这一进程一直未取得进展。俄罗斯警告说，美国的态度和做法势必将引发一场外层空间冲突。我国应一如既往地强调推进外层空间安全机制成长，首要的就是有针对性地先行构建抑制外层空间武器化的原则、标准和规则。针对近几年来由于裁谈会难以启动外层空间军控谈判，外层空间"透明和建立信任措施"（TCBM）问题热度明显上升。为积极施加影响，中俄于2010年共提出第65号、第68号联大

---

① 李志刚：《攻防理论及其评价》，《国际论坛》2004年第6期。
② 邹明皓、李彬：《美国军事转型对国际安全的影响——攻防理论的视角》，《国际政治科学》2005年第3期。

决议，成立联合国外层空间 TCBM 问题政府专家组。专家组成员包括安理会五常、巴西、南非、智利、韩国等 15 国政府专家，已于 2012 年 7 月、2013 年 4 月和 7 月召开三次会议，就外层空间 TCBM 问题向联合国秘书长提出建议。2012 年 6 月 5 日，欧盟与联合国裁研所在维也纳举行了"国际外层空间行为准则"首次多边研讨会。美国重申不支持外层空间军控条约谈判，美国对新提案关于"支持裁谈会工作""事先通报"等内容仍有关切。面对美国外层空间攻防对抗准备中咄咄逼人的态势，我国除了团结一切可以团结的力量共同行动，积极推进外层空间军备控制外，还应当加快我国防御性空间技术的发展，参与和推进外层空间的和平探索与利用。

就连美国也承认，对于空间系统的过分依赖已"使潜在的敌人"意识到，攻击美国空间系统将成为影响战争胜负的首选；而美国空间系统本身也有其薄弱点，任何一个拥有进入空间能力的国家都可采用较低成本的技术对美国空间系统造成巨大破坏，通过这种方式就可以影响美军作战的整个 C^4ISR 系统，进而影响整个战争的进程。因此，无论是技术比较落后的发展中国家，还是技术十分先进的发达国家，都不会放弃对空间技术的开发。这对于确保空间军事应用、空间遏制和反遏制、控制和反控制都具有十分重要的现实意义。[①]

我国应提高外层空间开发与利用能力，发展以天基为主的天、空、地一体化综合信息网络系统，满足未来信息化作战的需要；发展快速、机动、可靠、廉价的进入空间的能力，确保国家进出空间通道的畅通；需要对国家空间设施采取适当的安全防护措施，增强空间设施的抗干扰能力和生存能力；需要发展少量先进顶用的空间反击武

[①] 梁兆宪、沈世禄：《从国际空间法看空间攻防对抗》，《装备指挥技术学院学报》2004 年第 2 期。

器，对敌形成威慑，并具备必要的实战能力，必要时攻击敌方空间设施，打破强敌控制空间、垄断空间资源的图谋，削弱其外层空间攻防对抗准备中的优势。

（三）健全非进攻性安全体系 遏止霸权

世界各国应提高外层空间和平开发与利用能力，增加维护外层空间国际安全的筹码。"针对个别国家的太空武器化，可选择性地发展和展示我国的太空技术、太空能力，以对冲的方式，降低其关于太空武器化的预期，增大其太空武器化的难度和成本。"[①] 我国应提高外层空间开发与利用能力，发展以天基为主的天、空、地一体化综合信息网络系统，满足未来信息化作战的需要；发展快速、机动、可靠、廉价的进入外层空间的能力，确保国家进出外层空间通道的畅通；需要对国家外层空间设施采取适当的安全防护措施，增强外层空间设施的抗干扰能力和生存能力；需要发展少量先进顶用的外层空间力量，对敌形成威慑，打破强敌控制外层空间、垄断外层空间资源的图谋，削弱其外层空间攻防对抗准备中的优势。结合外层空间安全形势和空间技术及其应用的现阶段特点，为了维护我国外层空间战略安全与合法权益，我国空间事业发展应着力于以下几个重点领域：

一是加速建立自主、兼容的外层空间信息系统。外层空间信息系统是国家战略性高技术产业，我国外层空间信息系统研制生产已形成系列化，正在从试验应用型向业务服务型转变，外层空间信息系统已成为经济建设、社会发展和政府决策的重要支撑。我国航天事业的发展也应遵循"需求牵引面向地球、技术推动面向深空"的路径，从满足需求和引领技术发展的角度，"巩固业务服务一类、研发更新换代一类、超前部署探索一类"，从整个国家发展战略的高度谋划部署发展进度、发展重点。我国作为后起直追的发展中国家，应大力加速

[①] 军事科学院军事战略研究部编著：《战略学》，军事科学出版社2013年版，第187页。

第五章 力促外层空间攻防对比态势的和平转向

以卫星通信广播、卫星导航、卫星遥感应用为核心的外层空间信息系统发展，建立完整的卫星运营服务、地面设备与用户终端制造、系统集成及信息综合服务产业链，促使外层空间信息系统为国家安全更好地服务。我国应尽快构建和完善基于自主信息源的长期、连续、稳定运行的天、地一体化的综合卫星技术和应用体系，以面向地球的空间应用系统作为推进我国经济转型升级，以及国防和军队信息化建设的关键抓手，综合统筹，重点投入，有效应用。由此，在我国的经济领域，交通运输、石油勘探、海洋航运、森林防火、灾害预报、洲际通信保障等，均将大受其益，在社会领域，公共治安管理的效能和安全等级将随之提高。

加强我国外层空间信息系统的基础保障体系建设，也可促进我国外层空间信息系统运营企业和外层空间信息系统终端设备的产业化发展。如当前全球有四大卫星定位系统，分别是美国的全球卫星导航定位系统 GPS、俄罗斯的"格洛纳斯"系统、欧洲的"伽利略"系统和中国的"北斗"卫星系统。美国的全球卫星导航定位系统 GPS 导航精确定位的高科技成果，早已植入国际经济社会发展的诸多领域。如我国铁路大提速，没有卫星导航提供每列火车在线运行的精确位置，提速将变得不可思议。同理，城市轻轨运行，高架路动态交管等，倘若缺失卫星导航的精确定位，效率和安全均将受到重大挑战和损失。众所周知，美国出租 GPS 卫星信号都会加入一定的干扰，只有美国享有最精确的定位信号；也就是说，各国现在用的 GPS 信号是大概准确的信息。不必讳言，"北斗"系统一旦正式全面运营，我国在遭遇外敌入侵时的精确反击能力将出现质的飞跃。将"北斗"系统与导弹系统相互匹配，完全可以形成中国特质的反导防御系统。届时我国将形成"陆、海、空、天"四位一体的"国防门"，大大提升我国的国防安全系数。当然，我国下决心发展"北斗"系统，主要还是用于国家经济建设，促进社会发展，方便百姓生活，提升人们的生活质量。对于百姓生活，借助"北斗"系统的精确定位，车载卫星定位将率先用上质优价廉的"中国制造"，野外旅行使用"北斗"系统将成为百姓生活常态。诚如每一次大的技术进步总是深刻地影响着人类生活，加速人类文明进程一样，"北斗"系统可以嵌入市民的固定电话、便携式 PC、PDA、手表等大量的消费类电子产品中，大大方便了人们的日常生活。加速建立自主卫星定位导航系统，提高卫星导航应用的基础保障能力，大力促进卫星导航终端设备的产业化，将推进我国卫星导航运营关联产业的发展，加快形成建立以自主、兼容的外层空间信息系统体制。

二是有意识地研制防御性、反制性的外层空间系统。外层空间攻防对抗准备既要坚持积极促进外层空间安全机制完善的原则立场，也应清醒地记住国际政治斗争中"实力才是和平的基础"的原理。自2001 年 1 月以来，美国以其他国家为假想敌，秘密举行多次外层空间攻防对抗准备演习。2007 年 6 月，美军成立了"空间战反应办公室"，以应对反卫星武器。有分析人士认为，该办公室的职能不只是被动地反应，而是有能力组织外层空间反击，甚至主动攻击。为了应对外层空间潜在的安全挑战，美空军已开始实施两项规模庞大的外层空间攻防对抗准备仿真计划。准备通过现代模拟技术，对未来外层空间攻防对抗准备的作战环境、作战行动、作战过程以及武器装备性能等进行描述和仿真，使受训者得到近似实战的高度模拟化训练。美军的外层空间监视网目前每天要进行 8 万次针对其他国家卫星和导弹的监视活动，所有数据在收集后将发送到位于科罗拉多州夏延山的战略司令部外层空间控制中心。目前，外层空间控制中心每天都会针对其他国家的卫星情况提出两份报告，其他国家卫星所采取的诸如变轨之类的任何动作都会被美军加以认真分析。对此，我国应由国家安全委员会统筹国家安全空间体系设计，并将其纳入国家安全战略中；着力提升空间态势感知、天地系统协同、快速进入空间、高效精确压制的空间安全核心能力。

为应付未来战争的需要，我国应加紧试验新的防御与反击概念设施，包括以外层空间为基地对来犯舰船、外层空间攻击武器的打击。

第五章　力促外层空间攻防对比态势的和平转向

　　为了防止航天器受到干扰或攻击，减少不必要的国际纠纷，加强航天器要害部位的加固（包括抗核加固、抗辐射加固等），提高航天器的机动能力，也是未来航天器发展的一个趋势。一般来说，主要有3种方式：①加强航天器关键部位（如卫星的光学敏感元件、微波器件等）的防护，增大抗毁能力；②提高航天器的机动能力，避免与敌方空间系统的正面对抗；③在航天器上部署天基武器，建立严密的空间防护网，包括部署天基动能武器、天基定向能武器和天基电子干扰武器等，在发现敌方攻击企图后，采取及时措施，对其实施防护，进而保护己方空间资源的安全。①

　　同时，应使己方具备地地导弹、防空导弹、海防导弹能综合配套设施，形成防空防天反导反卫一体的有效防御系统，遏止任何外层空间霸权对国家安全的可能侵犯。此外，我国应充分利用空间技术军民两用性的特点，适时酝酿、推进以防御为主的外层空间攻防对抗准备，虽然外层空间还没有完全军事化，但绝对不能够坐以待毙，错过发展良机。在不远的将来，以防御为主的外层空间攻防对抗准备必将成为我国对付霸权国家"空间部队"的最强大最有效的手段，必将成为维护我国外层空间战略安全与合法权益不可替代的力量基础。
　　三是继续大力推进外层空间民用、商用技术发展。

　　大量的安全困境是由于国家间的"误读"造成的。一国为了追求自身安全而采取某项政策或采用某种武器，尽管它无心甚至无能力扩张或改变现状，但在客观上往往会引起别国的警觉。如果进攻性武器与政策和防御性武器与政策能够相互区别的话，国家对防御性武器与政策的追求便不会引起别国的怀疑；即使国家

---

① 梁兆宪、沈世禄：《从国际空间法看空间攻防对抗》，《装备指挥技术学院学报》2004年第2期。

采取进攻性措施，别国也可以由于攻防区别及早得到预警。所以攻防区别有利于消除国家间的误读，能够使其他国家对一国追求安全的行为采取较为温和或较为保守的反应，从而避免或缓和安全困境，使合作得以进行。①

外层空间科学探索和开发与利用是世界各国空间事业发展的主旨所在，外层空间民用、商用技术发展，不仅使得国家形象和民众热情获得了极大的提升，也蕴含着实实在在的战略价值。捍卫国家主权、民族尊严需要的是真正的实力，外层空间领域就是现代技术条件下捍卫国家利益的新主战场，没有外层空间的控制权就没有国家安全。任何国家空间技术的每一次突破性进展都是对外层空间霸权垄断的有力冲击。我国嫦娥探月工程的顺利推进标志着我国空间技术达到了一个全新的高度；38万千米的飞行、测控、数据传输能力，标志着我国具备了争夺38万千米之内外层空间控制权的能力。中国和俄罗斯合作，继续努力推进火星探测工作，火星探测器在进入环绕火星轨道后，将在800—80000千米的火星轨道上运行，进行为期一年的科学探测，它所搭载的等离子探测包、掩星探测接收器、光学成像仪、磁强计等7台仪器将探测火星空间磁场、表面离子逃逸率、地形地貌与沙尘暴、赤道区重力场等，并为科学家们传回实际拍摄的火星照片。

外层空间民用、商用技术发展是我国空间事业的重要组成部分，对于服务我国的经济建设、社会发展和国家安全都会起到非常重要的作用。世界空间技术的发展，是世界和平的福音。"美国对哪一国威胁大，哪一国发展（反制）太空/弹道导弹能力的动力也就越大。"②制衡的力量多一点，外层空间的和平可能就增加一点。外层空间非军事化已经提了很多年，但是总不能达成一致，就是因为有的国家把外

---

① 邹明皓、李彬：《美国军事转型对国际安全的影响——攻防理论的视角》，《国际政治科学》2005年第3期。
② 何奇松：《脆弱的高边疆：后冷战时代美国太空威慑的战略困境》，《中国社会科学》2012年第4期。

层空间利用看成是自己的专利、自己的特权。当越来越多的国家具备空间技术后，霸权者才有可能醒悟到搬起的石头也会砸到自己的脚，才有可能实现外层空间的真正和平。我国应加快载人航天，特别是自主空间站，以及嫦娥探月工程等重大专项工程的顺利推进。我国嫦娥探月工程在国际安全领域的战略价值，从各国相继跟进的探月动作中就可以看到。这些"探月秀"绝不是争风吃醋，而是在国际政治领域对话语权的激烈争夺、在实际应用领域对技术制高点的激烈争夺。我国航天在"嫦娥"探月工程、"神舟"载人航天工程的带动下，向实用化、系统化、规模化的方向发展，必将为我国的国家利益增加一道外层空间的安全屏障。

第六章

推动外层空间国际安全机制建设持续进化

从复合建构主义的视阈看，冷战时期，低政治认同度与高暴力受控度的结合将导致"权威强制型社会化"，美苏权力制衡，在谁也无法真正战胜对方，而又各自害怕对方突破的情况下，竟然携手合作，"强制推行其所信奉的某些政治理念与行为规范，从而达到同化他者、规范他者、消除政治异见和维持秩序稳定之目的"[①]。冷战后外层空间国际安全领域出现低政治认同度与低暴力受控度的结合，从而导致"效率竞争型社会化"，在此结构下空间主体极易优先选择那些增强其自身安全的规范，对生存竞争的追逐将使体系趋向冲突化。探讨这一安全困境的化解之道应先从外层空间国际安全的社会实践出发，考虑物质与观念两者怎样"耦合""互构"的问题。外层空间安全战略制定的理念应充分体现外层空间开发与利用物质能力的全球化互联本质。我国外层空间安全战略也应承认空间集成是更宽广的全球化框架及互相联结和依存的全球背景的一部分。因此，我国在筹划外层空间安全战略时，应认识到航天事业发展在维护国家安全领域的重要作用。除维护战略稳定外，还应充分注意到它对于促进外层空间国际法律建设，加强外层空间国际安全合作的重要意义。到实践中找答案，

[①] 董青岭：《复合建构主义——进化冲突与进化合作》，时事出版社2012年版，第133页。

关键是要从可操作层面把握机遇，通过外层空间信任措施先行，增进聚合性认同，形成较高认同度与低受控度耦合的"原则竞争型社会化"。外层空间国际安全合作机制建构中的关键性社会条件与行动步骤，应通过推动空间行为准则和军备控制并行不悖的推进，最终形成高政治认同与高暴力受控的复合结构，从而推动外层空间国际安全合作机制朝着合作与和平的方向发展。

一 外层空间国际安全合作的社会实践

外层空间探索与利用是充满风险的事业，其健康发展离不开制度的保障。维护外层空间国际安全，促进人类共同利益的实现，必须在坚持维护现有外层空间国际制度框架的前提下，根据空间技术发展和国际安全形势，进一步完善外层空间国际安全合作机制。

在空间上，某一行为体的行为仅仅通过制度安排（如决策规则）来影响其他行为体的行为，而不是向对方直接施加压力；在时间上，某一时点确立的制度将会发挥持续而意想不到的作用，进而影响行为体未来的行为。[①]

面对超级大国谋求"外层空间霸权"的企图，全世界所有希望有效开发与利用外层空间的国家都应该行动起来，努力建构和平、合作、和谐开发外层空间的国际机制和法律框架，坚决反对外层空间霸权，抑制外层空间武器化，强化和平开发外层空间的能力，合作推进人类对外层空间的和平探索与利用。

（一）外层空间国际安全合作机制的历史进程

冷战时期，在美、苏两极争霸的大背景下，外层空间被两个超级大

[①] 焦兵：《现实建构主义：国际政治的权力建构》，《世界经济与政治》2008 年第 4 期。

国看作现代战争的关键赋能器,因此,双方都将外层空间军事利用放在航天事业发展的首要位置。外层空间国际安全互动实践表现为你追我赶的军备竞赛,因此,从冷战期间的一个较长时段来看,美苏双方在空间实力上大体保持相互抗衡的状态。此外,从空间技术对于当时各自国家战略威慑体系的意义来看,军事航天远未具有独立威慑的功能,在很大程度上是为了监视、核查对方的核力量和核部署。加之,航天器遵循天体动力学规律运行,外层空间是无国界的全球公域。在外层空间安全领域的利益博弈中,美苏双方都认识到,基于空间技术并不能保证自己的绝对安全,但双方都担心对方的技术突破有可能损害自己的安全利益。因此,双方最好的选择是停止发展空间军备,实行军备控制,从而推动了一系列外层空间国际安全合作机制的建构。这方面包含、涉及外层空间国际安全合作的机制主要有《部分禁止核试验条约》《外层空间原则宣言》《外层空间条约》《月球协定》《关于登记射入外层空间物体的公约》《限制反弹道导弹系统条约》《禁止为军事或任何其他敌对目的使用改变环境的技术的公约》等一系列的国际条约与国际法律文件,其中的有关条款对各国的外层空间军事化利用行为进行了直接的法律规制。但由于这个博弈的均衡是弱纳什均衡,如果任意一方对空间技术可行性的认识有所改变,其平衡就容易被破坏。①

由于外层空间的无疆域性,以及空间技术当时从属于核威慑战略这一现实制约,美苏双方在外层空间国际安全领域的制度创生和规范建立朝着维护人类共同利益的理想目标迈进,呈现和衍生出合作的前景。具体说来,1963年《禁止在大气层、外层空间和水下进行核武器试验条约》对外层空间武器做出了限制性的规定。它规定各国应保证在其管辖或控制下的大气层、外层空间、水下(包括领海或公海)三个环境内,禁止、防止和不进行任何核武器试验爆炸或其他任何核爆炸;如一国在任何其他环境里进行的核爆炸所引起的放射性尘埃出现于其管辖或控制的领土范围以外时,这种爆炸亦应禁止。

---

① 参见李彬《军备控制理论与分析》,国防工业出版社2006年版,第64页。

第六章　推动外层空间国际安全机制建设持续进化

1967年《外层空间条约》作为国际空间立法的宪法性文件，对外层空间的军事化利用做出了明确的限制性规定。该条约第4条第1款规定，各缔约国"承诺不在环地球的轨道上放置任何载有核武器或任何其他种类的大规模毁灭性武器的物体，不在天体上装置这种武器，也不以任何方式在外层空间设置这种武器"。第4条第2款规定，各缔约国"应专为和平目的使用月球和其他天体。禁止在天体上建立军事基地、军事设施和工事；试验任何类型的武器和进行军事演习。不禁止为了科学研究或任何其他和平目的而使用军事人员。为和平探索月球与其他天体所必需的任何装置或设备，也不在禁止之列"。从《外层空间条约》对外层空间军事化利用的规制来看，条约禁止在外层空间放置和设置核武器或任何其他种类的大规模毁灭性武器，禁止在天体上建立军事基地、军事设施和工事，禁止试验任何类型的武器和进行军事演习。

《关于登记射入外层空间物体的公约》（Convention on Registration of Objects Launched into Outer Space），亦称《登记公约》，于1975年1月14日在纽约开放签署，1976年9月13日生效。《登记公约》对空间物体实行强制性的登记制度，提高了各国空间活动的公开性与透明度，对于防止或抑制外层空间军事化具有积极作用。该公约规定：发射国在发射一个外层空间物体进入或越出地球轨道时，应以登入其所须保持的适当登记册的方式登记该外层空间物体。每一发射国应将其设置此种登记册情事通知联合国秘书长。每一登记国应在切实可行的范围内尽速向联合国秘书长供给有关登入其登记册的每一个外层空间物体的具体情报。① 该公约主要依靠国家自身的监督，并没有设立

---

① 《登记公约》第4条：1. 每一登记国应在切实可行的范围内尽速向联合国秘书长供给有关登入其登记册的每一个外层空间物体的下列情报：（1）发射国或多数发射国的国名；（2）外层空间物体的适当标志或其登记号码；（3）发射的日期和地域或地点；（4）基本的轨道参数，包括：（a）交点周期，（b）倾斜角，（c）远地点，（d）近地点；（5）外层空间物体的一般功能。2. 每一登记国得随时向联合国秘书长提供有关其登记册内所载外层空间物体的其他情报。3. 每一登记国应在切实可行的最大限度内，尽速将其曾提送情报的原在地球轨道内但现已不复在地球轨道内的外层空间物体通知联合国秘书长。

专门的机构负责核查或者监督。① 目前,负责登记工作的机构是联合国外层空间事务办公室(UNOOSA),并在互联网上搜索到具体的登记内容。② 该注册是强制性的,为空间行为的责任认定和赔偿提供了事实依据,但这种登记无法用来处理因轨道碎片所造成的损害或者争端。在登记的内容中"用途"部分极其模糊,发挥其军控作用的能力有限。③ 同时,并非所有的发射行为都会在联合国注册。④

1977年《禁止为军事或任何其他敌对目的使用改变环境的技术的公约》也对限制外层空间武器的使用做出了规定。它规定,各国应承诺不为军事或敌对目的而使用具有广泛、持久或严重后果的改变环境的技术。这里的"改变环境的技术"是指通过蓄意操纵自然过程改变地球(包括其生物区、岩石圈、地水层和大气层)或外层空间的动态、组成或结构的技术。但由于该公约只规定了禁止使用此类技术,没有规定禁止研究、发展和实验此类技术,而致使该公约在实际中难于执行。⑤

1979年《月球协定》在坚持《外层空间原则宣言》和《外层空间条约》基本精神的基础上,对军事利用月球和其他天体做了进一步的规定。《月球协定》第2条规定:"月球上的一切活动,包括其探索和利用在内,应按照国际法,尤其是联合国先前的规定。"第3条第1款进一步规定:"月球应供全体缔约国专为和平目的而加以利用。"为此,

---

① 《登记公约》第6条:本公约各项规定的施行如不能使一个缔约国辨认对该国或对其所辖任何自然人或法人造成损害,或可能具有危险性或毒性的外层空间物体时,其他缔约各国,特别包括拥有空间监视和跟踪设备的国家,应在可行的最大限度内响应该缔约国所提出或经由联合国秘书长代其提出,在公允和合理的条件下协助辨认该物体的请求。提出这种请求的缔约国应在可行的最大限度内提供关于引起这项请求的事件的时间、性质及情况等情报。给予这种协助的安排应由有关各方协议商定。

② 登记数据库搜索,http://www.unoosa.org/oosa/showSearch.do。

③ 例如,俄罗斯关于COSMOS 2390的发射注册(http://www.unoosa.org/oosa/download.do?file_uid=1292)仅说明其用途为"本空间物体用于代表俄罗斯联邦国防部执行任务",而且实际用途为俄罗斯联邦的军用通信卫星,来源为Pavel Podvig, Russia and Military Uses of Space。

④ 例如,2005年10月12日中国发射"神州六号"载人宇宙飞船就未在此处登记注册。

⑤ 李寿平:《外空的军事化利用及其法律规制》,《法商研究》2007年第3期。

其第三条规定了四项禁止令：（1）不得在月球上使用武力，或以武力相威胁或从事任何其他敌对行为或以敌对行为相威胁；（2）禁止利用月球对地球、月球、宇航器或人造外层空间物体上的人员使用武力或任何武力威胁；（3）不得在绕月球的轨道上放置载有核武器或其他种类的大规模毁灭性武器的物体，或在月球或月球内放置或使用此类武器；（4）禁止在月球上建立军事基地、军事设施及防御工事，试验任何类型的武器及举行军事演习。根据《月球协定》之规定，"月球"一词不仅指月球本身，还包括环绕月球的轨道或其他飞向或围绕月球的轨道；有关月球的规定也不仅适用于月球，还适用于太阳系内除地球以外的其他天体。可见，对于月球军事化的规制，《月球协定》比《外层空间条约》更彻底、更严格。但遗憾的是，美国等空间大国并没有签署该协定，这就使该协定的影响大打折扣。

（二）外层空间国际安全合作机制的进化取向

由于当时空间技术的军事利用主要集中于军事侦察、情报通信、核军控等方面，严格地说，在外层空间攻防对抗准备方面，双方的技术都不成熟，就拿名义上作为防御技术手段的弹道导弹防御来说，它主要方式是以核弹拦截核弹，显然，这是一个"杀敌一百，自损三千"的方案。再如苏联的共轨式动能反卫，抑或美国的机载式动能反卫技术，都会带来大量的空间碎片，不但效率低，而且可能会造成自杀伤效应。"因为动能攻击的结果会在轨道中产生很多碎片，这也会把己方卫星置于危险处境。"[1] 与此同时，其他国家空间技术的发展，相对于当时的国际安全层面而言，微不足道。基于此，冷战时期外层空间国际安全合作机制的建构表现出明显的进化取向，美苏双方刻意忽视和回避了如权力竞争和话语战争等问题，从而使得进步演化思维在机制谈判中得以体现和扩散。譬如，1963 年《外层空间原则宣言》不仅确认和平探索与

---

[1] ［加拿大］Wilson W. S. Wong, James Fergusson：《军事航天力量——相关问题导读》，尹志忠、方秀花、秦大国、侯妍译，国防工业出版社 2012 年版，第 98 页。

利用外层空间关系着全人类共同利益的原则,而且规定各国在探索与利用外层空间时应该遵守的九项原则涉及与外层空间活动有关的所有重要方面。尽管这些原则不具有法律上的拘束力,但却"获得了联合国全体会员国的一致赞同,实际上奠定了国际外层空间法原则的基础"。《外层空间原则宣言》为以后的国际空间立法提供了根本的原则性指导。

1966年12月,联合国大会通过的第2222号决议(XXI)批准《外层空间条约》,该条约于1967年10月10日正式生效[①],而且无限期有效。该条约所确定的外层空间的自由进入、无主权以及和平利用等原则成为全世界普遍接受的原则,也是其他有关外层空间使用的规范、条约和行为的基础。在外层空间国际安全合作方面,该条约在基本原则层面,明确了行为标准、具有沟通信息和降低交易成本的积极功效。比如该条约第4条[②]规定不得在外层空间部署大规模杀伤性武器;第9条规定了各国在空间中的活动若有可能影响他国时须进行磋商。[③] 该条约作为当前最具权威和原则性的国际条约,具有较强的法律意义。但

---

① Treaty on Principles Governing the Activities of States in the Exploration and Use of Outer Space, Including the Moon and Other Celestial Bodies, Namely United Nations Treaties and Principles on Outer Space.

② 《外层空间条约》第4条内容:本条约各缔约国承诺不在环绕地球的轨道上放置任何载有核武器或任何其他种类大规模毁灭性武器的物体,不在天体上装置这种武器,也不以任何其他方式在外层空间设置这种武器。本条约所有缔约国应专为和平目的使用月球和其他天体。禁止在天体上建立军事基地、军事设施和工事,试验任何类型的武器和进行军事演习。参见[加拿大]Wilson W. S. Wong, James Fergusson《军事航天力量——相关问题导读》,尹志忠、方秀花、秦大国、侯妍译,国防工业出版社2012年版,第120页。

③ 《外层空间条约》第9条内容:本条约各缔约国对外层空间,包括月球与其他天体在内进行的研究和探索,应避免使它们受到有害污染以及将地球外物质带入而使地球环境发生不利变化,并应在必要时为此目的采取适当措施。如果本条约某一缔约国有理由认为,该国或其国民在外层空间,包括月球与其他天体在内计划进行的活动或实验可能对其他缔约国和平探索与利用外层空间,包括月球与其他天体在内的活动产生有害干扰时,则该缔约国在开始进行任何这种活动或实验之前,应进行适当的国际磋商。如果本条约某一缔约国有理由认为,另一缔约国在外层空间,包括月球与其他天体在内计划进行的活动或实验,可能对和平探索和利用外层空间,包括月球与其他天体在内的活动产生有害干扰时,则该缔约国可请求就该活动或实验进行磋商。参见[加拿大]Wilson W. S. Wong, James Fergusson《军事航天力量——相关问题导读》,尹志忠、方秀花、秦大国、侯妍译,国防工业出版社2012年版,第122页。

第六章 推动外层空间国际安全机制建设持续进化

是，外层空间的自然属性及条约特殊的法律地位，使得其法律主体结构受国际法惯例的普遍准则控制，而非专门的立法或司法机构或技术部门，从而缺乏实际落实或监督该条约的有效手段。例如该条约禁止在轨道上部署核轰炸系统，冷战时美苏仍进行关于轨道轰炸系统的研究并宣称为"部分轨道轰炸系统"（FOBS）以回避直接违反条约。① 同时，该条约对于空间武器的限制过于褊狭以致无法满足当前对于防止外层空间武器化或者反对反卫星武器的需要。② 自从《外层空间条约》确立外层空间非军事化原则以来，这项原则在联合国大会的相关决议上得到多次重申，从未遇到过公开反对（美国等极少数国家仅投过弃权票），因而这项原则已构成国际惯例，包括非缔约国在内的所有国家都应一律遵守，任何国家不能以未加入或已推出某些条约为理由而不遵守这项原则。③ 即便是美国这样的空间技术强国，也不愿冒天下之大不韪，公然反对外层空间非军事化，一再声称其在外层空间部署武器只是防御性的。④

外层空间国际安全合作机制嵌套在其他双边或多边军控条约中，甚至有形成相互牵制作用的网络结构之势。由此，关联政治作用使得机制体系内的空间行为体产生结构性规范功能，从而推动外层空间国际安全合作机制体系朝向合作状态进化。这包括美苏在冷战期间就战略武器裁军所达成的一系列条约，如《限制反弹道导弹系统条约》（ABT）、《美苏关于限制进攻性战略武器的某些措施的临时协定》（SALT I）、《美苏两国关于限制中程导弹和中短程导弹条约》等诸多条约都规定双方通过国家技术手段（主要是卫星）进行核查的原则，并不得对对方的核查进行干扰或阻挠。⑤ 1963 年 8 月 5 日，由美、苏、英三国外长在莫斯科签署《部分禁止核试验条约》，同年 10 月

---

① 刘华秋等：《军备控制与裁军手册》，国防工业出版社 2000 年版，第 256 页。
② Nina Tannenwald, Law versus Power on the High Frontier: The Case for a Rule-Based Regime for Outer Space, p 7.
③ 贺其治：《外空法》，法律出版社 1992 年版，第 12 页。
④ 聂资鲁：《外空军备控制与国际法》，《甘肃政法学院学报》2007 年第 4 期。
⑤ 刘华秋等：《军备控制与裁军手册》，国防工业出版社 2000 年版，第 133 页。

10日生效，无限期有效。该条约向所有国家开放签署。① 该条约确定了禁止在外层空间从事核试验的原则。缔约国保证在其管辖或控制下的大气层范围、外层空间、水下（包括领海或公海）三个环境内禁止、防止和不进行任何核武器试验爆炸或其他任何核爆炸。如一国在任何其他环境中进行的核爆炸所引起的放射性尘埃出现于其管辖或控制的领土范围以外时，这种爆炸亦应禁止。该条约主要依靠各国采用国家技术手段来保障、监督其实施，没有专设核查部门。②

（三）外层空间国际安全合作机制的进化冲突

从理论上来说，面对结构性制度压力，理性空间行为体出于利益最大化和长远收益考虑，他们往往会优先选择合作而不是冲突，经过多重反复博弈，外层空间国际安全合作或许会成为常态。③ 但由于冷战的突然结束，外层空间国际安全领域出现了严重的权力失衡，再加之美国在空间技术方面取得某些突破，尤其表现在弹道导弹防御技术方面，因此，外层空间国际安全合作的理想局面不但没有出现，反而急转直下。冷战后外层空间国际安全合作机制的演化面临着日益复杂微妙的国际形势。由于冷战结束以后战略格局的改变，美俄双方"相互确保摧毁"战略的紧迫性不再存在，这些条约的事实约束条件几乎已经很难保障，美国无所顾忌地退出《反导条约》即是一例。

美国试图凭借其空间技术优势来追求外层空间安全领域的绝对霸权，自认为美国通过外层空间攻防对抗准备，可以避免其臆想的所谓"空间珍珠港事件"的发生。为此，冷战后美国按照其咄咄逼人的空间战略规划，积极发展外层空间武器，试图在国际条约签署之前掌握各项外层空间武器技术，特别是美国大力发展天基和地基反卫星武器

---

① 刘华秋等：《军备控制与裁军手册》，国防工业出版社2000年版，第170页。
② 张浩：《外空军控的机制设计——以建立信任措施为例》，《国际问题论坛》2007年夏季号（总第47期）。
③ 参见戴维·鲍德温主编《新现实主义和新自由主义》，肖欢容译，浙江人民出版社2001年版。

第六章 推动外层空间国际安全机制建设持续进化

和反导系统,引起国际社会的高度关注。虽然现行的国际法确立了"和平探测与利用外层空间"的系列原则,但对于目前外层空间军事化日益加剧的发展趋势仍缺乏有力的约束。一方面,由于现有的外层空间法存在一定的缺陷,无法有效遏制外层空间的军事化,国际社会对外层空间战爆发的危险十分担忧。针对这一情况,联合国原秘书长安南1999年在防止外层空间军事化国际会议上说:"我们必须防止外层空间被不当使用。我们不能允许已经战火纷飞的本世纪将其遗产流传给后世,到那里我们所能够利用的技术将会更加可怕。我们不能坐视广阔的外层空间成为我们地面战争的另一个战场。"[①] 1999年,第54届联合国大会再次以压倒多数通过了防止外层空间军备竞赛的决议。决议强调谈判缔结一项或多项防止外层空间军备竞赛的国际协定仍是裁军谈判会议外层空间特委会的首要任务。[②]

冷战结束以来,美国为了其不可告人的目的,往往借口外层空间现有国际条约完全足够,而屡屡反对任何新的外层空间国际安全机制建构动议。在2000年、2001年的联合国裁军谈判会议上,中国政府提出的防止外层空间军备竞赛法律文书的要点草案,就受到来自美国政府对外层空间武器化问题谈判的抵触和反对。2002年6月,中国、俄罗斯、白俄罗斯、印度尼西亚、叙利亚、越南、津巴布韦联合向裁谈会提交了关于"防止在外层空间部署武器、对外层空间物体使用或威胁使用武力国际法律文书要点"的工作文件,得到了许多国家的支持,但没有得到作为外层空间唯一超级大国美国的认可。2003年又根据各国的意见起草了"关于外层空间法律文书的核查问题"和"现有国际法律文书与防止外层空间武器化问题"两份非正式文件,但由于美国始终不愿将这个问题列入联合国裁军会议的议程,这一进

---

① 王孔祥:《太空军备竞赛对外空法的挑战》,《武汉大学学报》(哲学社会科学版)2005年第5期。
② 但事实上由于各种原因,在防止外层空间军事化、武器化及外层空间军备竞赛方面,裁军谈判会议及其外层空间特委会至今未能取得任何实质性的进展。

程一直未能开展。① 在2005年10月的联合国大会上，160个国家投票赞成《防止外层空间军备竞赛》（PAROS）条约之必要性的决议，只有美国一票反对。2006年，中国又与俄罗斯、白俄罗斯等国提出"外层空间活动透明与信任建设措施"（Transparency and Confidence-Building Measures in Outer Space）的议案来呼应"裁军谈判会议"稍早的相关辩论，这一决议重申了建立信任措施作为有助于防止外层空间军备竞赛目标手段的实现。② 美国领头，日本、英国等极少数国家对此表示异议，因此仍然没有取得实质性的进展。③

一直以来，外层空间国际安全合作机制的建构与完善，受到美国的有意阻挠和蓄意反对，维持"向善"的关系也连连受挫。2007年3月，联合国和平利用外层空间委员会第46届法律小组委员会会议讨论如何利用和完善相关的国际法框架，促进国际和平利用外层空间事业的发展。除美国外的各国代表认为，早日制定禁止外层空间武器化的国际条约是国际社会面临的共同任务，联合国和平利用外层空间委员会及其法律小组委员会应发挥应有的作用。④ 2008年2月，中国与俄罗斯在日内瓦召开的联合国裁军谈判会议上，提交了"防止在外层空间部署武器、对外层空间物体使用或威胁使用武力条约（草案）"，呼吁国际社会达成意向性的国家法律文书，防止外层空间武器化和外层空间军备竞赛，维护外层空间的和平安宁，但由于美国的反对而没有获得通过。⑤ 美国不顾国际社会反对外层空间军事化的呼声，连续六年拒绝

---

① 如在2002年，中、俄等七国联合向裁军谈判会议提交了"防止在外层空间部署武器、对外层空间物体使用或威胁使用武力的国际法律文书要点"的议案；2003年2月，中国配合俄罗斯召开外层空间问题讨论会，征求各国对中俄外层空间问题工作文件（CD/1679）的意见，并在裁军谈判会议第三期会议上共同散发"各方对CD/1679的意见汇编"，受到各方重视；2003年8月，中国宣布接受五大使修改方案，在工作计划问题上做出建设性努力。

② United Nations, Official Documents System of the United Nations, http://daccess-dds.un.org/doc/UNDOC/GEN/N06/498/93/PDF/N0649893.pdf? OpenElement.

③ 聂资鲁：《外空军备控制与国际法》，《甘肃政法学院学报》2007年第4期。

④ 牛姗姗：《外空非军事化法律制度构建思考》，《江苏警官学院学报》2009年第24卷第6期。

⑤ 李滨：《国际裁军实践中的外空非武器化问题分析》，《国际观察》2010年第5期。

第六章 推动外层空间国际安全机制建设持续进化

通过国际社会有关禁止部署外层空间武器的提案。[①] 现实表明，美国的阻碍使得以全面禁止一切外层空间武器，即以禁止试验、生产、安放、部署和使用一切外层空间武器并销毁现有的外层空间武器为主要内容的国际条约的达成成为一项复杂而艰巨的任务。[②]

当联合国裁军谈判会议就反对外层空间武器化和军备竞赛的PPWT草案表决暂时受挫后，同年12月，欧盟提出《外层空间活动行为准则》（CoC）草案，CoC草案强调在维护和执行现有外层空间国际条约、原则和协议的基础上，制定并执行最大限度地减少空间事故、空间物体碰撞或以任何形式妨碍干扰他国和平开发、利用外层空间的政策和措施，遵守并执行国际电信联盟在分配无线电波段和轨道方面的所有建议和规定，控制和减少空间碎片，加强空间互动的相互通报和空间物体在联合国的登记等。其后，欧盟与多个空间国家举行双边谈判或磋商，根据反馈的情况，欧盟对CoC草案做了进一步修改，并于2010年公布了新版本，并得到美国、日本、澳大利亚等国的大力支持。2012年，美国建议在参照欧盟CoC草案的基础上，制定《外层空间活动行为准则》（ICoC），ICoC旨在为各国在外层空间活动行为提供一个指南，以减缓空间碎片，约束不负责任的行为体，推进可持续和平利用、维护安全与稳定。与此同时，美国强调所谓外层空间自卫权，以及对盟国的保护权利。随后，美国国务院公布了ICoC的"内容概要说明"，但后来并没有提出ICoC草案，美国的倡议获得了日本、澳大利亚的支持。2013年，联合国外层空间委员会科学技术小组提出了确保外层空间安全与可持续和平利用的"外层空间长期可持续性倡议"（LTSSA）。2014年，联合国外层空间委员会对草案进行了评估，并成立四个专家组对其中特定主题进行研究讨论，并提交了四个报告。与此同时，中

[①] 苏晓辉：《美国外空战略的新动向及其发展前景》，《国际问题研究》2008年第4期。

[②] 卢敬利：《俄美外长为签署核裁军条约铺路》，新华网，2010年3月20日，http://news.xinhuanet.com/world/2010-03/20/content_ 13209670.htm。

俄建议的外层空间透明与信任建设机制（TCBMs）也得以推进，2012—2013 年，根据联合国大会通过的第 65/68 号决议成立的政府专家组（GGE）召开了三次会议，提交了"有关太空透明与信任建设机制报告"，报告强调建立增加外层空间活动透明的信息共享机制和行动措施。到目前为止，联合国两个机构有关外层空间安全治理的两个倡议，还没有制定出正式文本。总体来说，中国对以上外层空间国际安全合作方面的努力是持积极支持态度的，同时，强调反对外层空间武器化和军备竞赛的 PPWT 制定与其他努力可以并行不悖，且更为重要而紧迫。但由于作为世界头号空间大国的美国对 PPWT 的坚决反对，冷战后关于外层空间国际安全合作的努力暂时受挫。

二 外层空间国际安全合作的战略困境

外层空间作为人类活动逐渐进入的前沿地带，由于其自身特点与人类利用方式所决定，外层空间开发与利用的价值具有跟地球表面，乃至大气层迥然有别的特性。显然，远离人类居住地球的外层空间是一个主权原则无法延伸去划清国界的"无缝"世界。外层空间无疆域性意味着外层空间无法像领土、领海和领空一样划分疆域边界，外层空间广阔无垠，进入其间的物体遵循着外层空间飞行动力学的相关规律运动。追求各种利益是以各种形式进入外层空间开发与利用的人类组织展开探索与利用活动的根本动机，也是外层空间开发与利用行为的逻辑起点。非有限的广阔外层空间及其各种天体资源对于进入其间追求各种利益的人类力量而言，唯一适用的根本性原则就是"人类共同利益"原则。"人类共同利益"原则意味着对外层空间的勘探和利用对全人类开放，是一个先验而永恒的原则。对外层空间和其他天体及其资源而言，"人类共同利益"意味着外层空间资源属于全人类共同所有，是各个国家均可从对其的开发活动中取得利益的物质对象。

（一）外层空间霸权的潜在冲击与危害

联合国于1967年制定的《外层空间条约》开宗明义地指出："探索和利用外层空间（包括月球和其他天体）应为所有国家谋福利和利益。"但这种"共同利益"条款的约束力事实上建立在外层空间权力关系的基础上。当各大国纷纷推出自己的外层空间探索与利用蓝图时，外层空间政治版图的色彩日益缤纷绚烂，天上的人造星座再次成了地面政治格局的投影。正是权力从根本上规范着各国在外层空间的力量范围。作为集多种科学技术于一体的高科技活动与外层空间探索与利用反映了从事该活动的国家的科技实力、工业水平、军事潜力乃至国民动员能力。外层空间探索与利用实力是一个国家综合力量的体现，它必然要为国家战略服务。也就是说，外层空间中的对抗或合作是地面上国家关系的延伸。外层空间权力失衡，极易导致霸权野心的膨胀，从而引发外层空间军备竞赛，外层空间的环境特性决定了这种军备竞赛只会导致两败俱伤，合作共赢才能维系和平与发展。

冷战结束后，美苏抗衡的外层空间均势发生了根本性的变化，美国占压倒性优势的地位更为突出。在外层空间军事应用方面，美国遥遥领先于其他国家。在航天能力与战斗力的整合方面，美国做得比其他任何国家都要彻底和成功。美国在海岸上拥有四个航天发射基地，拥有"阿特拉斯"和"德尔塔"系列的大型运载火箭，外加能发射小型航天器的飞行器。美国政府拥有几组卫星星座，创建了一个强大的全球通信网络，发展了巨大的遥感、定位、航海、授时能力。美国空军和航空航天局都例行开展太空活动，管理承包商进行设计、发展和部署航天系统。[1] 与此同时，俄罗斯、日本、欧盟、印度等近年来也纷纷加大涉足外层空间的步伐，大力拓展自身的外层空间利益，外

---

[1] Abraham M. Denmark and James Mulvenon, *Contested Commons: The Future of American Power in a Multipolar World*, Washington, D.C.: Center for a New American Security, 2010.

层空间安全困境更为严重。美国凭借其在进入外层空间发展的"全能冠军"的绝对优势,极力谋求绝对优势和绝对霸权。2006年,美国新的外层空间政策突出地强调:美国享有绝对的外层空间自由行动权;不让"敌国"进外层空间;鼓励参与合作,扩大军方外层空间权力;抢占外层空间优势,着眼部署武器;拒绝签署任何限制美国外层空间发展的国际协议等。美国独霸外层空间的企图使外层空间安全困境进一步加剧,引起了全世界的不安与公愤。

空间技术是一种最能体现国家战略意图,对经济社会发展和国家安全有着重大影响的大科技体系。冷战结束以来,美国政府出台一系列对华制裁措施,其中包括禁止转让空间技术、禁止美国公司参与我国商业发射活动等。这一系列制裁随着美国政府的更迭,出现过调整或放宽,但从未彻底解除。其后美国历届政府维持这些制裁的考虑也从最初的人权和意识形态方面,向着限制我国发展战略能力、防止出现新的战略对手方面转移。[①] 2012年4月18日,美国防部和美国务院联合向国会提交《放宽美国空间出口控制的风险评估报告》,决定放宽对绝大多数国家所涉及的卫星出口的审批。但该报告罕见地高调突出我国外层空间能力对美国的威胁,并妄称我国外层空间能力均有军方背景,且主要得益于从美国窃取空间技术。作为结论,报告建议继续奉行对华严格的卫星出口控制审批。[②] 同时,我国在外层空间能力发展过程中,也面临着其他空间国家同样的问题,如空间资源有限、频率占用、轨道抢注等。

(二) 外层空间军备控制与安全功效的悖论

正是外层空间对于人类活动所具有的无疆域性这一根本特性,决定了各国开发与利用外层空间的收益递增是一种典型的技术性级差空

[①] 张金翠:《从维护"人权"到防止"威胁"——1989年美国对华军事制裁研究》,博士学位论文,复旦大学,2007年。

[②] Departments of Defense and State, Final Report to Congress Section 1248 of the National Defense Authorization Act for Fiscal Year 2010 (Public Law 111-84), p.4, http://www.defense.gov/home/features/2011/0111_nsss/docs/1248_Report_Space_Export_Control.pdf.

租。技术性级差空租则是在同一地表或空间连续追加技术性投资不同而形成的级差地租与空租。它是指人类通过物质设施和技术的投入，加深开发空间内涵的容纳功能，形成良好的群落环境与优质的生态环境，使之同天然级差空间形成人文的差异，提高其空间的质量等级，从而获得更大的利益。各国竞相进入外层空间追求技术性级差空租，主要是通过大力发展与利用空间技术来实现的。

人类社会的发展史表明，科学技术上的新发明、新发现，往往都会先被用于军事领域。因而，当空间技术及设备的发展将人类的足迹印上太空，并显示出巨大的军事效用后，围绕制天权的争夺便被深深烙上了军事的痕迹。人类的军事步履从陆地、海洋、天空扩展到外层空间，外层空间军事化愈演愈烈。空间战这一崭新的战争理论也悄然登上了历史的舞台。外层空间军事化的内容包括两个层面：一是指为军事目的而对人造地球卫星的利用增加，来支持和增强以地球（包括陆地、海洋和大气层）为基地的武器系统和地面部队的效能；二是指外层空间武器的发展，既指以外层空间为基地的武器系统的发展，以打击或摧毁对方在陆地、海洋、大气层以及外层空间中的目标，或损害其正常功能；也包括以陆地、海洋、大气层为基地的武器系统的发展，以打击或摧毁对方的外层空间物体或损害其正常功能。作为外层空间军事化第二个层面的外层空间武器化，其结果必将加剧外层空间的军备竞赛和军事对抗，是对当今世界和平与安全的重大威胁。

> 1958年12月第一颗军用卫星发射升空，标志着在1957年10月人类历史上第一颗人造卫星"Sputnik-I"上天仅一年后，就出现了外层空间军事化。此后，在不到一年的时间里，反卫星武器的试验就开始了。

为了防止外层空间军事利用中的矛盾和冲突升级，甚至擦枪走火，关于外层空间安全互动的国际努力就一直没有停止过。但由于空间技术往往具有鲜明的军民两用性，空间技术维护国际安全的功效与军事利用的特性并存，使得外层空间安全互动面临着外层空间军事利用与反对空间武器化、空间技术安全功效与反对外层空间军备竞赛的两难选择困境。

  外层空间安全互动存在着明显的进退两难之境。军事航天器明显有助于表达一种实际核战争的战略意图，而不是仅仅表达一种战略威慑的意图。由于这一原因，禁止一切军事卫星好像是一种合理的选择。但这又会导致出现什么情况呢？同样是这些军事卫星，它们很有可能被用来监测、核查维护国际安全的那些条约的执行，它们也可能被用于保证军事通信的畅通，以防止由于误判所导致的战争爆发。因此，不仅需要保护卫星安全与和平利用的条约形式，同时也需要通过一定的军控方式来减少外层空间军事利用所带来的不稳定性。[①]

  外层空间安全互动的国际努力所面临的一个突出的现实两难困境就是对反卫星武器进行军控的条约将很有可能在执行过程中反过来起到保护那些有助于地球上军备竞赛的卫星的作用。

  外层空间军事设施所发挥的支援、保障作用能够极大地增强陆海空战场武器系统的效能，确立霸权国家压倒性的军事技术优势，而那些空间技术薄弱的国家将处于更加不利的地位。将"和平目的"理解为"非军事化"，严格限制外层空间一切军事性质的活动有利于维护广大发展中国家的权益，维护国际公平与正义。但我们也应注意到，几乎所有的太空设施都可以直接或经改装后用于军事目的，因此，很难断定它们的发明、建造和使用是纯军事目的或纯民用目的。如果广泛地禁止一切具有军事应用前景的外层空间利用与探索活动，几乎会扼杀外层空间探索与利用事业，同样不利于科技的进步和人类的共同利益。

---

  ① 《空间武器——军备控制的两难困境》，瑞典斯德哥尔摩国际和平研究所1984年，第39页。

（三）外层空间军控核查与普遍履约的困难

外层空间军备控制是指在外层空间安全互动中对空间武器及其相关设施、相关活动或者相关人员进行约束，它既包括通过国际协定或条约进行的控制，也包括不存在条约以及未宣布的军备控制。但不管哪种具体形式，外层空间军备控制作为一种国际安全机制，是"关于特定国际安全领域，为达成某一共同的安全目标而建立的，容许国家相信其他国家将予以回报，而在它的行为上保持克制的那些原则、规则和标准。这一概念不仅指便于合作的标准和期望，而且指一种超出短期自我利益追逐的一种合作形式"[①]。外层空间军备控制机制对于促进外层空间安全合作的实现具有十分重要的作用，其建构和持续存在，急需一种有形或无形的核查方式作为对对方合理预期的保证。但在现实操作层面，由于技术、权力结构、国家意图等方面的歧异，外层空间军控核查与普遍履约仍存在重重困难。

1. 外层空间军控的核查共识和授权难以达成

> 在一个集团范围内，集团收益是公共性的，即集团中的每一个成员都能共同且均等地分享它，而不管他是否为之付出了成本。……集团收益的这种性质促使集团的每个成员都想"搭便车"而坐享其成。集团越是大，分享收益的人越是多，为实现集体利益而进行活动的个人分享的份额就越小。所以……理性的人都不会为集团的共同利益采取行动。[②]

这种客观存在的集体行动的逻辑困境，在当前外层空间军备控制中体现得尤为明显。在外层空间安全领域，由于各国谋求自身在外层

[①] 唐永胜、徐弃郁：《寻求复杂的平衡——国际安全机制与主权国家的参与》，世界知识出版社 2004 年版，第 6 页。

[②] [美] 曼瑟尔·奥尔森：《集体行动的逻辑》，陈郁、郭宇峰、李崇新译，上海三联书店 1995 年版，第 4—5 页。

空间利益的最大化与人类共同利益理念追求之间的矛盾，国家间的安全合作有限，外层空间安全态势堪忧。①

外层空间作为全球五大公域之一，具有极为重要的政治、军事等资源，而随着科技的进步和扩散，越来越多的国家开始参与到探索和利用外层空间的活动中（见图6-1）。而截至"和平利用外层空间委员会"第56届会议，"和平利用外层空间委员会"的会员国已达74个，加上此次会议新增加的白俄罗斯和加纳，目前该委员会已有76个会员国。② 外层空间中的各种设施也逐年增加，尤其是近年来，各种卫星数量激增，外层空间的安全问题越来越突出（见图6-2）。

当各国进入外层空间开展探索与利用活动日益成为人类社会实践的一部分时，外层空间相关主体的安全互动必然会引起整个国际体系中诸多参量的变化，形成了多样参与外层空间安全的社会进程。外层空间主体的多样化和安全互动的多层次化，使得达成外层空间军备控制的政治认同的难度大大增强。

集体行动的逻辑困境需要有效权力的化解。外层空间安全领域的权力对国际军备控制起着不可或缺的建构作用。"联合国安理会的团结一致是任何核查机制成功的关键。"③ 但在外层空间军备控制的核查问题上，由于美国的战略意图跟其他大国之间的歧异，安理会成员间的协商一致很难达成。美国关于太空的国家安全战略目标之一，是"提供美国国家安全的战略优势"④，为实现这一目标，美国认为，应保持太空的自卫能力，而不应一味强调禁止太空武器，外层空间的军

---

① James Clay Moltz, *The Politics of Space Security*, Stanford University Press, Stanford, California, 2008, p. 11.

② 参见联合国和平利用外层空间第56次会议所作报告：《和平利用外空委员会报告》，联合国和平利用外空委员会，2013年6月，第2、37页。

③ 美国卡内基国际和平基金会研究报告：《普遍履约：全新的核安全战略》，中国军控与裁军协会译，世界知识出版社2005年版，第63页。

④ *Fact Sheet: National Security Space Strategy*，美国国防部、美国国家情报主任办公室，2011年。可从http://www.defense.gov/home/features/2011/0111_nsss/下载，文件名为*NSSS Fact Sheet*，访问时间：2013/10/20 15:35。

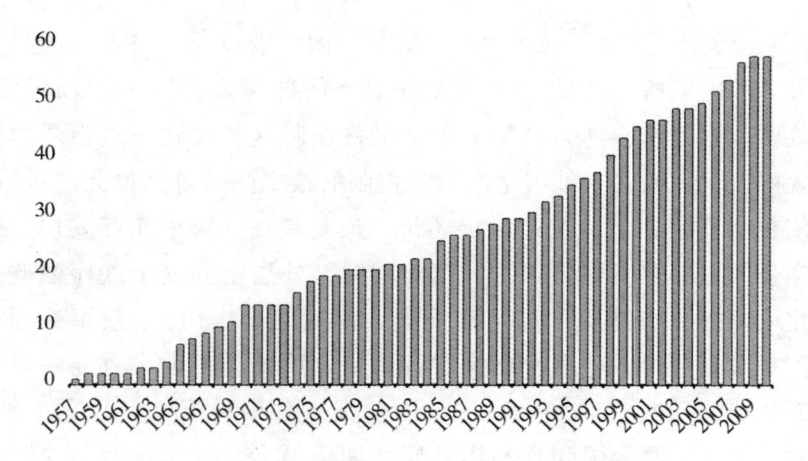

第六章 推动外层空间国际安全机制建设持续进化

图 6-1 参与太空活动的国家、政府及团体数量

资料来源：*National Security Space Strategy Overview Briefing*，美国国防部、美国国家情报主任办公室，可从 http：//www.defense.gov/home/features/2011/0111_nsss/下载，文件名为 *National Space Policy*，访问时间：2013/10/20 15：30。

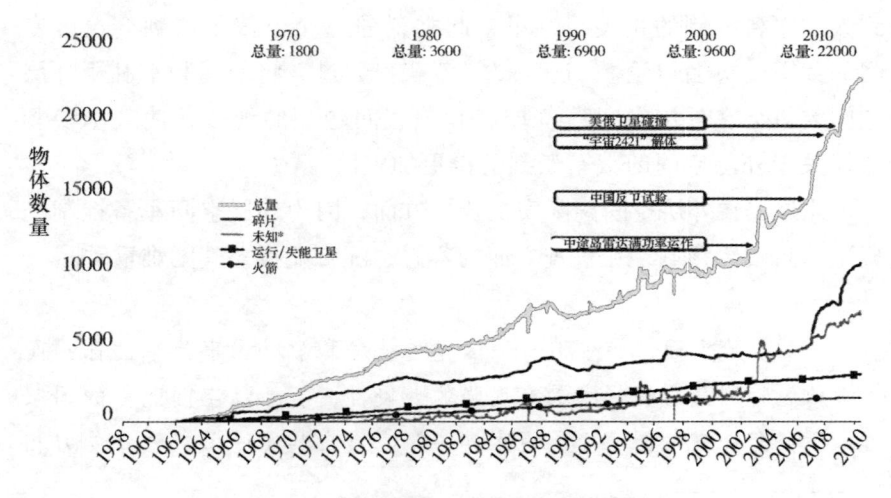

图 6-2 外层空间有记录的物体增长情况

* 指未知物体或未知来源物体。

资料来源：*National Security Space Strategy Overview Briefing*，美国国防部、美国国家情报主任办公室，可从 http：//www.defense.gov/home/features/2011/0111_nsss/下载，文件名为 *National Space Policy*，访问时间：2013/10/20 15：30。

备控制应关注行为而不是能力[①]，这与中国、俄罗斯、二十一国集团等大多数国家所坚持的"禁止在外层空间部署武器"的立场矛盾，导致联合国裁军谈判会议关于太空军备控制这一议题一直不能达成有效协议，因而关于外层空间军备控制的核查问题自然也无法进行。即使在个别问题上，经过讨价还价、反复磋商，形成相互妥协，但安理会的决心并不容易保持。与此同时，外层空间安全秩序的整合强化应发挥和平利用外层空间委员会议题倡设作用，"裁军谈判会议"负责谈判缔约，联合国大会及第一、第四委员会享有立法审议功能，加强外层空间国际立法，同时促进各国外层空间国内立法。但时至今日，联合国和平利用外层空间委员会，联合国裁军谈判会议以及联合国大会，第一、第四委员会并没有构成外层空间安全秩序的议题倡设、共识谈判和国际立法这样一个环环相扣、互相配合的有机体系。[②] 甚至在和平利用外层空间委员会内部，有代表提出和平利用外层空间委员会应关注外层空间的开发和利用，而不应参与到太空军备控制的相关问题里，此类议题应交由裁军谈判会议等专门的裁军委员会讨论。[③] 这一提议若获得通过，将削弱和平利用外层空间委员会在外层空间军备控制和核查问题上的地位，使裁军谈判会议关于外层空间的裁军谈判变得更加艰巨。

此外，在外层空间国际安全合作方面，因为外层空间军备控制是典型的高政治领域，在核查方面的容忍、配合显得尤其困难重重。

政治方面，核查涉及一国先进技术和敏感军事信息的保护问题。特别是现场视察具有很强的入侵性，有外层空间能力的国家不会允许其他国家人员视察其实验室或在其发射场常驻（能力相

[①] *Fact Sheet*：*International Code of Conduct for Outer Space Activities*，美国国防部，2012年1月。可从 http：//www.defense.gov/home/features/2011/0111_ nsss/下载，文件名为 *International Code of Conduct for Outer Space Activities*，访问时间：2013/10/20 15∶35。

[②] 《联合国与外空有关的条约和原则》，纽约，联合国出版物，2002年，第V页。

[③] 参见联合国和平利用外空第56次会议所作报告《和平利用外空委员会报告》，联合国和平利用外空委员会，2013年6月，第6—7页。

第六章　推动外层空间国际安全机制建设持续进化

当的国家之间除外）。此外，目前只有极少数国家掌握卫星遥测技术，它们很可能不愿与其他国家共享其"国家技术手段"；而后者也不会同意把多数国家尚不掌握的技术作为核查手段。[①]

在外层空间技术多领域占据优势地位的美国，极其注重其外层空间技术的保密性，有极为苛刻的技术出口控制标准，美国军需控制清单（USML）和商务部管制清单（CCL）关于外层空间技术的控制涉及特别用途的卫星、地面设备、元件、特定服务、GPS接收器、雷达控制系统等方方面面。[②] 这个事实反映出，虽然美国一再强调要建立外层空间安全的互信和透明机制，但实际上美国并不可能对外公开其先进的外层空间技术，尤其是军事领域的外层空间技术，这就意味着对美国外层空间军备控制的核查十分困难，也意味着让美国提供核查的技术和手段十分困难。而作为外层空间技术实际的领导者，美国对待外层空间军备控制和核查的态度，将在很大程度上为其他国家提供示范，在"对外层空间军备控制核查的不合作"这一行为上，如果美国率先选择，将为其他国家提供"选择不合作行为"的"搭便车"的机会，而不必担心成本问题。如此一来，外层空间军备控制的核查将难以有效展开。联合国相关机构较易获得在核查方面的合法性，但其作为国际组织对于外层空间军备控制这样涉及先进、敏感技术的领域，往往缺乏应有的技术能力和手段。但仅倡导国家技术手段，很明显，它又主要集中在美国这样的空间强国之手，其有效性又被其他国家的高度存疑而削弱。因为，确确实实，美国很容易凭借空间技术优势，借核查之名，侵犯他国合法权益，甚至干涉别国内政。

[①] 《中国、俄罗斯代表团联合向裁军谈判会议提交的关于"防止外层空间军备竞赛的核查"的工作文件（CD/1781）》，中华人民共和国外交部网站，http：//www.fmprc. gov. cn/mfa_ chn/ziliao_ 611306/tytj_ 611312/zcwj_ 611316/t309185. shtml。

[②] 参见美国国防部国防安全技术管理局主任 James Hursch 所作的报告。1248 *Report Briefing*，James Hursch，2012 年 4 月，http：//search. defense. gov/search? affiliate = DEFENSE_ gov&query = 1248 + Report + Briefing + &x = 10&y = 5，访问时间：2015/10/21 09：00。

2. 外层空间军控的核查方式和标准难以确定

通过外层空间国际军备控制来寻求解决矛盾的关系安排时，核查机制尤为关键。外层空间军备控制的核查机制是机制成员国负有义务允许国际机构或他国以一定方式和技术手段，从外层空间或其他境外空间对本国空间设施和空间活动是否遵守军控要求所进行的监督、检查，在一定条件下，也包括允许国际机构或其他国家相关机构人员进入本国领土空间进行国际监督和检查，以确保履行相关国际义务的制度。在相关国家选择参与外层空间安全互动的过程中，外层空间军控核查机制的保证效度，从某种程度上决定着外层空间军备控制的持续进化能力的大小。分析外层空间军控核查方式及其标准，既可正确把握外层空间军备控制的基本特征，也可现实地探讨外层空间军备控制合理、有效推进的路径。"任何核查工作都必须让核查对象相信，如果不履约将会出现怎样的后果。"[①]

"核查措施可以包括：公开信息分析；国家宣布；陆基观测空间物体；空中观测空间物体；空间物体自身携带探测器进行连续探测；现场核查；谈判条约的各方需首先同意核查的义务及所需的信任程度。"[②] "技术方面，外层空间核查措施涉及监测、跟踪和定位等前沿技术，现阶段尚不具备充分技术条件建立有效的国际核查机制。"[③] 以往的军备控制实践表明："在军备控制中，限制的基准通常是相关系统和物项的内在能力而不是其验证过的能力。"[④] 一方面，从国际军控机制来说，如果等到某个国家通过试验或实战证实其拥有某一武器能力，那么军备控制就失去了应有的预警作用。特别是像空间技术

---

① 美国卡内基国际和平基金会研究报告：《普遍履约：全新的核安全战略》，中国军控与裁军协会译，世界知识出版社 2005 年版，第 65 页。
② 《中国、俄罗斯代表团联合向裁军谈判会议提交的关于"各方对防止外空军备竞赛（CD/1679）的意见汇编"的工作文件（CD/1769）》，《中华人民共和国外交部条约文件》（政策文件）（供稿）。
③ 《中国、俄罗斯代表团联合向裁军谈判会议提交的关于"防止外空军备竞赛的核查"的工作文件》（CD/1781），中华人民共和国外交部网站，http://www.fmprc.gov.cn/mfa_chn/ziliao_611306/tytj_611312/zcwj_611316/t309185.shtml。
④ 李彬：《军备控制理论与分析》，国防工业出版社 2006 年版，第 95 页。

第六章 推动外层空间国际安全机制建设持续进化

这样的高精尖技术,一旦被掌握,即使在通过国际军控谈判,限制其发展或部署,但拥有技术的一方在实质上仍然对未掌握此类技术的一方构成战略压力,因此这种军控安全格局很难持续存在,国际安全就会蒙上挥之不去的阴影。然而,在外层空间军备控制与核查方面,这一共识却难以达成。欧盟在2010年10月于布鲁塞尔公布的《外层空间活动指导规范草案》(European Union's Draft Code of Conduct for Outer Space Activities)中强调,外层空间活动所应遵循的一个基本原则是确保"主权国家固有的自卫和集体自卫权力",它所建议的四个具体措施分别为外层空间活动通告、外层空间设施登记、外层空间活动信息共享以及建立协商机制。① 该草案反映出,欧盟不反对一国掌握外层空间军事技术和能力,认为外层空间军备控制及核查的重点在于一国行为,即验证过的能力,而非其内在能力。美国对此也表示赞同,并积极寻求与欧盟的合作以期能使上述立场在国际上得以实施。② 外层空间领域的两大行为体欧盟和美国,在外层空间军备控制与核查方面所持的与以往军备控制实践经验完全背离的观点,使外层空间军备控制与核查面临着徒有军控之表,而无军控之实的危险。

但另一方面,空间技术本质上是军民两用技术,因此,很难根据外层空间相关系统和物项的内在能力而不是其验证过的能力,来设定国际军备控制的标准。譬如,美国已三次成功试飞的 X-37B 轨道试验飞行器,其强大的军事潜力使之成为控制外层空间的杀手锏和军备竞赛的催化剂。在 X-37B 项目启动之初,就有美国空军的参与。在项目最初的17300万美元的启动资金中,美国空军为其拨款1600万美元,用于"未来军用航天器的太阳能列阵和姿势控制技术"的研究开发。X-37B 从其投资本身来说就脱离不了军用技术的范畴。而 X-37B 本身所

---

① 参见 European Union's Draft Code of Conduct for Outer Space Activities,欧盟理事会,2010年10月。下载地址:www.consilium.europa.eu/uedocs/cmsUpload/st14455.en10.pdf,访问时间:2013/10/21 11:00。

② 参见 Fact Sheet: International Code of Conduct for Outer Space Activities,美国国防部,2012年1月。

具有的在地球110—500千米的低轨道上持续航行270天，并往返地面与外层空间的能力，使其对大多数低轨卫星具有现实威胁。[①] 但美国欲掩人耳目，反复强调它只是继航天飞机退役后可重复使用航天器接力者和空天机动飞行器的试验样品。针对此，在现有外层空间国际法框架下，国际社会确实对此无能为力。关键在哪里？那就是赞成军备控制者怎样认定美国X-37B是外层空间武器及其标准何在的问题。由此导致的外层空间安全互动两难困境，从一定程度上说是造成当前外层空间军备控制踌躇不前的重要原因之一。在2008年中国与俄罗斯联邦向裁军谈判会议提交的"防止在外层空间部署武器、对外层空间物体使用或威胁使用武力条约（草案）"（PPWT）中，将"在外层空间武器"定义为："位于外层空间、基于任何物理原理，经专门制造或改造，用来消灭、损害或干扰在外层空间、地球上或大气层物体的正常功能，以及用来消灭人口和对人类至关重要的生物圈组成部分或对其造成损害的任何装置。"[②] 虽然草案对"在外层空间武器"进行了明确定义，但由于美国等少数国家的反对，草案并未获得批准，也就不具备正式的法律效用，因而，实际上目前国际上仍然不存在普遍接受的关于外层空间武器的定义，进而导致对外层空间武器认定的标准也难以达成一致，外层空间军备控制与核查也就失去了立足点。所以，积极推进外层空间国际军备控制，就亟须准确把握外层空间军备控制权力建构的实质，探讨核查机制的建立和完善，实现外层空间合作安全，以确保外层空间的和平开发与利用及世界的安全稳定。

3. 外层空间军控的核查经费和资源难以保障

外层空间军控核查机制要跟得上空间技术发展的步伐，核查机构必须有足够的能力和资源，包括建立国际卫星监测机构、建立和平卫星

---

① 关于X-37B的详细资料，参见 *Boeing X-37 Unmanned Demonstrator Spacecraft*, United States of America, airforce-technology.com, http://www.airforce-technology.com/projects/boeing-x37/, 访问时间：2013/10/21 16:00。

② 《防止在外层空间部署武器、对外层空间物体使用或威胁使用武力条约（草案）》（CD/1839），联合国正式文件搜索网站，http://documents.un.org/s.html, 访问时间：2013/10/21 16:40。

（PAXSAT）体系，通过天基遥感监测进行核查，建立国际观察团进行现场核查等措施。从这些核查措施的落实来看，"外层空间核查机制可能带来的经济难题不容忽视。如建立类似 PAXSAT 这样的核查系统将需要数十亿美元"[①]。建立 PAXSAT 核查系统光是硬件基础，就需要很大一笔投资，还有人员、维护等诸多费用，使 PAXSAT 的成本十分高昂。[②] 这些费用如何筹集，核查体系由谁负责，向谁负责等问题制约着 PAX-SAT 体系的建立，其他类似的核查机制的建立也面临着同样的问题。

同时，国际观察团在进行现场核查中，"不受限制地接触科学家和进入现场并分享从许多国家得到的情报。……是任何核查机制要取得成功的关键。"[③] 但因为国家安全是国家利益的核心所系，在高度复杂敏感的空间技术方面，要保证核查人员能真正到达一国境内的可疑地点和接触有价值情报的人，往往容易与其主权发生冲突，因此，很难做到，甚至可以说，在一般情况下，这可能已不是一个技术问题，而是一个敏感的政治问题。所以，国际观察团对外层空间军备控制的核查要取得实质性的成果，将依赖各国在政治上给予充分理解和配合，为国际核查机制提供必需的政治资源，以确保核查能够有效进行。对于相关国家来说，将付出一定的政治成本，而是否能因此在国际上获得相应的政治信誉和回报，则依赖于其他国家是否同样愿意为核查支付政治成本。如果核查机制能够长期存在，根据博弈理论，各国会预期暂时的让步能够获得长久的收益。然而困境在于，如何确保核查机制能够长期存在。当博弈反复进行时，各国选择合作才能够获

[①] 《中国、俄罗斯代表团联合向裁军谈判会议提交的关于"防止外层空间军备竞赛的核查"的工作文件（CD/1781）》，中华人民共和国外交部网站，http://www.fmprc.gov.cn/mfa_chn/ziliao_611306/tytj_611312/zcwj_611316/t309185.shtml。

[②] 关于 PAXSAT，可参见 *PAXSAT Briefings*，加拿大外交部 1987 年 6 月，下载地址：http://dfait-aeci.canadiana.ca/view/ooe.b4138375E#ooe.b4138375E/1?r=0&s=1&_suid=138287091535907985232788367033，上网时间：2013/10/27 18:30，以及 *Verification in Space: Theories, Realities and Possibilities*，Ben Baseley-Walker, Brian Weeden, *Disarmed Forum* 2010 年第 3 期。

[③] 美国卡内基国际和平基金会研究报告：《普遍履约：全新的核安全战略》，中国军控与裁军协会译，世界知识出版社 2005 年版，第 64 页。

得收益，因而各国才有选择合作的动机；但是博弈反复进行又需要以各国在第一轮均选择合作才能出现，而第一轮的合作并不会为各国带来收益，所以缺乏合作的动机。即机制运作起来则可以通过机制的自我激励而获得长期动力，但是关键的推动机制运行的原始动力却不能自主产生。所以，原始动力需要一个领导者，或者由领导集团提供，其他的国家则可以"搭便车"，推动机制自主运行。领导者或领导集团是否愿意率先提供政治资源，承担政治成本，使外层空间军备控制与核查的机制能够有效运作起来，为其他国家提供相关核查标准的公共产品，是外层空间军备控制与核查能否建立并运行的关键。目前看来，外层空间军事设施和技术的领导国——美国并无意提供这样的公共产品，也无意首先提供政治资源，承担政治成本。

就外层空间军控核查所需的经费支持和资源保障层面而言，主要需依赖机制成员国的积极参与和有序提供。面对外层空间军控核查机制，主权国家在参与问题上，一定的"利"和"害"都是主权国家考虑和政策选择的最重要驱动力，并成为其考虑的核心内容。主权国家所考虑的这种收益与成本是由外层空间军控机制所规定的，因为任何一个外层空间军备控制的准则、规则和决策程序都包含了一定的权利和义务，参加机制就意味着接受这种形式的收益与成本。但当前的美国为了追求所谓的绝对安全，就臆断地认定："准备外层空间战比合作性地和平利用外层空间以及竞争性地和平利用外层空间都更为合算。"① 因此，美国根本不愿意为外层空间军备控制包括其核查在内的任何活动，提供切实的经费和资源支持，反而大力投资于其导弹防御体系，破坏国际社会的互信，推动外层空间军事化进程。2013年9月12日，美国导弹防御局负责人 James D. Syring 在给国会议员的信中写道："导弹防御局正在进行一项研究，考察将美国东部5个地区作为新的导弹防御基地的可操作性。"② 虽然由于预算等原因，近期该机构还

---

① 李彬：《军备控制理论与分析》，国防工业出版社2006年版，第125页。
② Tom Z. Collina, *U. S. Names Possible Missile Defense Sites*, http://www.armscontrol.org/act/2013_10/US-Names-Possible-Missile-Defense-Sites，上网时间：2013/10/27 22：50。

第六章　推动外层空间国际安全机制建设持续进化

未打算在这些地方兴建导弹防御基地，但其扩展导弹防御基地的意图已经很明显，可以预见，美国在未来将会继续发展导弹防御系统，以获得所谓的"绝对安全"。作为全球头号强国的美国的这一消极举动，不但使急需经费和资源支持的核查活动难以开展，而且由此带了一个很负面的"头"，严重打击了他国的国际军控积极性和热情。

另外，为保证持续监督运行中的现有外层空间设备是和平的而不是变化中的战争利器，也需要相应的资金和技术支援。这种成本因其长期性而愈发巨大。为了防止恐怖主义分子盗用空间设施用于恐怖袭击，除了确保各国外层空间设备的安保能力外，提高其防扩散能力也需要大量的经费和资源投入。外层空间军备控制将在一定程度上改变国家的外部安全环境，甚至影响外层空间国际关系的格局。因此收益成本中还应当包括参加核查机制所带来的维持成本。譬如，在一个国家外层空间相关物项出口管制中，不仅是行政许可方面的成本，对于有些未在触发清单内的物项出口，为了履行核查机制的保证要求，该国相关机构还须核实出口物项在国外的最终用户和最终用途，这显然会增加其收益成本。因此，切实落实外层空间军控核查机制，反对外层空间武器化和军备竞赛，不是纯粹的政治宣示和口头承诺就可实现的，还需要相关国家提供必要的经费和资源保障。

正是由于外层空间军备控制的有效核查机制的建构存在上述政治、技术和经济等方面的困难，因此，中国、俄罗斯代表团联合向裁军谈判会议提交的关于"防止外层空间军备竞赛的核查"的工作文件在最后结论部分，指出可能的选择是"当前最重要的是以法律承诺和法律文书的形式达成共识，防止外层空间武器化和军备竞赛。为使这一共识早日达成，目前似宜暂时搁置核查以及其他可能有争议的问题。随着科技的进步，在今后条件成熟时，可考虑为条约增加核查议定书"。并且强调，对核查问题"还可从另一个角度来看。1967年《外层空间条约》尽管没有核查机制，但仍重要且有效。然而，1967年《外层空间条约》有一个严重的漏洞，即未涵盖大规模杀伤性武器以外的武器。目前，缔结一项新的外层空间条约以弥补这一漏洞的努力正在进行。新的条约如果有可靠、有效的核查机制则更为理想。但按照1967年《外层空间条约》，新的外层空间条约即使没有核查条款，也能发挥其作用"。该文件呼吁国际社会认真、清醒地看待这一问题，"新外层空间条约的核查问题十分复杂，涉及很多因素，值得各方进一步认真探讨和考虑"①。

三 加强外层空间国际安全合作的外交努力

复合建构主义"强调施动者之间的互动是体系进程演化的动力，最终会改变体系进程的复合结构形态并由此导致体系进程的转轨"②。世界各国在探索与利用外层空间的实践过程中，作为人类征服、改造外层空间能力的空间技术从根本上决定着空间主体的互动关系，反过来，主体间的社会关系又影响着空间开发与利用能力的发展。具体到外层空间安全领域，国家互动实践中以空间技术为基础的物质权力结构制约着国家间的观念结构，互助观念又制约着国家安全合作的行为偏好。因此，外层空间国际安全合作机制的现实建构，应根据外层空间活动拓展中空间技术进步的现实要求，在逐步培育各国外层空间活动透明和信任措施（TCBM）的基础上，通过防止外层空间武器化和军备竞赛、引导选择性社会化、优化施动者—结构—进程，不断加强外层空间安全领域的契约合作。

（一）支持外层空间透明与信任措施的建立

外层空间国际安全合作机制的建构对于相关国家而言，是一个高度复杂而敏感的问题。

---

① 《中国、俄罗斯代表团联合向裁军谈判会议提交的关于"防止外层空间军备竞赛的核查"的工作文件（CD/1781）》，中华人民共和国外交部网站，http://www.fmprc.gov.cn/mfa_chn/ziliao_611306/tytj_611312/zcwj_611316/t309185.shtml.

② 董青岭：《复合建构主义——进化冲突与进化合作》，时事出版社2012年版，第231页。

第六章 推动外层空间国际安全机制建设持续进化

复合建构主义认为，国际关系实际之运行无法排除物质因素之影响，但物质因素之意义首先是由行为体之间的共享知识结构所建构的。逻辑上，行为体之间的政治认同度越高，行为体对彼此之间的物质结构作正面理解的可能性就越大；反之，行为体之间的政治认同度越低，行为体对彼此之间的物质结构作负面理解的可能性就越大，由此导致体系进程朝着正向演进或逆向进化。[①]

因此，外层空间国际安全合作机制的建构与完善在坚持维护现有框架体系的前提下，应着力建构安全互信的合作机制，以开启外层空间国际安全合作的新局面。

1. 外层空间信任措施先行有利于衍生合作意识和优先改善关系

在过程建构主义看来：

制度规范对于体系进化固然重要，但却是关键条件而不是先决条件；一切制度规范的产生和延续皆始于关系并内蕴于关系，无关系则无制度也无规范，进而也无进化。换言之，维持关系比维持制度和维持规范更为重要，尤其是维持"向善"的关系比维持"好的"制度和规范更为可取。因为任何制度规范并非先天就有也并不可能凭空而产生，而是通过主体间反反复复的互动实践活动人为建构的。[②]

外层空间国际安全合作机制是安全体系进化的压力性条件，作为主体间反反复复互动实践活动人为建构的产物，迫切需要具有主观能动性的施动者，联合起来，把握一切机遇，先易后难，逐步营造外层

[①] 董青岭：《复合建构主义——进化冲突与进化合作》，时事出版社2012年版，第132页。

[②] 转引自董青岭《复合建构主义——进化冲突与进化合作》，时事出版社2012年版，第121页；参见秦亚青《关系与过程：中国国际关系理论的文化建构》，上海人民出版社2012年版，第55—56页。

空间国际安全领域的"向善"关系。加强联合国安理会对国际社会发展、部署、使用空间武器的监督与核查机制的建设，对于从根本上防止外层空间武器化及外层空间军备竞赛具有十分重要的意义。[①] 外层空间国际安全合作机制主要包括严格限制条约缔约国的外层空间安全互动实践行为，例如，由国家主动提供本国外层空间活动的信息，表明本国没有威胁其他国家的外层空间活动，由此消除其他国家的疑虑和担心；限制缔约国的外层空间军事化能力，尤其是进攻能力，例如削减、禁止在外层空间进行的武器部署；对卫星及其他外层空间或轨道飞行器的发射、机动进行规范，禁止对外层空间目标进行武力攻击、干扰或俘获，等等；这里所述的第一种内容也被称作建立信任措施。它在比较"硬"的约束性机制一时难以建构的情况下，可通过信任互动关系来维持和加强，从而形成"向善"的关系过程，然后，逐步衍生出合作意识和优先改善安全互动关系。

就目前来说，还没有具体的成系统的外层空间武器研制成熟或者予以部署，更没有具体的使用实例迫使世界各国指定某一有针对性的军备控制条约来加以制约。或者说，没有具体的限制对象或者行为存在。这就使得在外层空间范围内对传统意义上以限制数量为主要内容的军备控制缺乏存在基础。在这种情况下，外层空间国际安全合作通过建立外层空间信任措施比缔结严格的反对空间武器化的限制性条约要容易得多。因为外层空间建立信任措施的基础是国家的自我约束和规范，不需要过多的外界强制或对主权所造成的可能侵犯。建立信任措施的核心部分是对信息的搜集、整理、披露以及核查，而对于在外层空间范围内的核查需要极高的技术能力；与此同时，外层空间军备控制的主要内容也是核查技术。对于外层空间领域的国家间安全互动的协调规范，已得到了许多国家的关注。但是，当参与外层空间信任措施缔约的国家较多时，往往需要一个多边的组织来参与协调信息交流事宜，当有关国家在联合国裁军谈判会议（CD）上，由于美国等

---

① 李寿平：《外空的军事化利用及其法律规制》，《法商研究》2007年第3期。

第六章　推动外层空间国际安全机制建设持续进化

少数国家阻挠而无法达成防止空间武器化和军备竞赛的条约时，联合国和平利用外层空间委员会作为非专门的军控机构，完全可以承担将相关国家聚集起来探讨建立一些信息交流、核实、监督措施的职能。外层空间信任措施一旦建立，虽然不能即刻限制空间武器化和军备竞赛，但作为一种"向善"的规范，有利于促进相关国家"向善"的社会化。"社会化（Socialisation）即行为体对体系规范、规则、制度乃至习俗的接受和内化过程，是体系进化的关键环节和主要机制。"[①]同时，外层空间建立信任措施也可培育主体间和国际组织相应的履约监察能力；而这样的建立信任措施的内容有利于日后外层空间军备控制条约谈判中核查部分合意的达成。

2. 外层空间信任措施先行有利于创生和内化聚合性规范

外层空间安全机制的创建并不是一个自然的进化合作过程，或者换句话说，创生的制度并非一律都是有利于合作的。与此同时，在一定制度体系中互动的外层空间主体对于机制内化都有特定的选择性偏好，即其社会化并非进化合作一途，也可能在某些因素的影响下会产生进化冲突。外层空间信任措施是聚合性规范而不是分离性规范，因为它"能够减少或搁置争议、降低摩擦、促进问题解决并增进彼此间认同的原则、规则、行为标准或决策程序，经验上多是一些与明确适当行为有关的规范"[②]。外层空间信任措施的核心部分是对相关空间信息的搜集、整理、披露以及核查，而对于在外层空间范围内的核查需要极高的技术能力。与此同时，要建立和完善外层空间安全合作机制，其最难达成，也是最关键的内容就是核查技术。但在建立信任措施中，核查是在技术可行的基础上，帮助主体间形成一种对他方可预期行为的信心，即明确相互间的适当行为标准，而在限制性安全机制中，核查是一种权利、责任的划分，前者是聚合性规范，后者则带有分离性规范的特征。因此，外层空间建立信任措施中对核查技术的讨

---

① 董青岭：《复合建构主义——进化冲突与进化合作》，时事出版社2012年版，第121页。

② 同上书，第122页。

论相对容易些，尤其是地面对外层空间检测的具体技术内容，包括跟踪、无线电监测、激光、射电及光学望远镜、雷达、干涉仪在内的各种可能的监测手段以及相关的政治及政策上的考量①，从建立信任措施层面进行讨论、磋商，相对阻力要小些。

在外层空间活动方面实施透明和建立信任措施不是一个新问题，它长期以来被认为是外层空间国际法和国际秩序的重要因素。② 透明和建立信任措施对研究、制定和执行 CD/1679 号文件所建议的有关防止在外层空间部署武器、对外层空间物体使用或威胁使用武力的新条约具有重要作用。事实上，各国承诺不在外层空间部署武器、防止外层空间武器化和军备竞赛，本身就是最重要的外层空间建立信任的措施。拟订的可能的外层空间透明和建立信任措施建议，是加强外层空间安全较为简单的第一步。如获成功，就会使下一步达成一致变得容易一些。为拟订的透明和建立信任措施建议而共同努力本身，也有助于加深对各国意图以及现在和将来外层空间形势的理解。因此，就透明和建立信任措施共同工作本身而言，将会促进其相互信任。同时，透明和建立信任措施所带来的外层空间军事活动的可预见性，将客观地降低外层空间中或来自外层空间的突然军事威胁出现的可能性，消除外层空间战略形势的模糊性，并最终排除各国为应对威胁而

---

① 中华人民共和国驻联合国日内瓦办事处和瑞士其他国际组织代表团，Conference Report Safeguarding Space Security: Prevention of an Arms Race in Outer Space, http://www.china-un.ch/chn/cjjk/backgrouders2/t203790.htm 。

② 这一点尤其在联合国大会第 45/55B 号、第 47/51 号和第 48/74B 号决议中得到了体现。上述决议重申了"建立信任措施作为有助于实现防止外空军备竞赛目标的手段的重要性"。每年联合国大会通过的防止外空军备竞赛决议都确认"建立信任措施的实质性建议可成为防止外层空间军备竞赛国际协定的组成部分"。第60届联合国大会通过的有关"外层空间活动透明和建立信任措施"的决议（第60/66号）再次提出了透明和建立信任措施问题。一些外层空间国际协定以某种方式包含了透明和建立信任措施：1967年《外层空间条约》、1968年《援救宇航员协定》、1972年《责任公约》和1975年《登记公约》。这些协定特别规定，应在可行和现实的最大程度上，向联合国秘书长以及公众和国际科学界提供外层空间活动的性质、实施和结果、外层空间发射物体以及外层空间物体脱离或改变原通报轨道的数据，并在出现问题时开展合作，共同管理，等等。一些国家单方面实施了一些透明和建立信任的措施，展示了它们的政治承诺。自2003年以来，俄罗斯一直通过互联网向国际社会通报其即将发射的空间飞行器及其任务。2004年，俄罗斯做出了不首先在外层空间部署任何种类武器的重要承诺。这一倡议得到了集体安全条约组织成员国的支持，这些国家于2005年6月也做出了类似声明。

做提早准备的必要性。外层空间信任措施既不是军控和裁军措施的替代办法，也不是实施上述措施的先决条件。它们也不能取代核查措施的落实。然而，透明和建立信任措施可以促进裁军及其核查措施。由于制定外层空间军备控制的核查措施并非易事，先制定一个无核查的条约可能是一个较好的选择，有关核查措施可在今后制定。若此，透明和建立信任措施在一定程度上可以弥补新条约中核查措施的缺失，而确认不在目前尚无武器的外层空间中部署武器是对条约最大意义上的弥补。制定透明和建立信任的措施并不妨碍订立防止在外层空间部署武器的法律协定，也不会转移这一努力的方向。相反会服务于上述目标。在联合国和裁军谈判会议两个机构中有关透明和建立信任措施的讨论相互补充和激励。毕竟，这两方面努力的目标相同，即确保外层空间合作安全。[1]

3. 外层空间信任措施先行有利于主体间认同和体系进程朝向进化合作演进

> 外层空间行为体在安全互动实践中，是进化合作还是进化冲突？这个问题的实质是互动中的行为体对社会化方式如何选择，这不仅事关行为体通过互动实践要创生和内化何种规范，更关乎体系进程演化的方向。[2]

建立外层空间信任措施有利于开启国际安全合作。外层空间国际安全合作是在符合联合国"国际空间合作宣言"的基础上进行的以和平利用外层空间，为全人类造福为目的，以空间技术、空间应用和空间科学等为内容，以政府及相关部门和非政府法人组织为主体的多类型、多层次安全合作。但是国际战略力量的不均衡使得通过主要国

---

[1] 《中国、俄罗斯代表团联合向裁军谈判会议提交的关于"外层空间活动透明和建立信任措施与防止在外层空间部署武器"的工作文件（CD/1778）》，中国外交部网站。
[2] 董青岭：《复合建构主义——进化冲突与进化合作》，时事出版社2012年版，第123页。

家间的双边军备控制谈判和条约来规范、组织条约的生效和监督缺乏基础,有关国家对国际安全合作反应冷淡乃至加以阻挠。要形成一个防止外层空间武器化和军备竞赛的有力机制和权威性组织,在近期还难以实现。美国正决心主宰外层空间,但也应认识到,其他国家自身的利益越来越离不开外层空间。因此,"美国必须认识到这样的现实,其他国家将需要更多的外层'战略空间'"。事实上,世界上许多地方都可以给予其他国家这样的空间,这种相互提供安全空间的政治认同,意味着自我并不经常性地将他者看作利益威胁,对他者的认可有利于加强相互的信任,相互信任又有利于进一步加强主体间的政治认同。近年来在联合国裁军谈判会议上,以俄罗斯为代表,不断有国家或组织提出在外层空间建立信任措施的相关建议。

外层空间国际安全合作的关键是探索通过国际合作来实现国家的个体安全获益和国际安全整体获益均衡的途径。空间研究和开发的国际合作现状使得一系列国际空间安全合作成为可能,例如国际空间站、地球空间双星探测计划等。通过外层空间建立信任措施,空间行为体在认识到他者不会对自身形成战略威胁,个体生存已不是首要忧虑的情况下,主体间的安全互动实践旨在探讨如何使外层空间安全合作排除阻力,更加稳固、更加持续运行的原则问题。因此,一旦外层空间建立信任措施使得整个外层空间安全体系进入一个相对理想的境地,也就意味着体系中的主体正面临着原则竞争型的社会化过程,即在较高政治认同的基础上,思考通过何种具体途径、何种利益交易方式,来达到外层空间真正意义上的合作安全。目前世界上商业航天市场总额已高达数千亿美元,且每年以10%左右的速度稳步增长。[①] 各个具有发射能力的国家都期望能从中得到更多的市场份额。空间技术

[①] 据美国国家航空航天局(NASA)提供的权威报告,1996年,全球航天技术产业创造的利润为750亿美元左右,到2000年,利润就攀升到1250亿美元。到2010年,全球商业航天活动的收入达到了5000亿至6000亿美元。而其中全球卫星产业市场的规模达到2000亿至3000亿美元。一份研究报告指出,在今后10年里,全球预计发射卫星1000颗左右,其中商用卫星将占70%。

发展开拓出越来越大的共同利益，这既使国际安全合作更具有可能，同时也更显紧迫。① 随着外层空间活动主体的多元化和外层空间探索领域的拓展，人类的航天事业面临着前所未有的机遇和挑战，只有坚持平等互利、开放包容的国际合作，使更多尚未具备空间能力的国家参与其中，人类航天事业才能抓住机遇、战胜挑战，实现可持续、包容性发展。同时，外层空间活动的商业化趋势和外层空间军事化的现实风险要求制定新的外层空间法律文件，以完善现有外层空间安全合作机制，保障航天事业的包容性发展。②

（二）积极参与外层空间活动行为准则的制定

在外层空间武器化和军备竞赛得到约束的同时，从相对较易达成的外层空间行为活动准则制定入手，有利于归化他者，将相关国家纳入国际安全合作机制中来。国家利益是各国政府处理对外关系的最高准则，是国际关系的"通用语言"。推进外层空间国际安全合作的前提是要使国际社会尤其是主要外层空间国家认识到这种合作有利于实现和维护各自的国家利益。其中美国的态度最为关键。外层空间行为活动准则制定的共识源自空间轨道拥挤和空间碎片威胁等所构成的外部压力。随着卫星发射数量的不断增加，轨道空间特别是地球静止轨道空间将变得越来越拥挤，卫星相互碰撞的危险程度不断提高，对报废卫星及时回收和清理越来越成为维护外层空间安全的一项重要措施。同时，由于卫星相撞、解体等原因造成的空间碎片增加，对外层空间安全也构成严重的威胁，应当通过制定外层空间安全行为规则这一途径，责成有关国家通过各种技术手段实现空间碎片减缓，预防和补救空间碎片所造成的外层空间环境污染，并将此规定为一项国际法律义务。③

---

① 张浩：《外空军控的机制设计——以建立信任措施为例》，《国际问题论坛》2007年夏季号（总第47期）。
② 《黄惠康在联合国外空委阐述我利用外空新主张》，中国外交部网站，2011年6月7日。
③ 李滨：《美俄卫星相撞事件中的国际法问题探析》，《北京航空航天大学学报》（社会科学版）2011年第4期。

2009年2月10日,美国铱卫星公司的"铱33"卫星和俄罗斯的"宇宙2251"军用通信卫星在西伯利亚上空相撞,这是外层空间中首次发生的在轨卫星相撞事件。① 美俄卫星相撞,显示出国际社会已有的太空安全相关法规的作用仍然有限,迫切需要制定更加有效的太空安全规则。② 美俄卫星相撞事件使得制定外层空间安全规则的合作安全观念得以凸显。在新的体系观念结构下,各国认识到共处于外层空间的恶劣自然环境下,他者并不必然是自我生存意义上的敌人,反而可以成为合作共荣的伙伴。外层空间行为活动准则主要涉及的是外层空间环境和外层空间秩序。所以,制定外层空间行为活动准则是要求相关国家确保在其管辖范围内或在其控制下的外层空间活动,不致损害其他国家或在各国管辖范围以外地区的环境和资源。由于现有的外层空间安全国际法往往只有原则性规定,缺乏实施细则和监督执行机制,需要进一步完善。根据外层空间活动的形势,我国应特别注重积极支持有关各方推进外层空间行为规则的制定。③ 美国于2011年1月发布了《国家安全太空战略》,考虑到日益增多的太空探索与利用活动所产生的外层空间碎片对美国外层空间安全可能会造成威胁,在该文件中,美国表示将为负责任的太空活动提供包括行为规范在内的支持。④ 美国助理国务卿罗斯·高特莫勒(Rose Gottemoeller)在联合国裁军会议上表示:"美国还在就欧盟提出的发展一套广泛、多边的透明与互信模式(也即《外层空间活动行为准则》)与其进行会谈。"

"良好的制度设计可以为行为体之间的互动提供信息交流的平台,增强互动过程信息的透明性,进而可以降低交易成本、减少交往中的欺

---

① 李滨:《美俄卫星相撞事件中的国际法问题探析》,《北京航空航天大学学报》(社会科学版)2011年第4期。
② Robert P. Merges, Glenn H. Reynolds, "Rules of the Road for Space?: Satellite Collisions and the Inadequacy of Current Space Law," *The Environmental Law Reporter* (*ELR*) *News & Analysis*, Volume 40, Issue 1, 2010.01.
③ 李彬、吴日强主编:《国际战略与国家安全——科学技术的视角》,中国传媒大学出版社2008年版,第70页。
④ National Security Space Strategy Unclassified Summary, U. S. Department of Defense and Office of the Director of National Intelligence, 2011.01.

诈性，促进彼此行为的可预见性。"① 外层空间行为活动准则的重点有以下两个方面：一是建立外层空间飞行器的交通规则，以避免发生外层空间碰撞和事故，就像在陆地上行车有交通安全法，在海洋中行船有海洋交通法一样。二是如果出现事故，该如何处理。例如，迅速有效地处理空间碎片，防止污染扩大。区分肇事者和非肇事者，以责任大小来进行处置等。② 一个全世界认可的、对各缔约国具有强制性的法律效力的国际外层空间行为活动准则要强调通过友好协商来找到一个各方都能接受的方案，以协调各国行动，反对霸权国家单方面主导规则的制定。目前，一些国家和共同体及有关机构已制定了较为具体的外层空间行为活动准则。如美国于2007年8月颁布了《美国国家宇航局限制空间碎片的技术标准过程》，美国著名军控研究智库史汀生中心（Stimson Center）于2007年10月发布了《空间大国示范行为准则》，欧盟于2008年12月颁布的《外层空间活动行为准则》。中国已经颁布了第一个控制空间碎片产生的航天业界行业标准《空间碎片减缓要求》。

　　在聚合性认同的基础上，国际社会应在联合国框架内通过与美国在外层空间安全领域各种形式的互动，使美国更充分地考虑到外层空间武器效应逆序的后果。"如果美国决策者了解空间战的严重后果，他们可能转而支持用合作的方式解决其安全关切。"③ 2011年，美国曾一度关注与欧盟就《外层空间活动行为准则》签署协议。美国政府试图建立有关外层空间发射和卫星活动的国际规则，强调"美国将为负责任的外层空间活动提供数据标准、最佳实践、透明度、信任建立措施以及行为规范的支持"。美国政府曾表示它将准备接受欧盟的"外层空间活动行为准则草案"，并对文件做最小的改动。2011年1月，一个针对该行为准则的旨在减少可能撞到卫星的外层空间残骸物

---

① 董青岭：《复合建构主义——进化冲突与进化合作》，时事出版社2012年版，第203页。
② 张田勘：《用法律法规来维护太空环境，卫星相撞催生太空行为准则》，《大众科技报》2009年3月12日。
③ 李彬、吴日强主编：《国际战略与国家安全——科学技术的视角》，中国传媒大学出版社2008年版，第70页。

的政府跨部门审查得出了结论,它将不会损害美国在外层空间的利益或是限制相关研究及项目的发展。"行为规范"会对行为做出一些限制,但不会对硬件做出限制。欧洲的《外层空间活动行为准则》不会以任何有效方式限制部署空间武器。该准则只会限制武器使用,除非"依照联合国章程属自卫,或出于紧急安全考虑"[1]。美国准备接受《外层空间活动行为准则》主要是考虑到外层空间探索与利用活动的增加已经导致外层空间碎片的风险日益威胁到自身的安全。"我想我们需要一个多层的方法来威慑相关的国际惯例,以及所涉及的与盟国的合作伙伴关系,以此来诱发对外层空间活动的约束。"但这一战略还声称美国保留在外层空间的自卫权利。[2] 美国原打算将欧洲版《外层空间活动行为准则》改造成美版《外层空间活动行为准则》,后终因美国国会保守势力的反对而未果。

(三) 继续推进防止外层空间武器化的谈判

外层空间作为世界各国日益认识到的战略制高点,在什么条件下,相关国家会倾向于选择国际安全合作呢?在外层空间探索与利用的社会实践中,物质因素与观念因素因历史耦合所形成的"复合结构",共同发挥因果作用和建构作用,且在作用施加过程中二者之间相辅相成、相互支撑,推动外层空间安全体系进化冲突或进化合作。"在不同的观念结构与不同的物质结构之耦合形态下,行为体会选择或适应不同的社会化方式,内化不同的体系规范,从而建构和强化不同的偏好取向。"[3] 从当前外层空间安全体系物质因素和观念因素复合结构的现状出发,国际社会加强国际安全合作最现实的出路是从坚定维护现有外层空间安全国际法框架出发,一步一步地培育外层空间

---

[1] 《科学家回答美国参议员对〈外空行为规范〉提出的问题》,美国《航天评审》2011年3月7日。
[2] 张颖:《奥巴马欲建立太空行为规则》,《东方早报》(上海) 2011年2月9日。
[3] 董青岭:《复合建构主义——进化冲突与进化合作》,时事出版社2012年版,第132—133页。

第六章 推动外层空间国际安全机制建设持续进化

安全机制的成长、成熟。就体系进化合作的物质条件而言，只有合法控制国家间暴力，各个国际关系行为体才有可能放下彼此的成见进而产生合作意愿。① 不可否认，现有防止外层空间军备竞赛的国际条约曾起到了一定的控制暴力的积极作用，但由于当时政治、军事和技术条件的限制，过去的条约也存在严重的缺陷或漏洞，不足以防止外层空间军备竞赛。例如，由于《外层空间条约》不禁止在外层空间部署非大规模毁伤性武器，也没有禁止发展、生产和使用外层空间武器，它对防止外层空间军备竞赛的作用受到了限制，也为日后外层空间武器化留下了隐患。实践表明，战争之所以能够轻易地爆发始于人们能够轻易地获取和使用暴力，即暴力不受限制。② 因此，只有当体系暴力得到合法控制，国家间才不会随意地以暴力相向，这个问题已引起国际社会的高度关注。

个别国家以控制空间和限制其他国家使用空间为主要目的的太空武器化，既违反了国际社会关于和平、平等利用空间的基本准则，同时也对我国空间安全和权益构成了威胁。我国应继续同其他反对太空武器化的国家一道，遵照有关国际法准则，推动制定有关防止太空武器化的国际条约，对实施太空武器化的国家施加舆论、道义压力，影响和阻滞其太空武器化进程。③

2002 年 6 月，中国、俄罗斯等国联合提出了《关于未来防止在外层空间部署武器、对外层空间物体使用或威胁使用武力国际法律文书要点》的工作文件，但由于美国始终不愿将这个问题纳入联合国裁军会议

---

① 董青岭：《复合建构主义——进化冲突与进化合作》，时事出版社 2012 年版，第 183 页。
② Geoffrey Blainey, *The Causes of War*, New York: Free Press, 1973; Jack Levy, "The Causes of War and the Conditions of Peace," *Annual Review of Political Science*, Vol. 1, 1998, pp. 139–165.
③ 军事科学院军事战略研究部编著：《战略学》，军事科学出版社 2013 年版，第 187 页。

的议程，这一进程一直未取得进展。俄罗斯警告说，美国的态度和做法势必将引发一场外层空间冲突。世界各国日益认识到外层空间军备控制将弱化外层空间国家对安全的关注，有利于聚合性政治认同与合作性偏好的形成。为此，2003年1月23日，比利时裁军大使以阿尔及利亚、智利、哥伦比亚、瑞典大使的名义，向裁谈会全体会议提出《五国大使工作计划建议》（CD/1693），其中专项提出"防止外层空间军备竞赛"的议程项目，主张设立一个特委会来处理防止外层空间军备竞赛问题。2004年8月，中国与俄罗斯在裁谈会上联合散发了关于《现有国际法律文书与防止外层空间武器化问题》和《防止外层空间军备竞赛的核查问题》两份专题文件。2005年2月24日裁谈会全会第一期会议上，荷兰大使桑德斯在"五国大使方案"的基础上提出了工作计划的具体设想，简称"荷兰非文件"。2006年6月，中国和俄罗斯代表团在裁谈会全会上联名散发了题为"防止外层空间武器化法律文书的定义问题"的专题文件。7月，中国在裁谈会全会第二期会议上散发关于"确保外层空间安全：防止外层空间军备竞赛"国际研讨会的总结报告。

2008年2月，中国与俄罗斯共同向裁谈会提交了"防止在外层空间部署武器、对外层空间物体使用或威胁使用武力条约（草案）"（PPWT）。2009年8月，中俄共同提交工作文件，回应裁谈会各方对中俄外层空间条约草案的问题和评论。中俄希望各方早日就这一草案展开谈判，达成新的外层空间条约。美国以"无法证实"为由拒绝了中俄之间的草案，但是中俄两国仍在继续努力使此草案发挥实际效力。① 中俄提议签署"防止在外层空间部署武器、对外层空间物体使

---

① 2009年8月18日，中俄代表团在联合国裁军会议上回应了其他几个常任理事国对该草案的关注。特别地，中俄指出：（1）PPWT禁止对"外太空物体"的攻击和威胁，但是并没有禁止在外太空建立军事力量。（2）PPWT并没有更改《联合国宪章》第51条所规定的自卫权利。然而，如果一个国家签署了PPWT，那么该签约国将不能使用PPWT所禁止的武器装备。（3）PPWT没有禁止对反卫星武器的研发、试验和部署，因为这些并不满足PPWT对"在外空武器"的定义。（4）PPWT没有禁止对地基激光武器和电子抑制系统的研发、试验和部署。（5）PPWT没有讲到拥有"双面目的"的太空技术，既出于和平目的，又出于攻击性目的。（6）PPWT没有包括任何认证机制。

第六章 推动外层空间国际安全机制建设持续进化

用或威胁使用武力条约（草案）"的目的是弥补《外层空间条约》第四原则的不足。第四原则禁止在绕地球轨道及天体外放置[①]或部署核武器，或任何其他大规模毁灭性武器；但是，并没有禁止非核武器或者"潜在的"大规模杀伤性武器。[②] PPWT 强调"禁止外层空间武器"：各缔约国承诺不在环绕地球的轨道放置携带任何种类武器的物体，不在天体上安置此类武器，不以其他方式在外层空间放置此类武器；不对外层空间物体使用或威胁使用武力；不协助、不鼓励其他国家、国家集团或国际组织参与本条约所禁止的活动。[③]

美国不但屡次否决外层空间军备控制倡议，并积极在外层空间进行全方位的备战，"美军不单是在大气层外部署武器系统，同时还包括导弹防御在内的地面武器系统，用美军术语说，这就是'全频谱能力'，目的是保证美国拥有'全频谱优势'"[④]。因此，防止外层空间武器化已是十分现实和紧迫的问题。国际社会不仅要呼吁美国放弃部署以反恐需要为借口的导弹防御系统，还要探索满足各国安全需要的替代性技术与机制，呼吁相关各方合作，完善外层空间物体发射登记制度、导弹和火箭发射预先通报制度、军事热线机制等，并通过发展高性能侦察监视卫星，将确保其不受干扰的运行作为技术核查手段和建立信任的措施。[⑤] 目前，能与美国在外层空间决一高低的国家只有俄罗斯。为维护外层空间的战略力量平衡，"中俄联手提案，对于促进国际社会凝聚在外层空间问题上的共识将会产生积极影响，得到世

[①] PPWT 草案还提到：如果武器至少绕地球一圈，或在离开此轨道之前沿这样的轨道运行一段，或被置于外空某个永久基地，则被认为是放置在外空。

[②] PPWT 给"在外空的武器"下了定义："在外空的武器"系指位于外空、基于任何物理原理，经专门制造或改造，用来消灭、损害或干扰在外空、地球上或大气层物体的正常功能，以及用来消灭人类和对人类至关重要的生物圈组成部分或对其造成损害的任何装置。

[③] 斯年：《媒体称中俄外空条约草案未禁止反卫星武器研究》，《环球时报》2011 年 4 月 6 日，http://www.sina.com.cn，转美国 Examiner.com 网站 4 月 2 日报道。

[④] 滕建群：《外空实力竞争与限制外空武器化》，《2009：国际军备控制与裁军报告》，世界知识出版社 2009 年版，第 132 页。

[⑤] 仪名海、马丽丽：《外空非军事化的意义》，《2009：国际军备控制与裁军报告》，世界知识出版社 2009 年版，第 152 页。

界大多数国家的响应"①。同时，国际社会应争取联合更多的国家就未来国际法律文书的主要内容向裁谈会提出具体建议，积极与相关国家、国际组织共同研讨以确保外层空间安全，防止外层空间军备竞赛的相关对策和措施。

---

① 滕建群：《外空实力竞争与限制外空武器化》，《2009：国际军备控制与裁军报告》，世界知识出版社2009年版，第138页。

参考文献

《马克思恩格斯选集》第 4 卷，人民出版社 1995 年版。

潘厚任、王景涛：《太空学概论》，哈尔滨工业大学出版社 2003 年版。

郑荣跃、王克昌、鄢小清编：《航天工程学》，国防科技大学出版社 1999 年版。

常显奇等：《军事航天学》，国防工业出版社 2005 年版。

蔡风震、田安平等：《空天一体作战学》，解放军出版社 2006 年版。

耿艳栋编著：《军事航天系统工程》，国防工业出版社 2007 年版。

杨学军、张望新主编：《优势来自空间——论空间战场与空间作战》，国防工业出版社 2006 年版。

白海军：《月球时代大挑战——大国崛起新契机》，世界知识出版社 2008 年版。

靳敬纯、崔淑霞等编著：《争霸太空——美国新世纪太空战略揭秘》，国防工业出版社 2008 年版。

胡思远主编：《来自太空的杀手》，湖南科学技术出版社 2005 年版。

李必光：《逐鹿太空——空间技术的崛起与今日态势》，上海科技教育出版社 2007 年版。

张健志、何玉彬：《争夺制天权》，解放军出版社 2008 年版。

洪晓莉、肖占中编著：《神秘莫测的太空战》，海潮出版社 2004 年版。

王健、李力钢等编著：《太空战》，黑龙江人民出版社 2005 年版。

郑国梁：《太空战与国际法》，海潮出版社 2008 年版。

赵云：《外空商业化和外空法的新发展》，知识产权出版社 2008 年版。

赵海峰主编：《空间法评论》（第 1、2、3 卷），哈尔滨工业大学出版社 2006 年版。

尹玉海：《航天开发国际法律责任研究》，法律出版社 2004 年版。

尹玉海、李巍等：《航天发射活动若干法律问题研究》，中国民主法制出版社 2008 年版。

尹玉海主编：《美国空间法律问题研究》，中国民主法制出版社 2007 年版。

董青岭：《复合建构主义——进化冲突与进化合作》，时事出版社 2012 年版。

巩小华：《中国航天决策内幕》，中国文史出版社 2006 年版。

朱阳明主编：《国际安全战略论》，军事科学出版社 2000 年版。

姜连举主编：《空间作战学教程》，军事科学出版社 2013 年版。

全国科学技术名词审定委员会审定：《航天科学技术名词》，科学出版社 2005 年版。

王铁崖主编：《国际法》，法律出版社 1995 年版。

李斌主编：《现代国际法》，科学出版社 2004 年版。

孙关宏、胡雨春、任军锋主编：《政治学概论》，复旦大学出版社 2003 年版。

张钧：《当代中国的航天事业》，中国社会科学出版社 1986 年版。

王铁崖、田如萱编：《国际法资料选编》，法律出版社 1986 年版。

张泽：《外空安全战略研究——兼论中国外空安全战略框架设计》，博士学位论文，外交学院，2012 年。

张羽：《论联合战斗》，国防大学出版社 2003 年版。

贺其治：《外空法》，法律出版社 1992 年版。

李彬：《军备控制理论与分析》，国防工业出版社 2006 年版。

黄嘉:《外空伦理研究》,硕士学位论文,国防科学技术大学,2006年。

李彬、吴日强主编:《国际战略与国家安全——科学技术的视角》,中国传媒大学出版社2008年版。

黎弘主编:《2011:国际军备控制与裁军》,世界知识出版社2011年版。

黎弘、滕建群、武天富等:《2010:国际军备控制与裁军》,世界知识出版社2010年版。

陈筠泉、殷登祥主编:《科技革命与当代社会》,人民出版社2001年版。

中国科学院空间领域战略研究组:《中国至2050年空间科技发展路线图》,科学出版社2009年版。

陶平、王振国、陈小前编著:《论空间安全》,国防科技大学2007年版。

林民旺:《混沌理论与全球治理》,秦亚青主编:《理性与国际合作:自由主义国际关系理论研究》,世界知识出版社2008年版。

黄志澄:《航天科技与社会第四次浪潮》,广东教育出版社2007年版。

田曾佩主编:《改革开放以来的中国外交》,世界知识出版社1993年版。

高金钿主编:《国际战略学概论》,国防大学出版社1995年版。

苏长和:《全球公共问题与国际合作———一种制度的分析》,上海人民出版社2000年版。

杨春学:《经济人与社会秩序分析》,上海三联书店、上海人民出版社1998年版。

刘华秋等:《军备控制与裁军手册》,国防工业出版社2000年版。

唐永胜:《角逐——谁能占有先机》,中国青年出版社1999年版。

任继愈译注:《老子新译》,上海古籍出版社1985年版。

唐永胜、徐弃郁:《寻求复杂的平衡:国际安全机制与主权国家的参与》，世界知识出版社 2004 年版。

徐能武：《国际安全机制理论与分析》，中国社会科学出版社 2008 年版。

黄如安、刘燕花等：《俄罗斯的军事装备工业与贸易》，国防工业出版社 2008 年版。

徐岩等：《天盾——美国导弹防御系统》，解放军出版社 2001 年版。

总装备部电子信息基础部：《导弹武器与航天器装备》，原子能出版社 2003 年版。

贾俊民：《太空作战研究》，国防大学出版社 2002 年版。

刘成安、伍钧编著：《核军备控制核查技术概论》，国防工业出版社 2007 年版。

中国大百科全书编辑委员会《航空航天》编辑委员会：《中国大百科全书·航空航天》，中国大百科全书出版社 1985 年版。

范剑峰、黄祖蔚主编：《载人飞船工程概论》，国防工业出版社 2000 年版。

总装备部卫星有效载荷及应用技术专业组应用技术分组：《卫星应用现状与发展》（上、下册），中国科学技术出版社 2001 年版。

王玉德、马金海等：《美俄陆军导弹部队作战研究》，军事谊文出版社 2001 年版。

田大山：《飞行之梦——航空航天发展史概论》，北京航空航天大学出版社 2004 年版。

王仲春：《核武器、核国家、核战略》，时事出版社 2007 年版。

吴国兴：《空间站和航天飞机》，中国宇航出版社 2003 年版。

蔡风震、田安平：《空天战场与中国空军》，解放军出版社 2004 年版。

李荣常、程建、郑连清：《空天一体信息作战》，军事科学出版社 2003 年版。

空军第三研究所：《美国空军太空作战条令》，军事科学出版社 2002 年版。

夏南银等：《航天测控系统》，国防工业出版社2002年版。

符志民：《航天项目风险管理》，机械工业出版社2005年版。

秦亚青：《霸权体系与国际冲突》，上海人民出版社1999年版。

袁家军：《神舟飞船系统工程管理》，机械工业出版社2006年版。

黄福铭、郝和年：《航天器飞行控制与仿真》，国防工业出版社2004年版。

薛亮：《航天飞行训练模拟技术》，国防工业出版社2005年版。

苏恩泽：《天军横空》，军事科学出版社2001年版。

徐海玉主编：《美军空天对抗理论与技术研究》（上、下册），哈尔滨工业大学出版社2002年版。

凌岩：《空间法问题新论》，人民法院出版社2006年版。

夏立平：《亚太地区军备控制与安全》，上海人民出版社2002年版。

熊光楷：《国际战略与新军事变革》，清华大学出版社2003年版。

黄元丁、秦岳编著：《挑战太空——航天技术》，珠海出版社2002年版。

李成智等编著：《飞行之梦——航空航天发展史概论》，北京航空航天大学出版社2004年版。

中共中央宣传部宣传教育局编：《中华民族自强不息的壮丽诗篇：载人航天工程先进事迹报告》，学习出版社2003年版。

左赛春：《中国航天员飞天纪实》，人民出版社2003年版。

翰思编著：《叩开宇宙之门——人类探索太空的历程》，民族学出版社2003年版。

中国国防科技信息中心军控与裁军研究部编：《有关外空非武器化的条约建议》，2003年。

张钧：《当代中国的航天事业》，中国社会科学出版社1986年版。

国防科技工业软科学课题报告：《世界主要国家空间法比较研究》，2003年。

朱锋：《弹道导弹防御计划与国际安全》，上海人民出版社2001年版。

［美］丹尼尔·格雷厄姆：《高边疆——新的国家战略》，张健志、马俊才、傅家祯译，军事科学出版社1988年版。

［美］罗伯特·基欧汉：《霸权之后——世界政治经济中的合作与纷争》，上海人民出版社2001年版。

［美］约翰·米尔斯海默：《大国政治的悲剧》，上海人民出版社2003年版。

［美］斯蒂芬·D.克拉斯纳：《结构冲突：第三世界对抗全球自由主义》，浙江人民出版社2001年版。

［美］汉斯·摩根索著，［美］肯尼思·汤普森、戴维·克林顿修订：《国家间政治——权力斗争与和平》，徐昕、郝望、李保平译，王缉思校，北京大学出版社2006年版。

［美］鲍勃·普雷斯顿、达纳·约翰逊、肖恩·爱德华兹、迈克尔·米勒、卡尔文·夏普鲍夫：《空间武器地球战》，航空工业出版社2012年版。

［美］科迪斯·皮波尔：《高空边疆：美国空军和太空军事规划》，华盛顿特区：空军历史与博物馆规划，1997年。

［美］福里斯特·E.摩根：《太空威慑和先发制人》，白堃、艾咪娜译，航空工业出版社2012年版。

［美］沃尔特·A.马可多加尔：《太空与陆地：一部太空时代的政治史》，马里兰州巴尔的摩：约翰斯·霍普金斯大学出版社1997年版。

［美］大卫·W.格尔：《安全天空：军事战略与太空禁武区》，亚拉巴马州麦克斯韦尔空军基地：空军大学出版社1999年版。

［美］保罗·B.塔尔斯：《太空军事化：美国政策，1945—1984》，纽约州伊萨卡：科内尔大学出版社1985年版。

［美］安德鲁·M.赛斯勒等：《NMD与反制NMD》（原名：《反制措施》），卢胜利、米建军译，国防大学出版社2001年版。

［美］萨莉·马丁、贝思·西蒙斯编：《国际制度》，黄仁伟、蔡鹏鸿等译，上海人民出版社2006年版。

［美］罗伯特·基欧汉、约瑟夫·奈：《权力与相互依赖》，门洪华译，北京大学出版社2002年版。

［美］詹姆斯·德·代元主编：《国际关系理论批判》，秦治来译，浙江人民出版社2003年版。

［美］琼·约翰逊—弗里泽：《空间战争》，叶海林、李颖译，国际文化出版公司2008年版。

美国战略与国际问题研究中心（CSIS）：《沉寂的外太空——21世纪太空探索的全球准则》，《载人太空探索计划报告》，http：//www.csis.org/hse。

［美］肯尼思·沃尔兹：《国际政治理论》，中国人民公安大学出版社1992年版。

［美］罗伯特·O.基欧汉主编：《新现实主义及其批判》，北京大学出版社2002年版。

［美］斯蒂芬·D.克莱斯勒：《安全结构冲突：第三世界对抗全球自由主义》，浙江人民出版社2001年版。

戴维·鲍德温主编：《新现实主义和新自由主义》，肖欢容译，浙江人民出版社2001年版。

［美］米歇尔·沃尔德罗普：《复杂——诞生于秩序与混沌边缘的科学》，生活·读书·新知三联书店1997年版。

［美］保罗·肯尼迪：《大国的兴衰》，王保存等译，求实出版社1988年版。

［美］基辛格：《大外交》，林添贵等译，海南出版社1998年版。

乌杰、［德］H.哈肯、［美］E.拉兹洛：《洲际对话——世纪焦点的系统观照》，人民出版社1998年版。

［意］Marco Pedrazzi、赵海峰：《空间法教程》，吴晓丹译，黑龙江人民出版社2006年版。

《空间武器——军备控制的两难困境》，斯德哥尔摩国际和平研究所1984年版。

《联合国与外空有关的条约和原则》，联合国出版物，2002年。

《联合国和平利用外空委员会的报告》，第 53 届会议大会正式记录，第 65 届会议补编第 20 号（2010 年 6 月 9 —18 日）。

《中国、俄罗斯代表团联合向裁军谈判会议提交的关于"外空活动透明和建立信任措施与防止在外空部署武器"的工作文件（CD/1778）》，中国外交部网站。

《黄惠康在联合国外空委阐述我利用外空新主张》，中国外交部网站，2011 年 6 月 7 日。

李滨：《美俄卫星相撞事件中的国际法问题探析》，《北京航空航天大学学报》（社会科学版）2011 年第 4 期。

袁俊：《前苏联发展反卫星武器的回顾》，《现代防御技术》2000 年第 5 期。

张田勘：《用法律法规来维护太空环境，卫星相撞催生太空行为准则》，《大众科技报》2009 年 3 月 12 日。

门洪华：《关于世界秩序蓝图的思考》，《世界经济与政治》2004 年第 7 期。

葛立德：《弹道导弹的战略作用》，《瞭望新闻周刊》2012 年 9 月 3 日。

杨乐平：《国际外空安全与外空武器化评述》，《2006：国际军备控制与裁军报告》，世界知识出版社 2006 年版。

朱毅麟：《航天名词统一中存在的几个问题》，《科技术语研究》2001 年第 1 期。

任新民：《对宇航、航天、太空、空间等名词的商榷》，《科技术语研究》2001 年第 1 期。

董青岭：《现实建构主义与自由建构主义：一种研究纲领内部的分化》，《世界经济与政治》2008 年第 12 期。

董青岭：《现实建构主义理论评述》，《国际政治科学》2008 年第 1 期。

徐治立、殷优优：《航天科技对人类社会的影响》，《科学学研究》2006 年第 24 卷增刊。

王景泉：《美国新国家航天政策浅析》，《国际空间》2006年第12期。

王景泉：《浅析欧洲新航天政策出台的背景与意义》，《国际空间》2007年第8期。

何奇松：《脆弱的高边疆：后冷战时代美国外空威慑的战略困境》，《中国社会科学》2012年第4期。

马新民：《国际外空立法的发展与我国的外空政策和立法》，《中国航天》2008年第2期。

马新民：《国际外空法的现状及发展趋势》，赵海峰主编：《空间法评论》（第2、3卷），哈尔滨工业大学出版社2009年版。

袁易：《重新思考外空安全：一个中国建构安全规范之解析》，《中国大陆研究》2009年第52卷第2期。

田野：《国际协议自我实施的机理分析：一种交易成本的视角》，《世界经济与政治》2004年第12期。

中国国家航天局：《2011年中国的航天》（白皮书），http：//www.cnsa.gov.cn/n1081/n7529/n308593/426809.html。

张金翠：《从维护"人权"到防止"威胁"——1989年美国对华军事制裁研究》，博士学位论文，复旦大学，2007年。

仪名海、马丽丽：《外空非军事化的意义》，《2009：国际军备控制与裁军报告》，世界知识出版社2009年版。

仪名海、马丽丽：《推进外空军备控制发展的必要途径》，《中国海洋大学学报》2008年第6期。

陈捷：《我国空间军事斗争战略问题研究》，博士学位论文，国防大学，2008年。

潘菊生、陈银娣：《空间国际条约及军备控制情况》，《外国军事学术》2005年第3期。

《中国代表团团长胡小笛大使在第60届联大一委关于空间问题的专题发言》，《2006：国际军备控制与裁军报告》，世界知识出版社2006年版。

牛姗姗：《外空非军事化法律制度构建思考》，《江苏警官学院学报》

2009 年第 24 卷第 6 期。

熊小龙、李荣刚、由大德、张世燎：《夺取制太空权》，《飞航导弹》2005 年第 10 期。

李寿平：《外空的军事化利用及其法律规制》，《法商研究》2007 年第 3 期。

郑道光：《太空军事对抗与国家安全》，《军事学术》2002 年第 3 期。

刘俊等：《美国吹响太空战号角 中国主张和平利用太空》，《国际先驱导报》2009 年 2 月 12 日。

耿艳栋、肖建军：《关于空天一体化的初步研究》，《装备指挥技术学院学报》2004 年第 6 期。

税世鹏：《新世纪初军用卫星技术及市场发展评析》，《中国航天》2000 年第 3 期。

蔡翠红：《试论网络对当代国际政治的影响》，《世界经济与政治》2001 年第 9 期。

秦亚青、亚历山大·温特：《建构主义的发展空间》，《世界经济与政治》2005 年第 1 期。

戴旭：《太空：战争最后的高地》，《当代军事文摘》2007 年第 3 期。

李志刚：《攻防理论及其评价》，《国际论坛》2004 年第 6 期。

王友利、伍赣湘：《美国空间对抗体系及典型装备发展研究》，黎弘主编：《2012：国际军备控制与裁军》，世界知识出版社 2012 年版。

邹明皓、李彬：《美国军事转型对国际安全的影响——攻防理论的视角》，《国际政治科学》2005 年第 3 期。

李彬、聂宏毅：《中美战略稳定性的考察》，《世界经济与政治》2008 年第 2 期。

谭显裕：《21 世纪美军外层外空攻防对抗准备发展的武器装备研究》，《航天电子对抗》2004 年第 1 期。

杨乐平：《空间安全与国家安全》，《国防科技》2010 年第 1 期。

知远/严骁：《美核威慑战略树立新"三位一体" 淘汰冷战模式》，中国网（China.com.cn），2009 年 4 月 30 日。

陈立群：《亚太北约化局势催促中国加快建构空天利益战略防御体系》，《战略与风险管理》2010 年第 6 期。

苑立伟等：《美国反卫星武器综述》，《中国航天》2004 年第 4 期。

方勇：《美国推进快速全球打击计划》，《新时代国防》2010 年第 8 期。

苏晓辉：《美国外空战略的新动向及其发展前景》，《国际问题研究》2008 年第 4 期。

樊晨：《美国一体化弹道导弹防御系统传感器发展综述》，《系统工程》2007 年第 2 期。

金伟新：《战略导弹反制 NMD 效能分析模型与反制对策研究》，《系统工程理论与实践》2002 年第 11 期。

陈超、张剑云、刘春生、游志刚：《美国国家导弹防御系统发展分析》，《雷达与电子战》2007 年第 2 期。

童雄辉、才满瑞、齐艳丽、陈允宗：《美俄空间攻防武器装备的发展趋势》，《导弹与航天运载技术》2004 年第 6 期。

张明、李锁库：《空间信息作战与国际空间法》，《装备指挥技术学院学报》2003 年第 2 期。

朱文奇：《国际法与外空军事化问题研究》，《领导者》2008 年第 22 期。

中国国际战略学会军控与裁军研究中心：《国际军控与裁军形势分析及展望》，《求是》2008 年第 19 期。

李滨：《国际裁军实践中的外空非武器化问题分析》，《国际观察》2010 年第 5 期。

李滨：《美俄卫星相撞事件中的国际法问题探析》，《北京航空航天大学学报》2011 年第 4 期。

李滨、赵海峰：《论空间活动争端的解决机制》，《北京航空航天大学学报》（社会科学版）2006 年第 19 卷第 3 期。

丁树范：《中美关于太空、导弹防卫与核武政策争议之研究》，《中国大陆研究》2010 年第 1 期。

刘晓恩：《白杨-M与白杨导弹的对比分析》，《火箭兵科技信息》1999年第2期。

赵秀兰、刘汉宗：《美、俄的太空战准备》，《现代防御技术》2004年第1期。

黎弘：《复杂多元化的全球核安全环境》，《和平与发展》2010年第3期。

滕建群：《外空实力竞争与限制外空武器化》，《2009：国际军备控制与裁军报告》，世界知识出版社2009年版。

聂资鲁：《外空军备控制与国际法》，《甘肃政法学院学报》2007年第4期。

聂资鲁：《联合国和平利用外空委员会与国际法》，《法学杂志》2008年第6期。

薄守省：《从美俄卫星相撞看外空活动的国际法规制》，《北京航空航天大学学报》2010年第1期。

《各国对空间碎片、核动力源空间物体的安全以及这些物体与空间碎片的碰撞问题的研究》，联合国文件编号A/AC.105/770。

赵海峰：《欧洲外空法律政策及其对中国与亚洲的影响》，《北京航空航天大学学报》2011年第1期。

张辉：《国际太空机制及其面临的挑战》，《现代国际关系》2010年第2期。

石海明、黄嘉：《外空探索利用中的角色冲突与道德抉择》，《伦理学研究》2009年第4期。

徐能武：《论技术性级差空租与外空安全机制的成长》，《东南亚纵横》2008年第5期。

徐能武：《论外空军备控制权力建构的实质》，《南京航空航天大学学报》2010年第4期。

王君：《防止外空武器化问题及前景评估》，《现代国际关系》2002年第12期。

贺其治：《加强制止外空军备竞赛的法律措施》，《国际问题研究》

1984年第4期。

侯权峰：《国际太空法的基本原则》，《问题与研究》2003年第5期。

王孔祥：《国际外空法和国内外空法的关系》，《中国航天》2006年第11期。

王孔祥：《太空军备竞赛对外空法的挑战》，《武汉大学学报》2005年第5期。

张浩：《外空军控的机制设计——以建立信任措施为例》，《国际问题论坛》2007年夏季号（总第47期）。

贾海龙：《外空自然资源开发制度的缺陷和展望》，《北京航空航天大学学报》2010年第6期。

徐祥民、王岩：《外空资源利用与外空环境保护法律制度的完善》，《中国人口·资源与环境》2007年第4期。

夏春利：《论空间资产特定问题的法律框架——〈空间资产特定问题议定书〉草案的进展、争议焦点及前景》，《北京航空航天大学学报》2011年第5期。

焦兵：《现实建构主义：国际政治的权力建构》，《世界经济与政治》2008年第4期。

李淑云：《信任机制：构建东北亚区域安全的保障》，《世界经济与政治》2007年第2期。

孙来燕：《中国航天的发展战略和重点领域》，《中国工程科学》2006年第8期。

仪名海：《外空国际关系研究的意义及其体系的构建》，《中国海洋大学学报》2006年第3期。

李燕妙：《试析人类共同继承财产的概念与基本内涵》，《中山大学学报论丛》2004年第2期。

葛勇平：《论"人类共同遗产"原则与相关原则的关系》，《河北法学》2007年第11期。

信强：《空间权论》，《国际观察》2000年第4期。

罗开元、蒋宇平等：《国外航天工业军、民、商综合发展的分析研究》，《航天技术与民品》2000 年第 3 期。

赵云：《国际空间管理局：空间商业化体制的管理模式》，《哈尔滨工业大学学报》2007 年第 1 期。

王岳川：《太空文明时代的中国文化身份》，《学术月刊》2006 年第 7 期。

时胜勋：《从天下文明到太空文明——中国文化未来发展的可能性》，《贵州社会科学》2008 年第 1 期。

夏立平：《空间军备控制的进展与障碍》，《当代亚太》2002 年第 6 期。

尹玉海：《空间开发中国际合作的有关法律问题》，《中国航天》2002 年第 10 期。

宋伟：《国家利益问题：西方主流学派的论争》，《国际政治研究》2004 年第 3 期。

陈须隆：《核不扩散机制透析——国际安全机制的一个案例研究》，《世界经济与政治》2000 年第 8 期。

侯红育：《建立东北亚安全机制的必要性与可行性》，《当代世界》2006 年第 4 期。

张景全：《结盟对国家崛起、发展的影响——以日本为例的历史分析》，《日本学刊》2006 年第 3 期。

李际均：《战略思维中的国家利益原则》，《战略参考》2003 年第 3 期。

张贵洪：《理解国际安全：理论、战略、政策》，《国际问题论坛》2004 年第 1 期。

任晓：《论安全机制的生成条件和有效性——个案分析与理论探讨》，《世界经济与政治》2006 年第 6 期。

刘宏松：《浅析国际安全机制中的隐性违规现象及其理论含义》，《欧洲研究》2005 年第 3 期。

任卫东：《全球化进程中的国家主权：原则、挑战及选择》，《国际关系学院学报》2005 年第 6 期。

王明国：《权力、合法性、国内政治与国际制度的有效性》，《世界经济与政治》2006 年第 8 期。

潘振强：《试论国际制止大规模杀伤性武器扩散及中国的对策》，《世界经济与政治》2006 年第 8 期。

韩献栋：《同盟政治的安全困境——连累抛弃模型的解释力及其局限》，《国际论坛》2006 年第 5 期。

国防科工委：《"十一五"空间科学发展规划》，2007 年。

特蕾莎·希钦斯（Theresa Hitchens）：《太空武器和太空战争》，郭凯声译，《环球科学》2008 年第 4 期。

Henry Nau. *At Home Abroad*: *Identity and Power in American Foreign Policy*, Ithaca Cornell University Press, 2002.

Schichtle, C. The National Space Program. Washington, D. C.: National Defense Univ. Press, 1983.

Stares, P. *The Militarization of Space*. New York: Cornell Univ. Press, 1985.

Space and National Security. Washington, D. C.: Brookings, 1987.

Karas, T. *The New High Ground*. New York: Simon and Schuster, 1983.

McDougall, W. A. *The Heavens and the Earth*: *A Political History of the Space Age*. New York: Basic Books, 1985.

Stares, P. B. Space and National Security. Washington, D. C.: Brookings, 1987.

U. S. Congress, Office of Technology Assessment. 1985. Antisatellite Weapons, Counter-measures, and Arms Control. OTA-ISC-281. Washington, D. C.: Government Printing Office.

Jasani, B. *Outer Space*: *A New Dimension of the Arms Race*. London: Taylor and Francis, 1982.

Abraham M. Denmark and James Mulvenon. *Contested Commons*: *The Future of American Power in a Multipolar World*. Washington, D. C.: Center for a New American Security, 2010.

Roger Handberg and Zhen Li. *Chinese Space Policy: A Study in Domestic and International Politics*. Routledge, New York, 2007.

James Clay Moltz. *The Politics of Space Security*. Stanford University Press, Stanford, California, 2008.

Robert Gilpin. *War and Change in World Politics*. New York: Cambridge University Press, 1981.

David Wright, Laura Grego and Lisbeth Gronlund. *Space Security Physics*, Reference Book, Massachusetts: Cambridge: The American Academy of Arts and Sciences, 2005, http://www.amacad.org/projects/science.aspx.

Oran R. Young. "Regime Dynamics: The Rise and Fall of International Regimes." in Stephen krasner (ed.). *International Regimes*. Ithaca: Cornell University Press, 1983.

James N. Rosenau. *Turbulence in World Politics: A Theory of Change and Continuity*. Princeton University Press, 1990.

D. M. Johnston and Ronald Macdonald eds. *The Structure and Process of International Law*. Leiden, NL.: Kluwer Law International, 1983.

Bhupendra Jasani ed. *Peaceful and Non-peaceful Uses of Space: Problems of Definition for the Prevention of An Arms Race*. New York: Taylor & Francis, 1991.

W. Henry Lambright. *Space Policy in the Twenty-First Century*. Baltimore: Johns Hopkins University Press, 2002.

Bates Gill. *Rising Star: China's New Security Diplomacy*. Brookings Institution Press (March 2007).

Alexander Kelle, Kathryn Nixdorff and Malcolm Dando. *Controlling Biochemical Weapons: Adapting Multilateral Arms Control for the 21th Century*. New York: Palgrave Macmillam, 2006.

Harold W. Bashor, Jr. *The Moon Treaty Paradox*. Philadelphia, PA.: Xlibris Corporation, 2004.

Wendy Frieman. *China, Arms Control, and Nonproliferation.* London: Routledge, 2004.

Glenn H. Reynolds and Robert P. Merges. *Outer Space: Problems of Law and Policy.* 2nd ed. Boulder, CO. : Westview Press, 1997.

Friedrich V. Kratochwi. *Rules, Norms, and Decisions: On the Conditions of Practical and Legal Reasoning in International Relations and Domestic Affairs.* Cambridge: Cambridge University Press, 1989.

Bin Cheng. *Studies in International Space Law.* Oxford: Clearendon Press, 1997.

Robert Keohane. *International Institutions and State Power: Essays in International Relational Theory.* Westview Press, 1989.

Nancy Galager. *The Politics of Verification.* Baltimore and London: The Johns Hopkins University Press, 1999.

G. Tuki. "Leadership in Organizations." Prentice-Hall International, 1998.

Alan Collins. *The Security Dilemma and the End of Cold War.* Keele University Press, 1997.

Bill McSweeney. *Security, Identity and Interest.* Cambridge University Press, 1999.

Commission on Global Governance. *Our Global Neighborhood.* Oxford: Oxford University Press, 1995.

Peter G. Peterson with James K. Sebenius. "The Primacy of the Domestic Agenda." in Graham Allison and Gregory F. Treverton, eds. *Rethinking America's Security.*

Richard Wyn Jones. *Security, Strategy, and Critical Theory.* Boulder: Lynne Rienner, 1999.

United Nations Development Program. *Human Development Report.* New York: Oxford University Press, 1994.

Lt. Col. Curtis D. Cochran, Lt. Col. Dennis M. Gorman, and Maj. Joseph

D. Dumoulin. *The Great Frontier*: *Military Space Doctrine*. Maxwell Air Force Base, Ala. : Air Univ. Press, 1981.

Gen. Daniel Graham. *The High Frontier.* Washington, D. C. : Heritage Foundation, 1982.

Paul B. Stares. *The Militarization of Space*: *U. S. Policy*, *1945 – 1984*. Ithaca, N – Y: Cornell Univ. Press, 1985.

Thomas Karas. *The New High Ground*; *Stratestes and Weapons of Space-Age*. New York: Touchstone, Simon and Schumr, 1983.

Andreas Gofas. "Structure, Agency and Inter-subjectivity: Re-capturing the EMU Policy Process in a Constructivist Realist Framework. " Paper prepared for the 2nd workshop of the European Political-economy Infrastructure Consortium, May 2002.

Patrick T. Jackson and Daniel H. Nexon. "Constructivist Realism or Realist-Constructivism?" *International Studies Review.* Vol. 6, No. 6, 2004.

Jennifer Serling-Folker. "Realist-Constructivism and Morality. " *International Studies Review.* Vol. 6, No. 6, 2004.

Janice B. Mattern. "Power in Realist-Constructivism Research. " *International Studies Review.* Vol. 6, No. 6, 2004.

Richard N. Lebow. "Constructive Realism. " *International Studies Review*, Vol. 6, No. 6, 2004.

J. Samuel Barkin. "Realist Constructivism and Realist-constructivisms?" *International Studies Review.* Vol. 6, No. 6, 2004.

Brent Steele. "Liberal-Idealism: A Constructivist Critique. " *International Studies Review*, Vol. 9, No. 1, 2007, pp. 23 – 52.

Henry Kissinger. *Does America Need a Foreign Policy?* . New York: Simon & Schuster, 2001, pp. 24 – 31.

Jack S. Levy. "The Offensive Defensive Balance of Military Technology: A Theoretical Analysis. " *International Studies Quarterly*, Vol. 38, No. 2 (June 1984).

Paul Mann. "Bush Team Rethinks Strategic Doctrine." *Aviation Weekly & Space Technology*, January 22, 2001.

Statement by Theresa Hitchens, before the Subcommittee on National Security and Foreign Affairs, Committee on Oversight and Government Reform, U. S. House of Representatives, May 23, 2007, URL.

Jeffrey Checkel, "Social Constructivisms in Global and European Politics: A Review Essay." *Review of International Studies*. Vol. 30, No. 1, 2004.

Ilan Peleg. "The Zionist Right and Constructivist Realism: Ideological Persistence and Tactical Readjustment." *Israel Studies*, Vol. 10, No. 3, 2005.

Bao Shixiu. "Deterrence Revisited: Outer Space." *China Security*, Winter 2007.

William J. Lynn, III. "A Military Strategy for the New Space Environment." *The Washington Quarterly*, Summer 2011, 34: 3.

UNIDIR, Space Security 2009: Moving towards a Safer Space Environment-Conference Report, 15 – 16 June, New York: United Nations, 2009.

David Koplow. "International Safe Standards and the Weaponization of Space." Space: The Next Generation-Conference Report, 31 March-1 April 2008, Geneva: UNIDIR, 2008.

Robert G. Joseph. Remarks on the President's National Space Policy-Assuring America's Vital Interests, Remarks to Center for Space and Defense Forum, Jan. 11, 2007, URL.

Wingfield, Thomas C. "Legal Aspects of Offensive Information Operations in Space." *Journal of Legal Studies* (USAFA). 1998/1999, (9): 121 – 146.

Shannon K. Orr. "An International Regime Analysis of Outer Space." in *International Journal of Politics and Ethics*, op. cit. , chapter 10. 16 pgs.

"United Nations Office for Outer Space Affairs, United Nations Committee on the Peaceful Uses of OuterSpace: Member." United Nations, Office for Outer Space Affairs, http://www.unoosa.org/oosa/COPUOS/members.html.

Jing-dong Yuan. "Culture Matters: Chinese Approaches to Arms Control and Disarmament." in Keith R. Krause ed. *Culture and Security: Multilateralism*, Arms Control and Security Building. London: Frank Cass, 1999.

Hui Zhang. "Action/Reaction: U. S. Space Weaponization and China." Arms Control Today, December 2005, http://www.armscontrol.org/act/2005_12/Dec-cvr.asp.207427.

后　记

　　观天察地人不虚生，循经述道文无妄作。这是我多年来从事外层空间军备控制与安全战略研究孜孜以求的学术要求和自我鞭策。2012年，我成功申报了国家社会科学基金一般项目"和平发展背景下维护我国外空战略安全与合法权益研究"（项目号：12BGJ033），对此既深感荣幸，也清楚地懂得这是一份沉甸甸的学术责任。

　　正如《荀子·劝学》言："不登高山，不知山之高也；不临深溪，不知地之厚也。"外层空间作为人类探索步伐所涉足的最前沿之一，呈现出外空疆域无边界性与地缘边界延伸相互交织的特征。外空国际关系作为现行国际体系内的新生成分，各国外空安全互动是一个包含多种权力机制和实践逻辑的社会过程，有关理论探讨既须敢冒一定风险的胆略，更须不怕千辛万苦的执着与坚毅。雪中送炭三九暖，学途有师困惑除。研究期间，我通过不同形式向北京航空航天大学战略研究中心张文木教授，清华大学社会科学学院李彬教授，上海政法学院国际事务与公共管理学院何奇松教授，国防科技大学高科技培训学院刘戟锋教授，空天学院杨乐平教授，北京理工大学法学院李寿平教授、王国语博士等请教咨询、交流探讨。特此，对他们的热情帮助和指点表示由衷的感谢！在本项目研究过程中，学校科研部、原人文与社会科学学院各位领导和诸位同事提供了诸多的鼓励和帮助。谨此，深致谢意！

　　基于文责自负的原则，本书中所有观点概由本人负责。本书在写作和修改过程中，大量借鉴了国内外同行的相关研究成果，并参考了诸多文献，特表示感谢。如有疏漏而未列出之处，敬请谅解。

徐能武
2018 年 5 月定稿于长沙科大佳园